Der vergessene Verschwörer

Bengt von zur Mühlen

Der vergessene Verschwörer

General Fritz Lindemann und der 20. Juli 1944

BUCHER

Inhalt

Zum Geleit 5
Ergänzendes Geleitwort Prof. Dr. Peter Steinbach (2013) 7
Vorwort des Herausgebers 10

Der General
Der Weg in den Widerstand 14
General Lindemann im Widerstand 27

Bürgermut
Die Dresdner Helfer des Generals 53
Exkurs: Hans Sierks und der Widerstand gegen den Nationalsozialismus in Dresden 56
Illegal im Zentrum des Widerstandes 57
Exkurs: Spurensuche. Die Familien Loevy und Gloeden 60
Geborgen, aber nicht in Sicherheit 65
Die Katastrophe 73
Haft im Staatskrankenhaus der Polizei 76
Sippenhaft 79
Der Denunziant 86

Biographische Angaben zur Familie Lindemann und den Fluchthelfern 101

Dokumententeil 113

Personenregister 216
Impressum 224

Zum Geleit

Die Zeit der nationalsozialistischen Gewaltherrschaft zwischen dem 30. Januar 1933 und dem 8. Mai 1945 forderte eine unvorstellbar große Zahl an Opfern. Nicht überschaubar ist auch die Zahl derjenigen in Deutschland, die dem Regime in irgendeiner Weise entgegentraten. Alle, die der NS-Gewaltherrschaft in dieser oder jener Form Widerstand leisteten, wurden in erster Linie von ihrem Gewissen und von ihrer Menschlichkeit geleitet, da es im Deutschland jener düsteren Jahre keine Institution und keine Organisation gab, die den Gegnern der NS-Herrschaft materielle oder moralische Unterstützung gewähren konnte.

So, wie die Männer des 20. Juli 1944 im Jargon der Mörder im Talar des Volksgerichtshofes »ihr Recht auf Leben verwirkt hatten« als angeblich »ehrgeizzerfressene, ehrlose, feige Verräter«, so traf es auch die Menschen, die trotz Terror und vielfältiger Unterdrückung oder rassistischer Verfolgung dennoch den Mut aufbrachten, denjenigen zu helfen, die wenigstens den Versuch gemacht hatten, der Todesmaschinerie des Dritten Reiches in den Arm zu fallen sowie der Kriegsfurie ein Ende zu machen.

Ideologischer Fanatismus und politische Unduldsamkeit waren Charakteristika der nationalsozialistischen Bewegung. Dieser Zielstellung entsprach auch die Institution des Volksgerichtshofes, der nicht die Aufgabe hatte, Recht zu sprechen, sondern die Gegner des Nationalsozialismus zu vernichten. Der totalitären Mentalität der nationalsozialistischen Weltanschauung galt Toleranz als Inbegriff menschlicher Schwäche und Selbstverleugnung. Daraus speiste sich die unmenschlich harte Reaktion der Richter am Volksgerichtshof gegen jeden Andersdenkenden.

Der Widerstand gegen den Nationalsozialismus hatte viele Facetten, deren einzelne Richtungen und Vertreter alle ein ehrendes Andenken verdienen. Eine Selektierung oder Wertung danach, weil sie möglicherweise ohne politischen Gestaltungswillen handelten, ihren Widerstand gegen das Regime nahezu unauffällig im Alltagsleben leisteten, als Einzelgänger isoliert und faktisch unwirksam blieben oder ihre Regimegegnerschaft etwa auf ihrer politischen Nähe zum Kommunismus fußte, kann dafür kein Maßstab sein.

Das vorliegende Buch über eine Person des militärischen Widerstandes vom 20. Juli 1944, den General der Artillerie Fritz Lindemann, das Schicksal seiner Familie und insbesondere das seiner Helfer bei der Flucht und beim Versteck vor den Schergen der Gestapo, ist ein treffendes Beispiel dafür, wie vielfältig und teilweise geradezu unpathetisch oder alltäglich die Motive für ein menschliches Handeln in der Zeit der nationalsozialistischen Diktatur sein konnten. Dass in diesem konkreten Fall daran maßgeblich jüdische Bürger, die es ja laut Verkündigung der NSDAP vom 19. Mai 1943 über ein judenfreies Berlin gar nicht mehr geben durfte – denen die braunen Schergen und ihre willfährige Justiz ja schon jahrelang unerbittlich nachstellte und entsprechend ihres Rassenwahns die bürgerlichen Ehrenrechte aberkannt hatte –, beteiligt waren, zeigt, dass es auch zu diesem Zeitpunkt im Herzen des Dritten Reiches gemeinsames Handeln von Hitlergegnern unterschiedlichster Couleur gab.

Die mühsame Auseinandersetzung mit unserer jüngsten Geschichte ist mit Sicherheit noch längst nicht abgeschlossen. Der emotionale Funken, den die Behandlung des Holocaust und des Widerstandes gegen die nationalsozialistische Diktatur in der Öffentlichkeit ausgelöst haben, darf nicht wieder erlöschen, muss zum Feuer gegen alle antidemokratischen, fremdenfeindlichen und inhumanen Tendenzen wo immer auch auf dieser Welt angefacht werden.

Die Menschen, die in der Zeit der nationalsozialistischen Herrschaft suchten, hofften, irrten, kämpften und litten sowie Hilfe und Solidarität Verfolgten gegenüber leisteten, sollten immer Bestandteil unseres ehrenden Gedenkens sein.

Der Einzelne muss, wenn es not tut, aus der Reihe treten, um für das Recht, das Leben und die Seele seiner Mitmenschen einzustehen.

Ignatz Bubis

ERGÄNZENDES GELEITWORT
PROF. DR. PETER STEINBACH (2013)

Wer sind wir, dass wir sagen könnten: eine heroische Tat?

Siebzig Jahre nach dem Anschlag vom 20. Juli 1944 ist die Würdigung des Widerstands in Deutschland nicht mehr umstritten. Die Regimegegner werden nicht mehr heroisiert, sondern aus den Kontexten ihrer Zeit, mit ihren Widersprüchen, ihrem anfänglichen Versagen und ihrem Durchbruch zum entschlossenen Handeln erklärt.

Auch die Nachlebenden sind gefordert, denn sie müssen verstehen und würdigen, dass die Regimegegner vor ihrem Entschluss zur Tat in der Regel Positionen überwinden mussten, die sie ursprünglich für eine gewisse Zeit und partiell mit den Nationalsozialisten geteilt hatten. In der Öffentlichkeit führt dies manchmal zu irritierenden Diskussionen, die den Blick auf die Substanz der Tat verstellen können. Positionen überwinden, die aus der Tradition des deutschen Obrigkeitsstaates erwachsen waren und sich im Nationalsozialismus noch einmal gesteigert hatten, das bedeutet: in der Auseinandersetzung mit der Wirklichkeit des nationalsozialistischen Staates, mit der Entwürdigung und Verfolgung Andersdenkender, mit rassenideologisch begründeten Exzessen des Völkermords, mit Rassen- und Weltanschauungskrieg eine konsequente Gegnerschaft zu entwickeln, die von der eigenen Person, von Familie und Folgen absah. Kein Regimegegner schonte sich und seine Familie: Er bekannte sich zu seiner Tat, hielt den Schergen des Regimes den Spiegel vor, entlarvte das Regime und gab so ein Zeugnis ab.

»Hinsehen, empören, handeln«, dieser Dreiklang ist für die Würdigung aller Regimegegner entscheidend. Nur dann können wir nachvollziehen, wie sie sich aus den Umklammerungen des NS-Regimes befreiten.

Alljährlich erinnern seit Jahrzehnten die zentralen Gedenkveranstaltungen im Innenhof des Berliner Bendlerblocks, der Hinrichtungsstätte der Attentäter in der Nacht zum 21. Juli 1944, an den Anschlag im ostpreußischen Führerhauptquartier, der dem Ziel, Hitler zu töten, denkbar nahe gekommen war. Vergessen ist schnell, wie schwer sich die Deutschen mit der Würdigung dieser Tat über viele Jahrzehnte hinweg getan haben.

Zunächst bestimmte die NS-Propaganda das Bild. »Ehrgeizzerfressene Offiziere« hätten versucht, ihn zu töten, verkündete Hitler schon in den frühen Abendstunden in seiner ersten Rundfunkansprache.

Nach der Befreiung vom Nationalsozialismus wechselte die Perspektive der Deutschen. Nun wurden die Regimegegner nicht mehr als Verräter diffamiert. Geachtet wurden die Regimegegner freilich auch nicht. Vielmehr suchten Mitläufer – Heuß sprach von den »moralisch Anspruchslosen« – vor allem ihre eigene Passivität zu rechtfertigen, wenn sie vielmehr die angeblich dilettantische Ausführung als das Attentat selbst kritisierten.

Dennoch kam der Widerstand in den 1950er-Jahren vielen Deutschen gelegen, die ihrem Staat wieder einen Platz in der Welt verschaffen wollten und den Widerstand als Ausdruck eines anderen Deutschlands deuteten. Das Wort von dem einen Gerechten, dessen Existenz Deutschland vor dem Verderben bewahren sollte, wurde oft zitiert. Aber was bedeutete es? Hier kann das nun neu aufgelegte Buch eine Antwort erleichtern. Denn es rückt nicht eine Gruppe, sondern einen Menschen in den Blick, der die Kraft fand, zu widerstehen. Er besann sich auf Maximen der Mitmenschlichkeit, er mobilisierte Maßstäbe humaner Orientierung, er entschied, handelte, half – und zugleich überwand er die Grenzen seines Standes, seiner Herkunft, seiner Tradition. So begründete er neue Wertvorstellungen, an die die Menschen in der Nachkriegsgesellschaft anknüpfen konnten.

Wer die Persönlichkeit des Regimegegners in den Blick nimmt, vergleicht Handlungsweisen, Herausforderungen, Leistungen. Das Individuum gestattet keine plakative Würdigung seiner Tat, sondern verlangt den Nachvollzug seiner Entscheidungen. Verstellt wurde in den Deutungen und Umdeutungen des Widerstands die Leistung, die es bedeutete, innerlich eine Position zu überwinden, die viele wie Lindemann partiell zunächst mit dem Regime geteilt hatten. Kein Verständnis hatte man für die Stufen einer Distanzierung von Zeitströmungen. Das Gespür für die Dramatik, die gerade in der Überwindung individueller Verstrickungen in Zeitströme verborgen liegt, war lange nur schwach ausgeprägt – man suchte den reinen Helden, die Lichtgestalt und verfehlte so die Wirklichkeit eines Lebens an der doppelten Front: von Bomben und Gestapo, von Kooperation und Konfrontation, von Gehorsam und Widerspruch.

Traditionen fallen Nachlebenden nicht in den Schoß. Sie müssen erarbeitet werden, indem zeitliche Distanz überbrückt, befremdende Wertvorstellungen nachempfunden werden müssen.

Viel verdanken die Deutschen in dieser Hinsicht Bengt von zur Mühlen, der wie seine Frau nicht müde wurde, ein Bild der Regimegegner zu zeigen. Er gab ihnen oft die Würde zurück, die ihnen die Nationalsozialisten absprachen.

Dies bezeugt auch dieses Buch – keine Summe des Wirkens von Bengt von zur Mühlen und seiner Frau –, sondern ein Exempel. Immer ging es in ihren Büchern und Filmen um Menschen, um Handlungen, um Entscheidungen. Das macht auch die Würdigung Lindemanns deutlich.

Insofern ist zu hoffen, dass wir mit diesem Buch wirklich durchdenken, was Reinhold Schneider meinte, als er schrieb: »Gehen Sie mitten hinein! Retten werden Sie nichts, Denn der Herr rettet, nicht die Menschen. Werden Sie zum Zeugen, mitten im Feuer! Aber Sie müssen wissen, wofür Sie einstehen sollen.«

Vorwort des Herausgebers

Die Erinnerung an den Widerstand gegen die nationalsozialistische Diktatur hatte und hat ihren Platz in der politischen Kultur der Bundesrepublik Deutschland, wenn auch vor der Wiedervereinigung am 3. Oktober 1990 in den beiden deutschen Staaten recht unterschiedliche Bilder vom Widerstand existierten.

Im Westteil Deutschlands stand frühzeitig das Andenken an die Opposition von konservativen Angehörigen der militärischen, öffentlichen und politischen Eliten gegen das nationalsozialistische Regime im Vordergrund. So waren es die Männer des 20. Juli 1944, des Kreisauer Kreises, der Gruppe um Goerdeler oder der Weißen Rose, deren Andenken in verschiedener Art und Weise im öffentlichen Leben immer wieder gedacht wurde und wird.

Vor allem über die Beteiligten am Attentatsversuch vom 20. Juli 1944 ist inzwischen eine Fülle von Beiträgen und Büchern publiziert worden, sind Spielfilme und Filmdokumentationen entstanden. Trotzdem gibt es unter diesen Personen die unbekannten Opfer – diejenigen, die bisher weitgehend unbeachtet im Schatten standen.

Vor dem berüchtigten Tribunal des Volksgerichtshofes standen am 27. November 1944 zehn Angeklagte, die den General der Artillerie Fritz Lindemann – einen der 20 Generale des Widerstandes gegen Hitler – nach dem Scheitern des Attentates vom 20. Juli 1944 in der Zeit vom 22. Juli bis 5. September vor den Nachstellungen von Polizei und Gestapo versteckten und unterstützten.

Dem Gedenken und dem Vermächtnis dieser zehn Menschen, die ihr Leben riskierten und einsetzten, im Sinne der Menschlichkeit handelten, um einen Mann des Widerstandes gegen Hitler und einen sinnlosen Krieg zu retten, ist dieses Buch gewidmet.

Gleichzeitig wird mit dem Schicksal des Generals Lindemann – dem »vergessenen Verschwörer« – und seiner Familie sowie dem seiner Fluchthelfer ein relativ vergessenes Kapitel des 20. Juli 1944 näher behandelt.

Ein wesentliches Motiv für die Vorbereitung und die Herausgabe dieses Buches war auch die Tatsache, dass sich unter den »Helfern« Menschen jüdischen Glaubens befanden, die trotz ihrer »doppelt« gefährdeten persönlichen Situation die Menschlichkeit über alles stellten und uneigennützig halfen.

Ausgangspunkt für das Projekt waren die Forschungsergebnisse, die der Dresdner Historiker Wolfgang Welkerling in jahrelanger intensiver Beschäftigung mit Person und Schicksal des Generals Fritz Lindemann, seiner Familie sowie den Fluchthelfern schon zu DDR-Zeiten gewonnen hatte. Hinzu kamen die vielfältigen Kontakte zu Zeitzeugen der Ereignisse, insbesondere zu Familienangehörigen und Verwandten der von diesen Ereignissen betroffenen Personen, die z. T. sehr detaillierte Aussagen treffen konnten und unbekanntes Dokumentenmaterial zur Verfügung stellten.

Der 1943 innerhalb eines Jahres vom Generalleutnant zum General der Artillerie avancierte Fritz Lindemann zählte aufgrund seiner Tätigkeit beim Oberkommando des Heeres und den daraus resultierenden zahlreichen Dienstreisen zu den militärischen Stäben der Wehrmacht im ganzen Machtbereich des Dritten Reiches, die zahlreiche Kontaktmöglichkeiten eröffneten, zu den wesentlichen Persönlichkeiten bei der Vorbereitung des Attentates vom 20. Juli 1944. So besprach er etwa im Auftrag von Stauffenberg mehrfach mit Hjalmar Schacht Pläne zur Umgestaltung des Deutschen Reiches nach der Beseitigung Hitlers, oder mit Friedrich Flick Möglichkeiten der Beendigung des Krieges.

Für die Zeit unmittelbar nach dem erfolgreich durchgeführten Attentat war General Lindemann dazu ausersehen, einen im Auftrag von Generaloberst Ludwig Beck verfassten Aufruf der Verschwörer an das deutsche Volk im Rundfunk zu verlesen.

Nach dem Scheitern des Attentates war es General Lindemann sehr bald klar, dass er sich verstecken musste, noch bevor die Gestapo mit ihrer Fahndung beginnen würde. Seine erste Fluchtstation war Dresden. Hier begann sein Leben in der Illegalität. Nunmehr war er angewiesen auf Helfer, auf Menschen, die dabei aus den unterschiedlichsten Motiven heraus ihr Leben riskierten, ob aus politischer oder religiöser Überzeugung, aus Einsicht in die Verderben bringende Natur des Regimes, aus Entsetzen und Scham über die Verbrechen, die von Staats wegen und im Namen des deutschen Volkes begangen wurden, aus Anstand und Mitleid mit den Opfern.

Es sind dies trotz des repressiven nationalsozialistischen Terrors und der langen Jahre des Wirkens von Denunziantentum doch erstaunlich viele, die auf diese Weise Widerstand gegen die Unmenschlichkeit des Systems leisteten.

Die meisten dieser Helfer sind heute vergessen, die Spuren verwischt, ihr Schicksal vielleicht auch nicht spektakulär genug, um das Interesse einer breiten Öffentlichkeit zu finden. Geblieben sind über das Schicksal und das Leben dieser Menschen meist nur Vernehmungsprotokolle, Gerichtsakten, in seltenen Fällen Filmaufnahmen oder Fotos von den Prozessen vor dem Volksgerichtshof, private Dokumente, die Aussagen von Überlebenden.

Von den zehn vor dem Volksgerichtshof Ende November 1944 von Freisler in entwürdigender Art behandelten Angeklagten wurde das Verfahren gegen das Ehepaar Gloeden, die jüdische Mischlinge 1. Grades waren, sowie gegen Frau Kuznitzky, deren Ehemann Jude war, abgetrennt. Nach nur zweistündiger Verhandlung wurden sie zum Tode verurteilt. Sie starben bereits am 30. November 1944 im Abstand von jeweils zwei Minuten unter dem Fallbeil im berüchtigten Gefängnis von Berlin-Plötzensee.

Zu den Angeklagten im Fall des Generals Lindemann zählten auch der Kaufmann Karl Marks und der Baustadtrat Hans Siercks, die den General in Dresden versteckten bzw. von dort nach Berlin begleiteten. Beide wurden ebenfalls zum Tode verurteilt und noch am 22. April 1945 von SS-Wachpersonal ermordet.

Die Frau des Mitangeklagten Majors a. D. Max Lindemann, Elsa, beging in der Gestapohaft Selbstmord, um nichts über das Versteck des General Lindemann verraten zu müssen.

Insgesamt fielen sechs Dresdner und Berliner im Zusammenhang mit dem Fall des Generals Lindemann dem nationalsozialistischen Terror zum Opfer, andere Helfer und die Familienangehörigen erhielten Zuchthaus oder Gefängnisstrafen, verfielen dem perfiden System der Sippenhaft.

Dank der umfassenden Unterstützung vor allem durch die Familie des Generals Fritz Lindemann, der Nichte Erich Gloedens, Frau Ursula Schroeter, durch die hochbegabte Augenzeugin und Schriftstellerin und auf der Grundlage relativ umfangreichen Archiv- und Dokumentenmaterials ist es gelungen, ein Buchmanuskript zu erstellen, das einen weiteren Aspekt der Ereignisse des 20. Juli 1944 behandelt und dem Vergessen entreißt.

Es hat Jahre gedauert, bis der Widerstand gegen das nationalsozialistische Regime die ihm gemäße Anerkennung und Würdigung im öffentlichen Leben fand.

Jedes Jahr gedenken am 20. Juli Vertreter des Staates und Angehörige der Männer und Frauen des Widerstandes. Vorrangig wird dabei an bekannte Persönlichkeiten und Gruppen erinnert, mehr und mehr aber auch der vielen Namenlosen gedacht.

Das vorliegende Buch über General Lindemann und seine Fluchthelfer will einige dieser Namenlosen der Anonymität und der Nichtbeachtung entreißen.

Bengt von zur Mühlen

Der General

Der Weg in den Widerstand

Immer wieder taucht die Frage auf, wieso Männer mit scheinbar gleicher Entwicklung sich am 20. Juli 1944 so diametral gegensätzlich verhalten haben. Noch steht eine gründliche Untersuchung dieses Phänomens aus. Doch soll wenigstens an einigen Eckpunkten versucht werden, etwas tiefer einzudringen. Dabei sind nicht vorrangig die letzten, durch die Gefahr eines verlorenen Krieges geprägten Jahre von Bedeutung. Am Beispiel von Fritz Lindemann kann vielmehr gezeigt werden, dass die Wurzeln für jene Unterschiede wohl bereits in früher Jugend liegen.

Vergleicht man die Lebensläufe hoher Offiziere, so stößt man auf die erstaunliche Tatsache, dass mit einer Ausnahme, Generalfeldmarschall Erwin von Witzleben, alle am 20. Juli Beteiligten Absolventen humanistischer Gymnasien waren. Dabei ist es sicherlich ein Zufall, dass Albrecht Ritter Mertz von Quirnheim und Carl-Hans Graf von Hardenberg ebenso wie Lindemann das Potsdamer Viktoria-Gymnasium besuchten. Aber dem Unterschied zur Auswirkung des Besuches der preußischen Kadettenanstalten, die die absolute Mehrzahl derjenigen durchliefen, die vor 1914 Offizier geworden waren, im Zweiten Weltkrieg dann hohe Dienststellungen innehatten und sich dem militärischen Widerstand verweigerten, lohnt es nachzugehen.

Wenn ich mich nachfolgend – als Beispiel – mit der Bedeutung des Viktoria-Gymnasiums für Lindemanns Entwicklung befasse, bin ich mir über die Grenzen dieser Vorgehensweise im Klaren. Es ist kaum möglich, die Vielzahl der übrigen Einflüsse zu erfassen und nachzuvollziehen, die nur komplex wirkend zu begreifen sind.

Die Abiturientenverzeichnisse jener Jahre, in denen Fritz Lindemann Schüler am Gymnasium war, machen deutlich, dass die Schule ausnahmslos von Söhnen der Oberschicht besucht wurde. Unter den 54 Abiturienten des Jahrganges 1912, dem Lindemanns, entstammten 34 Beamtenfamilien. Vier Väter waren Militärs, fünf Vertreter freier Berufe und vier Kaufleute bzw. Gewerbetreibende. Interessant ist, dass nur ein Offizierssohn, Fritz Lindemann, ebenfalls Offizier werden wollte. Die anderen neun Offiziersbewerber seines Jahrgangs stammten aus zivilen Elternhäusern. Weitere Offizierssöhne wollten ausschließlich in zivile Berufe. Da der dritte Stand völlig fehlte, kann man davon ausgehen, dass die bildungsfreundliche Atmosphäre der preußisch-konservativen Elternhäuser eine relative Einheitlichkeit des Denkens und Verhaltens hervorbrachte.

Natürlich empfanden sich die jungen Leute als Elite. Sie unterschieden sich da wohl nicht von den Kadetten. Wenn aber der Philosoph Windelband in seinen Erinnerungen das Viktoria-Gymnasium in Potsdam zu den anerkannt besten seiner Art zählte, so waren sicher nicht in erster Linie die Bildungsinhalte – sie dürften in den Kadettenanstalten ähnlich gewesen sein –, sondern war die Art und Weise der Erziehung gemeint. Die Denkschule hatte ein sichtbares, erhebliches Übergewicht gegenüber der Paukschule, und an die Stelle des Drills zu unbedingtem Gehorsam, wie er in den Erinnerungen ehemaliger Kadetten immer wieder deutlich wird, trat die Erziehung zu einer Disziplin, die im Nachdenken begründet war.

Die Lehrerschaft kann überwiegend als liberal gesonnen bezeichnet werden. Sie verstand es, nicht zuletzt durch Unterstützung zahlreicher außerunterrichtlicher Aktivitäten in Schülervereinen usw., die Selbsterziehung und den gegenseitigen Einfluss so zu stimulieren, dass, verbunden mit umfassender Bildung, die Befähigung zu pflichtbewusster ernster Arbeit, zu Selbständigkeit und eigenem Urteil sowie der Drang zu ständigem Weiterlernen aus innerem Antrieb entstanden. So konnten sich positive Persönlichkeitseigenschaften und Charakteranlagen ungehindert entwickeln. Dass Fritz Lindemann als bester Abiturient des Jahrgangs mit dreimal »sehr gut« in den Hauptfächern abschloss, verdient hervorgehoben zu werden. Er entsprach damit einem Bild, das Kaiserin Maria Theresia einmal so formuliert hatte: »Erziehe zuerst den Menschen und pfropfe darauf den Soldaten.«

Selbstverständlich hatte daran auch das Elternhaus wesentlichen Anteil. So wie der Großvater waren auch dessen Söhne Offiziere geworden. Und so hatten sich soziale Verhaltensweisen herausgebildet, die Fritz Lindemann von klein auf prägten. Vorbild war vor allem der Vater, Friedrich Lindemann, der sich nicht nur als Artillerieoffizier in der Truppe bewährt hatte, sondern vorzügliche pädagogische Fähigkeiten besaß. Im Wechsel mit Truppenkommandos arbeitete er vor dem Ersten Weltkrieg elf Jahre als Lehrer an der Oberfeuerwerkerschule in Berlin sowie am Kadettenhause und der Kriegsschule in Potsdam. Nach dem Kriege war er bis 1923 Kommandeur der Infanterieschule in München und fast ein Jahrzehnt militärischer Berater in China. Zahlreiche Bücher entstammen seiner Feder.

Für Fritz Lindemann jedoch war ein Sachverhalt von besonderer Bedeutung. 1905 wurde sein Vater beauftragt, gemeinsam mit einigen anderen Lehrern Prinz August Wilhelm von Preußen auf das Offiziersexamen vorzubereiten. Da das zur Zufriedenheit des Kaisers geschah, unterrichtete er 1906 auch Prinz Oskar und 1910/11 Prinz Joachim. Friedrich Lindemann wurde dafür nicht nur hoch dekoriert, sondern ihm wurde der Wunsch erfüllt, dass sein Sohn in einem Gardetruppenteil dienen durfte. Für aus dem Bürgertum kommende Bewerber war das keineswegs selbstverständlich. 1912 trat Fritz Lindemann in das 4. Garde-Feldartillerie-Regiment in Potsdam ein. Als Berufsoffizier handelte er in der Folgezeit stets nach dem Spruch, den er als Schuljunge einst aus »Wallensteins Lager« ausgewählt hatte: »Der Soldat muss sich können fühlen. Wer's nicht edel und nobel treibt, lieber weit von dem Handwerk bleibt.«

Eigene Leistung und sicher hin und wieder auch der Ruf seines Vaters führten den jungen Offizier in Bewährungssituationen, in denen er als Persönlichkeit wachsen konnte. Hier kann nur eine Auswahl von Ereignissen geboten werden, an denen das besonders deutlich wird. Hierhin gehört mit Sicherheit seine Einbeziehung in den kleinen Personenkreis, der für den Schutz der deutschen Friedensdelegation bei den Verhandlungen in Versailles zu sorgen hatte.

Dass Lindemann wegen seines deutlichen inhaltlichen Interesses bald die internationale Presse für die Delegation auszuwerten hatte, war sicher mehr als ein Zufall. Wie bei vielen nachfolgenden Gelegenheiten erwuchsen hier persönliche Beziehungen, die über Jahrzehnte von Bedeutung blieben. So lernte er Friedrich von Boetticher kennen, Artillerist wie Lindemann, dem er oft wieder begegnen sollte. Boetticher, damals Militärattache in Washington, förderte ihn bei seinem USA-Besuch 1933 auffallend. Dabei spielte wohl die enge Beziehung beider zu Kurt von Schleicher eine Rolle. Aus der Versailler Zeit rührte auch die langjährige Freundschaft zu Dr. Gerhard Stelzer, der 1944 erster Gesandtschaftsrat in Bukarest und nach dem 20. Juli möglicherweise ursprünglich Ziel von Lindemanns Flucht war.

Die Zeit in Versailles hatte für den inzwischen 25-jährigen Oberleutnant Folgen, die sein ganzes künftiges Leben bestimmen sollten. Wie sein Tagebuch dokumentiert, begriff er bei dieser ersten intensiven Begegnung mit Politik die Untauglichkeit des Versuches, sich auf das rein Militärische zurückzuziehen. Das, und das Erleben, wie Sieger mit Verlierern umzugehen pflegen, war später eine wichtige Triebkraft für sein Handeln im Widerstand. Zunehmend lernte er, neben den militärischen, die politischen Kräfteverhältnisse und deren wirtschaftliche Hintergründe in Rechnung zu stellen.

In der Folgezeit zeigte sich bei dem jungen Offizier, dass er auch seine Vorgesetzten zunehmend kritischer betrachtete. Lindemanns selbständiges Urteil, das von keinerlei Obrigkeitsgläubigkeit getrübt war, wurde besonders im Zusammenhang mit dem Kapp-Putsch sichtbar. Sachlich und mit kritischer Distanz wertete er sowohl die Ereignisse im Reich als auch in seiner Garnisonstadt Potsdam. Dabei wurde deutlich, dass er immer stärker loyal zur Weimarer Republik stand und den Volkswillen als deren Stütze zu akzeptieren bereit war.

Fritz Lindemann war inzwischen Ordonnanzoffizier bei General von der Hardt, dem Artillerieführer der Reichswehrbrigade 3, geworden. Die Ereignisse in Potsdam am 16. März 1920 gibt Fritz Lindemanns Tagebuch so wieder: »Abends. Öffentliche Versammlung im Café Sanssouci, die der General leider gestattet hat. Als schon alles gefüllt ist, wälzt sich noch ein Schwarm Nowaweser ... herein.

Plötzlich wird die Versammlung verboten. Ein Teil stimmt ›Deutschland, Deutschland über alles‹ an, während Nowaweser dazu pfeifen und schreien. Großer Tumult. Draußen bildet sich ein Umzug, der unter Hochrufen auf den Bolschewismus usw. die Brandenburger Straße entlang zieht ... Ich höre Schüsse fallen. Wie sich nachher herausstellt, ist der Demonstrationszug gegen ½ 9 (20.30 Uhr; d. Verf.) ans Stadtschloß gelangt, dort auf Verlangen des wachhabenden Offiziers nicht auseinander gegangen und dann beschossen worden; 4 Tote, 5 Verwundete. Ich (in Zivil) gehe sofort zum Stadtschloß zu Oberleutnant v. Senden vom Reiter-Regiment 115, der die Wache hat. Das Blut hebt sich dunkel von der Straße ab. Ich mische mich unter Gruppen der Bevölkerung: auch der Bürger ist empört, nicht nur die Arbeiter. Gehe traurig zurück. Seit der Revolution ist das erste Blut in Potsdam geflossen. Meine Skepsis, die ich von Anfang an gegen den Putsch hatte, steigt.«

Im April 1920 lautet schließlich sein Resümee: »Wir Soldaten haben jetzt alle zu leiden unter den wahnsinnigen Unternehmen von Kapp-Lüttwitz, das jegliches Verständnis der Volksseele vermissen ließ. Jetzt verurteilt jeder den Putsch. Aber wie lauteten die Äußerungen derselben Herren am 13., 14., 15. März? ... Die Rolle, die unsere höheren Vorgesetzten in den fraglichen Tagen gespielt haben, kann mir keine Achtung abzwingen. ... In der Befehlsstelle Potsdam der Reichswehr-Brigade 3 habe ich politischen Sinn, Gefühl für das unbedingt erforderliche Zusammenarbeiten mit anderen Bevölkerungsschichten völlig vermißt. ... Der Standpunkt, einfach zu tun, was befohlen wird, reicht in solchen Zeiten einfach nicht aus. ... In der Masse muss sich jetzt das Gefühl verankert haben, dass sie mit einem Generalstreik alles erreichen will, denn er ist eine unbesiegbare Waffe.«

Zwangsläufig musste sich Lindemann mit der seinerzeitigen revolutionären Entwicklung in Europa auseinandersetzen. Seine Stellungnahmen sind insofern von Bedeutung, als er sich 1918 dem Grenzschutz Ost zur Verfügung gestellt hatte und Anfang 1919 als Angehöriger eines Freikorps unter General Watter an der Zerschlagung der Räteherrschaft in Düsseldorf beteiligt war.

Dabei hegte Lindemann natürlich keinerlei Sympathien für die Kommunisten, schätzte aber die Potenzen Sowjetrusslands sowie deren Bedeutung für deutsche Politik nüchtern ein: »Jedenfalls halte ich die bolschewistischen Armeen unter ihren zaristischen Führern für die besten Europas z. Z.« Er schrieb am 16. August 1920: »In Soldau sind die Russen unter dem Jubel der Bevölkerung eingezogen. Was vermag sich im Osten noch alles zu entwickeln? Zunächst sieht man Russland als Macht, die nicht der Entente zu Willen ist, schon einen Lichtblick. Ex oriente lux!?« Einige Zeit später folgte die Feststellung: »Ich halte unser wirtschaftliches Aufblühen nicht eher für möglich, als bis wir im Verkehr und Handel mit dem unerschöpflichen Russland stehen. Dort ist Neuland für unsere Intelligenz und Kraft. Aus dem westlichen Europa ist nichts zu holen.« Hier deutet sich eine Haltung an, die nicht nur in Richtung Rapallo dachte, sondern auch die spätere Politik der Reichswehrführung gegenüber der Roten Armee von der Basis her stützen half.

Auch hinsichtlich der sozialen Widersprüche in Deutschland bewahrte Lindemann einen klaren, kritischen Blick. Einerseits bezeichnete er am 18. Oktober 1920 die Position der Linken in der USPD als »Anhänger unentwegter, öder Verneinung« und fuhr fort: »In der Rede des russischen Bolschewisten Sinowjew vermisse ich jeglichen wegweisenden oder aufbauenden Gedanken. Was soll die stärkste Kraft, wenn sie nur zerstört.« Andererseits ahnte er wohl die Berechtigung gesellschaftlicher Veränderungen, denn es folgte die Feststellung: »Gestern war ... ich in Berlin in verschiedenen Lokalen der Lebewelt. So *nett* es war, so empfinde ich doch einen Gegensatz, fast Hass gegen diese Schmarotzer des Lebens, diese Drohnen der Gesellschaft. Ich kann die Stimmung des Arbeiters gut verstehen, wenn er derartiges sieht. Warum nicht Sozialismus, wenn Sozialismus gleich Preußentum?« Mit Sicherheit schauten hinter dieser Feststellung nicht Marxsche Gedanken, sondern eher die von Oswald Spengler hervor, dessen »Preußentum und Sozialismus« just im selben Jahr erschienen war.

Der Leser wird verstehen, dass für diesen Lebensabschnitt das Tagebuch Lindemanns eine einmalige Quelle ist, die besser als fremde Worte seine Person zu charakterisieren vermag. Die intimen, nur für das Selbstverständnis gemachten Aufzeichnungen zeigen nicht nur die militärische und politische Entwicklung dieses Mannes. Sie vermögen heute noch ein bleibendes Bild seiner Sensibilität, seiner oft grüblerischen, selbstzweifelnden Natur in jenen Jahren zu vermitteln. Verbunden mit hohem moralischem Anspruch und der Fähigkeit zu tiefgründiger Freundschaft widersprechen diese Eigenschaften nur scheinbar Lindemanns sachlicher, nüchtern zupackender Art als Offizier.

Aus dem Tagebuch eines Freundes übernahm er in sein eigenes einige Sätze, die er für sich bedeutsam fand und deren Umsetzung in verschiedenen Phasen seines Lebens immer wieder sichtbar wurde: »Das Wort *genüge dir selber* bedeutet mir, dass ich nicht in allem und jedem vom Urteil, von der Sympathie anderer abhänge, dass ich meinen Stolz und mein Gleichmaß in mir trage, aus mir selbst heraus lebe und im Streite der anderen ruhig und sicher bleibe. Dies habe ich teilweise erreicht, und wenn ich mir noch nicht ganz das unvornehme Verraten meines brennenden Interesses an Allzuvielem abgewöhnt habe, so bin ich doch auf dem Wege, es in die genau entsprechenden Schranken zurückzuweisen. In diesem Sinne bleibt das *genüge dir selber* zu Recht zu bestehen. Niemals aber werde ich dieses Wort als Mahnung zu der abgeklärten, mir durchaus verhassten Ruhe des Stoikers auffassen, da ich in ihr das Zeichen einer epigonischen Zeit erblicke. Denn der wahrhafte Mann und das starke Volk haben Leidenschaften und ringen mit ihnen, und sie schmieden sie unter dem fauchenden Feuer der Esse.«

Dieser Position gerecht zu werden, fiel Fritz Lindemann nicht leicht. In schier endlosen Gesprächen und Briefwechseln mit seinem engsten Freund Georg von Wietersheim, einem jungen Offizier, über ethische Probleme der verschiedensten Seiten des Lebens, suchte er seinen Platz zu bestimmen. »Ich sehne mich nach Verantwortungen. ... Ob ich je etwas leisten darf für die Allgemeinheit? Ich habe die Kläglichkeit meines eigenen Willens kennen gelernt. Ich bedarf der Stütze durch das ... Gute, sonst schaffe ich es nicht.« Das schrieb er am 7. Mai 1921, und am 25. September konnte er endlich feststellen:

»Eine anstrengende Zeit liegt hinter mir. Wenig nur habe ich schlafen können, da mich Gedanken über Gedanken plagten, Gedanken absonderlicher Art, selbstquälerisch, grübelnd. Und doch ist das Leben so schön. Mehr muss ich mich auf meine Pflichten besinnen, Pflichten der Menschheit gegenüber.«

Diese Beispiele mögen genügen, um zu zeigen, wie sich die Denk- und Handlungsweise, die Grundsätze dieses Offiziers herausbildeten. In diesem Sinne ging er seinen Weg. Er wurde zum Generalstabsoffizier ausgebildet und gehörte auch da zu den Besten. Deshalb wurde Fritz Lindemann längere Zeit ins Reichswehrministerium kommandiert, zunächst am 1. April 1926 in die Heeres-Statistische Abteilung (T 3) des Truppenamtes. Diese diente der Nachrichtensammlung und -auswertung über ausländische Streitkräfte und wurde später in Abteilung »Fremde Heere« umbenannt.

Er arbeitete hier mit dem damaligen Hauptmann Friedrich Olbricht zusammen, der später als Chef des Allgemeinen Heeresamtes in der Verschwörung vom 20. Juli 1944 eine wichtige Rolle spielen sollte.

Der 1. Oktober 1926 brachte Fritz Lindemanns Versetzung zur Wehrmachtsabteilung des Reichswehrministeriums, die bis zum 30. Juni 1929 dauerte. Dort war Oberst, später Generalmajor, Kurt von Schleicher sein Vorgesetzter. Lindemanns Aufgabe bestand neben der Presseauswertung u. a. darin, als Beobachter an Parlamentssitzungen teilzunehmen. Während seiner Zugehörigkeit wurde jene Abteilung am 1. März 1929 zum Ministeramt im Reichswehrministerium umgebildet und nunmehr vollständig zu dessen militärpolitischen Führungsinstrument. Schleicher erhielt als Chef des Amtes das Recht, in bestimmten Fragen den Reichswehrminister in der Regierung und im Reichstag zu vertreten. Fritz Lindemann hatte zu ihm offenbar ein sehr gutes Verhältnis, denn er unterhielt, wie ein überkommener Brief Schleichers aus dem Jahre 1933 beweist, bis zu dessen Ermordung familiären Verkehr mit ihm. Im Ministeramt konnte er wichtige Einsichten gewinnen, die sicher für sein künftiges Handeln bedeutsam waren.

Diese Entwicklung zeigt, dass Lindemann nie jener unpolitische Offizier sein konnte, wie er General von Seeckt vorschwebte. Zugleich enthielt er sich aber jeglicher Parteipolitik. Das galt für die Zeit vor 1933, wie für die Jahre danach (siehe Dokument Nr. 1). Auch dann noch zitierte er ausdrücklich Seeckts Ausspruch: »Mit allen Kräften soll die politische Betätigung vom Heere ferngehalten werden«, denn »politische Kämpfe vertragen sich weder mit dem Geist der Kameradschaft noch mit der Disziplin.« Selbstverständlich billigte Lindemann Hitlers Aufrüstungspolitik, wie die Mehrzahl der Offiziere. So stellte er fest, dass »die Tat des Führers vom 16. März 1935 ... den völligen inneren Gleichklang zwischen den Grundsätzen der heutigen Staatsführung und den Grundlagen des deutschen Soldatentums versinnbildlicht.« Zugleich aber verzichtete Lindemann nicht nur auf die gängige Lobhudelei gegenüber der Nazipartei und ihren Führern, sondern stellte deren Ausschließlichkeitsanspruch prinzipiell gegensätzliche Ansichten gegenüber. Das galt z. B. für die 1936 in einem Vortrag an der Kriegsakademie bemerkenswerte Bezugnahme auf Johann von Müller, der 1807 vor der Berliner Akademie der Wissenschaften über Friedrich II. gesagt hatte: »Er überzeugte sich, das Haupt der Monarchie müsse frei sein von Parteigeist, von entnervenden Leidenschaften, von unterjochenden Meinungen, von Vorurteilen des großen Haufens.«

Lindemanns Bestreben, der militärischen Sicherung Deutschlands zu dienen, geriet immer wieder in Konflikt mit der Politik der Naziführung. Einen ersten schweren Schlag erhielt seine Loyalität durch die Ermordung Kurt von Schleichers und Ferdinand von Bredows im Zusammenhang mit der Röhm-Affäre 1934, den er nie verwinden konnte. Die Blomberg-Fritsch-Krise und die zunehmende Kriegstreiberei Hitlers taten ein Übriges. In einem Brief vom 7. Oktober 1939 schrieb er: »Der Tod von Fritsch hat mich sehr erschüttert. Wie vielen anderen ist mir sofort der Gedanke gekommen, ob er wohl den Tod gesucht hat? Musste der Mann sich nicht überflüssig vorkommen? Aber die, die ihn damals niederträchtig verleumdet haben, werden wohl keine Gelegenheit haben zu fallen.«

Nachdem er 1938/39 militärpolitischer Redakteur der »Kieler Nachrichten« und beim »Hamburger Fremdenblatt« gewesen war, äußerte er gelegentlich, dass er erst jetzt merke, mit welchen Scheuklappen er früher herumgelaufen sei.

Hier muss daraufhingewiesen werden, dass seine Position, die bereits in der Weimarer Republik vorhanden war, sich immer mehr festigte. So sehr er ein starkes Heer zur Verteidigung des Landes befürwortete, so sehr lehnte er zugleich dessen Missbrauch in einem Angriffskrieg ab.

Fritz Lindemann, der während der Generalstabsausbildung in Berlin zugleich Wirtschaftswissenschaften studiert hatte, der im Ersten Weltkrieg und bei seinem Besuch in den USA deren Wirtschaftskraft kennenlernte, empfand immer stärker das Missverhältnis zwischen den Vorstellungen der Führung, den realen deutschen Möglichkeiten und den Potentialen der zu erwartenden Gegner. Brigadegeneral a. D. Crome, langjähriger Freund Lindemanns und von dessen Familie aus der Hamburger Zeit, berichtete dem Verfasser, wie jener unmittelbar vor Beginn des Zweiten Weltkrieges vor einem größeren Kreis detailliert nachgewiesen hat, dass ein solcher Krieg nie gewonnen werden kann. Auch nach dem gewonnenen Feldzug gegen Polen nahm seine Sorge nicht ab.

Am 23. Januar 1940 schrieb Fritz Lindemann seiner Frau: »Ich glaube nicht mehr so ohne weiteres an die *Entschlüsse* unserer oberen Führung, eher an die zwingende Gegebenheit des Wetters und sonstiger Faktoren, die der stärkste Wille nicht verändern kann, mit denen Politiker vom Schlage Bismarcks aber von vornherein gerechnet hätten. Denn Bismarck hat die Politik als die *Kunst des Möglichen* bezeichnet, nicht des Unmöglichen. Ich sehe einige Schatten unserer Geschichte aufsteigen, ... und ich bereite mich in voller Ruhe auch auf die Möglichkeit eines ungünstigen Ausgangs dieses Krieges vor, der uns nur ein verstümmeltes Preußen lassen würde. ... Ich glaube nur, dass die ganze Geschichte nicht allzu lange dauern kann, jedenfalls nicht vier Jahre. Das dürften wir nicht aushalten.«

Lindemann war in dem Sinne ein »Offizier alter Schule«, dass für ihn nicht nur Pflichtgefühl und Verantwortungsbewusstsein, sondern auch Anstand und Ritterlichkeit außerordentlich hohen Wert besaßen. Nicht nur wegen des oben genannten Kräfteverhältnisses, sondern auch, weil immer wieder gegen diese Werte verstoßen wurde, geriet er in einen Zwiespalt, der ihn den ganzen Krieg über nicht mehr verließ. Einerseits war er als Militär ein Könner, ein hervorragender und erfolgreicher Truppenführer, der auf seine Erfolge stolz war. Andererseits wurden die Kriegsziele immer fragwürdiger und die Gefahren für das deutsche Volk – das war für ihn ein sehr konkreter Begriff – immer größer.

Zugleich fühlte er sich nicht nur für seine Soldaten verantwortlich, sondern auch für den besiegten Gegner. Dazu ein Beispiel aus dem Polenfeldzug:

Der 9. Oktober 1939 brachte Lindemanns Ernennung zum Stadtkommandanten von Chelm, einer Stadt mit 32.000 Einwohnern, südöstlich von Lublin. Voll Stolz berichtete er seiner Frau von den Erfolgen seiner Arbeit, der Ingangsetzung des Elektrizitätswerkes, der Sorge um ein polnisches Lazarett, die Linderung des Flüchtlingselends usw. Am 15.10. wurde er von jener Funktion entbunden. Bedauernd stellte er fest, dass die Möglichkeit, viel Gutes stiften zu können, ihm damit genommen worden sei. »Unsere Zivilverwaltung versagte bisher völlig. ... Es gibt keine Richtlinien auf irgend einem Gebiet ... – eine völlige Pleite. Alles muss die Truppe machen.« Am 3. November 1939 wurde er noch deutlicher: »Der neue Generalgouverneur von Polen, Herr Frank, hat seine Tätigkeit mit einer recht törichten Proklamation begonnen. Man gewinnt die Bevölkerung nicht, wenn man auf die letzte polnische Regierung schimpft, sondern man verletzt den durchaus vorhandenen Nationalstolz. Kein Soldat, der den Feldzug mitgemacht hat, hätte so etwas Dummes veröffentlicht. Das Echo kommt uns hier, wo wir alle etwas Fühlung mit der Bevölkerung genommen haben, schon zu Ohren. Aber diese Heimat-Partei-Strategen wissen ja alles.« Bis diese Bitterkeit, die der Verletzung seiner Vorstellung von Ritterlichkeit und Anstand entsprang, bei Lindemann der Erkenntnis wich, dass hier sich völkermordendes Herrenmenschentum auszutoben begann, das seinen Widerstand herausforderte, war es noch ein langer Weg. Aber hier war wohl der Anfang.

In anderem Zusammenhang schrieb er am 19. April 1940: »Gestern Mittag wurde uns dienstlich der Polenfilm der Luftwaffe *Feuertaufe* vorgesetzt. ... Etwas barbarisch kommt einem ja der Bombenregen auf Warschau vor, das man durch Aushungern acht Tage später wahrscheinlich auch gehabt hätte.«

Als der Krieg gegen die Sowjetunion begann, war Fritz Lindemann inzwischen Oberst und Artilleriekommandeur bei der Heeresgruppe Süd. Was dieser Feldzug bringen würde, konnte er trotz seiner Qualitäten als Generalstabsoffizier und aller bisherigen Erfahrungen nicht vermuten. Die völlig neue Dimension wurde noch nicht sichtbar. Dazu trugen die Anfangserfolge bei, an denen auch er als Führer mehrerer erfolgreicher Sondereinsätze beteiligt war. Beispielsweise kommandierte er Anfang August 1941 eine 3.100 Mann starke Vorausabteilung, die sich 100 Kilometer vor den eigenen Kräften zwölf Kilometer nordwestlich Nikolajew einigelte, damit die einzige Brücke über den Bug blockierte und den Rückzug der sowjetischen Truppen über diesen Schwarzmeerhafen verhinderte. Das brachte ihm das Ritterkreuz.

Lindemanns Ablehnung von Hitlers Angriffskrieg wurde dadurch nicht geringer. Zugleich darf man nicht verkennen, dass die Einbindung an verantwortlicher Stelle in die Kriegsmaschinerie ihm wenig Zeit und Gelegenheit ließ, derartige Gedankengänge weiter zu verfolgen. Bei Strafe des Untergangs war er mit seinen Soldaten zu militärischen Höchstleistungen gezwungen. Berichte seiner damaligen Untergebenen zeigen vielfältig, wie Fritz Lindemann um sie besorgt war, wie er den Kampf so führte, dass möglichst geringe Verluste eintraten.

Trotz seiner militärischen Erfolge und verschiedenster Ehrungen spürte er, wie sich der innere Widerspruch immer mehr vertiefte, ohne dass er Möglichkeiten sah, ihn lösen zu können. So geschah etwas, was von dem begeisterten Offizier sicher niemand erwartet hätte, er sehnte sich nach einer zivilen Tätigkeit, wie sie ihm das »Hamburger Fremdenblatt« als stellvertretenden Chefredakteur für die Zeit nach dem Krieg anbot. »Wenn man so eine Gelegenheit hat wie ich, das gegenseitige Hin und Her unter den Generalen zu beobachten, Ordensschmerzen usw., so fühle ich mich dazu nicht besonders hingezogen.« Das schrieb er am 14. Oktober 1941 seiner Frau. Aber es waren nicht nur diese Querelen, die Fritz Lindemann abstießen. Vor allem die Sorge um seine Soldaten trieb ihn um.

Im Rahmen der II. Armee wurde er auf der Halbinsel Krim eingesetzt. Als er einige Zeit im Lazarett lag, hatte er Gelegenheit, über den Krieg nachzudenken. Was vordem bereits als kritische Einzelbemerkung zu finden war, verdichtete sich nun. Seiner Feststellung, »die Truppen pfeifen mit allem auf dem letzten Loch«, folgte die Einschätzung: »Man hat sich wohl den Ablauf dieses Feldzuges, auch an oberster Stelle, erheblich anders vorgestellt. Und die letzte große Entscheidung, die Anfang Oktober angekündigt wurde, ist eben nicht gefallen und wird im Schlamm des Herbstes auch nicht mehr zu erzwingen sein.« Wenig später, am 12. November, schrieb er an seine Frau: »Man macht sich allmählich über diesen Krieg und Kriegführung im allgemeinen so seine Gedanken, aber das darf man nicht schreiben.« Kurz darauf folgte schließlich sein Stoßseufzer: »Ich glaube, nach diesem Kriege bin ich *Pazifist*.« Die Kriegslage ließ zu derartigen Betrachtungen kaum weiteren Raum.

Am 1. Januar 1942 wurde er zum Generalmajor befördert und wenig später Kommandeur der 132. Infanteriedivision, die in harten Kämpfen auf der Krim, bei der Eroberung der Festung Sewastopol und schließlich an der Wolchow-Front schwerste Verluste hinnehmen musste. Bereits ein Tagesbefehl vom 3. Juli 1942 hatte einen Unterton, der aufhorchen lässt. Er endet: »Ohne Opfer kein Sieg, ohne Sieg kein Friede!« In keinem ähnlichen Dokument dieser Zeit war dergleichen zu finden.

Und die Opfer gingen weit über das hinaus, was er noch zu akzeptieren bereit war. Deshalb rückte offensichtlich immer mehr die Notwendigkeit eines Friedens ohne »Endsieg« in sein Blickfeld.

Lindemanns Zweifel an der Gewinnbarkeit des Krieges wuchsen sowohl aus der Sicht der Lage an den anderen Fronten, als auch besonders der eigenen Division. Sein Bericht vom 2.10.1942 über den Zustand seiner Infanterie mag das belegen: »Auf meine Bemerkung, ich wüßte von einem Bataillonsführer und einem Kompanieführer, dass sie ihre Leute mit der Pistole in der Hand zum Vorgehen veranlassen müssen, erklärten mir zwei Bataillonsführer, ... das sei nahezu täglich nötig. Vielfach seien außerdem Fußtritte nötig, um die Leute überhaupt zum Aufstehen zu bringen. ... Es ist mehrfach beobachtet worden, dass die Leute die Waffen nicht anwenden und z. B. den Befehl zur Aufnahme des MG-Feuers nicht ausführen, sondern voller Apathie das Gesicht an den Boden gedrückt alles passiv über sich ergehen lassen. ... Die Division glaubt nicht, dass die Verhältnisse bei ihr schlechter liegen als in anderen Divisionen.«

Lindemanns Division hatte vom Einmarsch in die Sowjetunion bis Ende Oktober 1942 die enorme Anzahl von 19.735 Mann, darunter 536 Offiziere, verloren. Das war fast das Anderthalbfache der Stärke vom Juni 1941.

Diese hohen Verluste vertieften immer stärker den Zwiespalt zwischen militärischer Pflichterfüllung und innerer Opposition gegen die Verursacher dieser für ihn aus Sorge um seine Soldaten und das weitere Schicksal des deutschen Volkes immer unerträglicher werdenden Situation.

Lindemann, der am 1. Januar 1943 zum Generalleutnant befördert worden war, hatte den ganzen Krieg über Verbindung zu einer Vielzahl hoher Offiziere, zu Beamten und Industriellen. So war er über die allgemeine Lage bestens orientiert und erkannte wie diese, dass Deutschland nach der Niederlage an der Wolga in eine tiefe militärische Krise geraten war, aus der er kaum noch einen militärischen Ausweg sah.

General Lindemann im Widerstand

Am 20. August 1943 übergab Fritz Lindemann die 132. Infanteriedivision seinem Nachfolger. Zu neuer Verwendung ins Oberkommando des Heeres (OKH) gerufen, folgte am 20. September die Kommandierung zum Stab General der Artillerie. Ab 1. Oktober schließlich wurde er mit der Übernahme der Geschäfte des Waffengenerals der Artillerie beauftragt (siehe Dokument Nr. 3). Sein Vorgänger, General der Artillerie Fritz Brand, war gesundheitlich den häufigen Unstimmigkeiten mit Hitler nicht mehr gewachsen. Einige Zeit später, am 1. Dezember 1943, erfolgte Lindemanns Beförderung zum General der Artillerie und die Ernennung zum Waffengeneral. Damit hatte er in weniger als zwei Jahren den Sprung vom Oberst der Reserve zum dritthöchsten Generaldienstgrad gemacht und dabei rund 250 Generalleutnante überrundet. Eine erstaunliche Karriere! General Schmundt, Chef des Heerespersonalamtes, sagte, Generaloberst Zeitzler, Chef des Generalstabes des Heeres, habe Lindemann »aus einem Bukett von Blumen herausgesucht«.

Es gibt die, allerdings nirgendwo bestätigte, Vermutung, dass die Verschwörer bei Lindemanns Versetzung die Hand im Spiele gehabt hätten. Das Hauptgewicht lag aber sicher darauf, dass seine Beförderung »in Anerkennung der Verdienste bevorzugt« erfolgte.

Über die künftigen Aufgaben schrieb er seinem Sohn Friedrich, der Artillerieleutnant in seiner ehemaligen Division war: »Ich habe dort die Organisation der gesamten deutschen Artillerie und ihre Einsatzmöglichkeiten auf allen Kriegsschauplätzen zu bearbeiten. Natürlich gewinne ich dabei einen vollen Überblick über die Lage an den Fronten. Die Stellung hat den Rang eines Kommandierenden Generals. ... Jedenfalls bin ich mit dieser Lösung aus den verschiedensten Gründen sehr zufrieden.« Im Rahmen jener Aufgaben erfolgte die Auswertung der Kampferfahrungen für die Führung, Ausbildung, Gliederung und Bewaffnung der Heeresartillerie, deren Formulierung in Vorschriften und ihre Durchsetzung in der Truppe.

Der Stab General der Artillerie hatte seinen Sitz in der neuen Reiterkaserne im Südosten der ostpreußischen Stadt Angerburg. Etwa zwölf Kilometer entfernt befand sich im »Mauerwald« der Generalstab des Heeres. Noch weiter im Südwesten, 18 Kilometer entfernt, lag Hitlers »Wolfsschanze«. Während die Offiziere des Stabes im Hotel »Kronprinz«, im Zentrum von Angerburg, wohnten, war Lindemann im Waldhaus »Jägerhöhe« untergebracht, das in Friedenszeiten als bestes Hotel Angerburgs galt und nun Gästeheim des OKH war. Die ersten beiden Monate dienten der Einarbeitung und der Knüpfung vielfältiger Kontakte im dienstlichen Bereich. Dabei spielte von Anfang an eine Rolle, dass Fritz Lindemann mit dem Chef des Generalstabes des Heeres, Generaloberst Zeitzler, »sehr gut konnte«. Hinzu kam, dass in zahlreichen Funktionen alte Bekannte saßen, die nicht nur im Dienstbetrieb eine nützliche Rolle spielten.

Beispielsweise traf er aus dem früheren Reichswehr-Artillerieregiment 3 die Oberste Stieff und Gehlen, die er darüber hinaus an der Kriegsakademie in Berlin unterrichtet hatte.

Im Gästeheim »Jägerhöhe« fanden all jene höheren Offiziere Unterkunft, die sich auf der Durchreise zur oder von der Front im Generalstab zu melden hatten. Zwar hat keiner der vielen in Briefen an seine Frau Genannten später zum Kreis der Verschwörer gehört, aber ihre Informationen über die Lage waren offensichtlich sehr aufschlussreich. Sicher hatte Lindemann auch die Hoffnung, die Verbindungen im Interesse des Umsturzes ausbauen zu können. Beispielsweise schrieb er am 2. Februar 1944 an seine Frau: »In der »Jägerhöhe« trifft man immer wieder alte Bekannte, kürzlich kam Generalmajor von Schwerin durch, der früher die Trad. Komp. des 1. G.R.z.F. im I.R.9 hatte. Gestern waren Generalmajor Haseloff, auch früher I.R.9, und Generalmajor von Thadden, früher I.R.8, hier. Es knüpfen sich immer wieder alte Beziehungen an.« Im I. Garderegiment zu Fuß, dessen Traditionen damals vom Infanterieregiment 9 gepflegt wurden – diese Aufgabe nimmt heute das Wachbataillon der Bundeswehr wahr – ist Lindemanns Schwiegervater, Generalleutnant Fritz von Friedeburg, bis 1914 letzter Friedenskommandeur gewesen.

Die maßgeblichen Verbindungen zum militärischen Widerstand ergaben sich im Generalstab des Heeres. Zunächst war es die dienstliche Zusammenarbeit, bald jedoch auch der außerdienstliche Umgang, in dem die Beziehungen gepflegt wurden. Bei gegenseitigen Einladungen tauchten immer wieder die Namen Stieff und Wagner auf. Selbstverständlich darf in den Briefen an Lindemanns Frau kein Einblick in die konspirativen Vorgänge erwartet werden, die sich sehr bald ergaben. Zugleich kann als sicher gelten, dass über die beiden Genannten eine Verbindung zu anderen Verschwörern verlief, die Lindemann z. T. schon seit langer Zeit kannte. Als Beispiel steht Henning von Tresckow, der durch seinen freundschaftlichen Verkehr mit Angehörigen der Familie von Friedeburg über dessen Frau auch Lindemann gut kannte. Vielerlei Quellen belegen sein Hineinwachsen in den militärischen Widerstand.

Die krisenhafte Entwicklung des Krieges an allen Fronten beunruhigte den General außerordentlich. Zwar machten sich die Generale anfangs noch gegenseitig Mut, wie sein Brief vom 14. November 1943 nach einer Einladung bei General Wagner verriet: »Der Winter wird sicher ganz aufregende Ereignisse bringen. ... Irgendwie werden wir uns halten und durchsetzen. Darüber waren wir uns auch gestern Abend alle einig.« Aber das »Irgendwie« wurde immer ungewisser. Lindemann kehrte unter den neuen Bedingungen zu einer Auffassung zurück, die er in einem Vortrag »Von der staatserhaltenden Kraft des deutschen Soldatentums« 1936 vor der Kriegsakademie vertreten hat. Dort fand sich ein Satz, über dessen Bedeutung für sein eigenes Leben er sich wohl erst Jahre später voll im Klaren war: »Der sich ausbreitenden Gewalt staatszerstörender Elemente konnte nur Gewalt entgegengesetzt werden, um das Reich, zunächst einmal als Reich in irgend einer Form, vor dem Abgrund zu retten. Wenn ein Haus brennt, steht nicht seine Einrichtung zur Erörterung, sondern seine Erhaltung mit allen Mitteln.«

Ein Gestapobericht besagt, er habe Oberst Stieff »schwerste Sorgen über die militärische Situation vorgetragen, und zwar mit Argumenten, wie er sie damals immer wieder vom Armeebefehlshaber bis zum Regimentskommandeur zu hören bekommen habe. Stieff hat Lindemann an Olbricht verwiesen. Das Ergebnis war, dass Lindemann seitdem rückhaltlos für die ... Verschwörer eintrat.«

Bereits sehr früh muss er von den Plänen der Vertreter des militärischen Widerstandes gewusst haben. Ein Bericht von Georg Lindemann über den Besuch seines Vaters im September 1943 auf der Marineschule in Glücksburg belegt diese Annahme: »Er teilte mir schließlich mit, dass es eine Gruppe von Offizieren und anderen Männern in Deutschland gebe, die an einem Umsturz arbeiten. Es komme ihnen darauf an, Hitler, Göring und Himmler zu beseitigen, die Macht zu übernehmen und den Einfluss der SS, Gestapo und NSDAP zu eliminieren und zu versuchen, mit den Gegnern in diesem Krieg zu einem einigermaßen tragbaren Übereinkommen zu gelangen. Er nannte keine Namen.« Die Motive des Generals verdeutlichend, heißt es weiter: »Er sprach aber auch von anderen Dingen, die mir bis dahin verborgen geblieben waren – von den Verbrechen gegen die Menschlichkeit in einem für mich bis dahin unvorstellbaren Ausmaß.«

Die Möglichkeiten, selbst aktiv handelnd einzugreifen, waren 1943 noch äußerst beschränkt. Schließlich fühlte er sich für seine dienstlichen Obliegenheiten voll verantwortlich. Ein Ziel der Verschwörer, den Krieg vom deutschen Territorium fernzuhalten, wollte er auch durch seine Arbeit unterstützen. Allerdings nicht um das Hitlerregime am Leben zu erhalten, sondern um einerseits Zeit zu gewinnen, dieses aus eigener Kraft zu beseitigen, und andererseits Deutschland jene Kriegswalze zu ersparen, die Lindemann aus eigener Anschauung kannte.

Wann Lindemann auf Stieffs Rat das Gespräch mit General Olbricht suchte, kann nur vermutet werden. Mit großer Wahrscheinlichkeit fand die Unterredung mit Stieff während Lindemanns Rückreise von der Front statt, als sich dieser am 27. August 1943 im Generalstab des Heeres melden musste. Bis zum 19. September, seiner Abreise nach Angerburg, blieb in Berlin reichlich Zeit, Olbricht zu treffen. Hinzu kommt, dass sich Stieff am 7. und 8. September 1943 in Berlin aufhielt, wie Briefe an seine Frau beweisen. Dabei dürfte ein solches Treffen stattgefunden haben, zumal auch Tresckow und Stauffenberg sich zu dieser Zeit in Berlin befanden.

Ein im Münchner Institut für Zeitgeschichte angefundenes Dokument weist nach, dass Lindemann in Berlin Kontakt zu weiteren Nazigegnern suchte. Im Spruchkammerverfahren vom Jahr 1948 gegen Hjalmar Schacht schilderte der ehemalige Luftwaffenoberst Hans Gronau eine Begegnung im Spätsommer 1943 laut Protokoll folgendermaßen:

»Vorsitzender: Jetzt kommt wohl die Sache mit Lindemann?

Zeuge Gronau: Lindemann ist ein Schulfreund von mir aus Potsdam, später Regimentskamerad. Wir haben im Frieden durch die Regiments-Vereinigung Fühlung miteinander gehabt und wurden später durch den Krieg getrennt. Zu der Zeit, als die Autoeinschränkungen schon sehr stark waren, dass auch die Generäle zu Fuß gingen, fuhr ich den Hohenzollerndamm herab und sah von hinten einen General zu Fuß. Da es mir peinlich war, als jüngerer Offizier im Auto an ihm vorbeizufahren, schickte ich meinen Fahrer heraus und sagte: Bieten Sie dem General unseren Wagen an. Er fragte, wer ist ihr Chef, der Fahrer sagte: Oberst Gronau.

Durch diesen Zufall kamen Lindemann und ich im Jahre 1943 wieder zusammen, nachdem ich ihn lange Zeit nicht gesehen hatte. Auf der Fahrt in die Stadt waren wir sehr schnell bei der militärischen Lage angelangt. Infolgedessen kamen wir auch sehr schnell zu der Frage der Richtigkeit der Krieg-Führung. Und da fühlte nun jeder sofort vom anderen, dass er einen kompletten »Anti-Nazi« vor sich hatte.

Vorsitzender: Das wussten Sie bis dahin noch nicht?

Zeuge Gronau: Das konnte ich natürlich nicht wissen, er nicht von mir und ich nicht von ihm.«

Hier ist einzufügen, dass Gronau seit 1937 mit Schacht eng liiert und beispielsweise Taufpate von dessen jüngster Tochter war. Er trat mehrfach nach 1945 als Entlastungszeuge für Schacht auf. So z. B. während des Nürnberger Prozesses. Selbstverständlich versuchte er nach Kräften, jenen in ein gutes Licht zu setzen. Er vermochte jedoch nicht sonderlich zu überzeugen. Der amerikanische Ankläger Robert H. Jackson sagte über Schacht: »Schacht kämpfte immer um seine Stellung im Regime. ... Als das Ende des Regimes heraufdämmerte und er sich mit ihm entzweite, geschah dies aus taktischen und keineswegs aus grundsätzlichen Erwägungen. Von dieser Zeit an unterließ er es nicht, andere zu drängen, Stellung und Kopf zu riskieren, um seine Absichten zu fördern, setzte aber bei keiner Gelegenheit seinen Kopf aufs Spiel.«

Ungeachtet dessen sind die Aussagen Gronaus über die Begegnung Lindemanns mit Schacht und den Inhalt der Gespräche von Bedeutung. Neben Aussagen in Schachts autobiographischen Publikationen, die weniger konkret sind, sind das die einzigen überkommenen Quellen.

Während seines Berliner Aufenthalts war Lindemann offenbar mehrfach mit Gronau unterwegs. Weitere Auszüge aus dem vorgenannten Protokoll belegen dies:

»Auf einer solchen Fahrt fragte er mich dann – er war ein sehr rasch denkender Mann – sag mal, hast Du irgend welche politische Verbindungen zu Leuten, die wirklich eindeutig *anti* sind. Ja, sagte ich zu ihm, die habe ich; es handelt sich um den Präsidenten Dr. Schacht. Er sagte, ist es denn möglich, dass Du mich mit Schacht zusammenbringen kannst. Ja, sagte ich, das ist gar kein Problem. Ich rief an und Dr. Schacht kam dann nach Berlin herüber. Nur war die Sache natürlich für alle Betroffenen hochgerade gefährlich. Ich habe also dafür gesorgt, dass in meiner Wohnung die Angestellten verschwanden. Es stieg nun die erste Zusammenkunft in meiner Wohnung. Es war am 16.9.1943 in meiner Wohnung Im Dohl 50. Ich brachte also die Herren zusammen und Lindemann schilderte zunächst kurz die militärische Lage – anwesend waren wir drei: Schacht, Lindemann und ich, sonst niemand. Ich hatte sonst alles weggeschickt, es war kein Mensch zu Hause. Wir sprachen zunächst über Lindemanns militärische Lage. Lindemann gab uns einen Überblick; er wusste bestens Bescheid. Er gab uns einen kurzen Abriss über die Lage im Osten und kritisierte sie aufs schärfste, denn es war doch davor, dass die Nordarmee und die Armee unten in der Krim abgeschnitten würden. Es stand allmählich fest, dass seit Stalingrad *nichts mehr wird* und dass die Kräfte nicht mehr hinreichen. Aus dieser Situation heraus besprach Lindemann dann mit uns die Notwendigkeit, Hitler zu beseitigen und mit den Alliierten etwa derart in Kontakt zu kommen, dass wir uns schusslos bis zum Rhein zurückziehen, die Alliierten können dort stehen bleiben und die ganze deutsche Kraft wird gegen Osten eingesetzt. Er berichtete, dass ein solcher Plan in konkretester Form in diesem aller engsten Kreis vorliegt, nämlich im Großen Hauptquartier Angerburg, und nannte als Mitarbeitende dort selbst den General der Nachrichtentruppe, den General der Pioniere und dass der Plan so aufgebaut wurde, dass man über das Funktionsnetz des Befehlshabers des Ersatzheeres dann die 13 Generalkommandos fest in der Hand hat. Lindemann ließ sich nun seinerseits von Dr. Schacht über die Notwendigkeiten beraten und belehren, die im zivilen Sektor unverzüglich den militärischen Maßnahmen folgen mussten.

Vorsitzender: Erinnern Sie sich an Einzelheiten?

Zeuge Gronau: Es wurde darüber gesprochen, dass man vielleicht acht Tage lang mit einer Militärdiktatur operiere und dann aufs Schleunigste zu einer Staatsführung kommen müsse. Es fiel das Wort, dass hierzu die Betriebsräte wohl die geeigneten Exponenten sein würden. Wir Soldaten stellten uns das etwas straffer vor, weil wir uns sagten, in acht Tagen kriegt man so etwas nicht durch. Aber das war so eine von seinen Ideen. Er entwickelte uns auch ein Wahlsystem, nach dem seiner Meinung nach die Stimme des Volkes am Schnellsten und Richtigsten zu Ausdruck kommt, wer nun wirklich die zivile Führung des Staates übernehmen sollte.«

So wichtig Gronaus Aussagen für die Rekapitulation der Aktivitäten Fritz Lindemanns sind, so entsteht doch der Eindruck, dass dieser als Kronzeuge benutzt werden sollte. Das wird besonders deutlich bei der Darstellung der Diskussion über das Verhalten an den Fronten. Im Gegensatz zu den anderen, schlüssig belegten Aussagen Lindemanns über die Notwendigkeit des Endes der Kampfhandlungen an allen Fronten, behauptet Gronau, Lindemann habe der Vorstellung angehangen, man könne den Krieg gegenüber den Westalliierten beenden und an der Ostfront weiterführen.

Es kann als sicher gelten, dass Lindemann in Berlin auch seinen langjährigen Freund, Generalleutnant Hans-Günther von Rost, besuchte. Als Chef des Generalstabes des stellvertretenden Generalkommandos III. Armeekorps in Berlin gehörte er zu den Verschwörern. Beide hatten mehrere Jahre lang im niederschlesischen Sprottau als Batteriechefs gedient, ihre Familien waren eng befreundet, und den Krieg über bestand Briefkontakt. Diese wichtige Position ging durch die Versetzung Rosts im Juni 1944 allerdings verloren.

Zunächst war Lindemann jedoch in Ostpreußen über mehrere Monate gebunden und konnte die sich in Berlin anbahnenden Verbindungen noch nicht ausschöpfen. Selbstverständlich nutzte er die sich seit November 1943 häufenden Dienstreisen im Sinne der Verschwörung. Längere Fahrten führten ihn nach Italien in das Hauptquartier Kesselrings und an den Nordabschnitt der Ostfront. Eine besondere Rolle spielte eine Reise nach Frankreich, zum Oberbefehlshaber West. Dabei ging es ganz offensichtlich nicht nur um die Vorbereitung des Sonderprogramms A 4, wie der geplante Einsatz der V2 gegen England genannt wurde.

Auf der Durchreise hatte der General Weihnachten 1943 bei der Familie verbracht. Was ihn zu dieser Zeit bewegte, drückte er Anfang Januar in einem Brief an seine Frau aus, als er schrieb, er könne »geradezu ein Wut bekommen, wenn man an den Zustand von Berlin denkt. So geht es auf die Dauer nicht weiter. ... Ich glaube, dass ich in den Weihnachtstagen einen sehr ernsten, vielleicht sogar etwas gedrückten Eindruck gemacht habe, da einem ständig viel durch den Kopf geht. Aber jetzt bin ich innerlich viel ruhiger, auf alles gefaßt, niemals gewillt, die Flinte ins Korn zu werfen.«

Auf der Rückreise aus Paris aktivierte Fritz Lindemann in Berlin eine weitere, bereits lange bestehende persönliche Verbindung. Am 9. Januar 1944 traf er sich mit Bernhard Weiss, dem Neffen von Friedrich Flick, im Hotel »Esplanade« zum Mittagessen. Vom November 1939 bis Mai 1940 hatte der damalige Oberst Lindemann in Siegen im Haus des Industriellen Unterkunft gefunden. Es ergab sich eine recht gute Bekanntschaft, die den Krieg über andauerte.

Frau Herta Weiss schrieb hierzu dem Verfasser: »Meinem Mann und mir war er ein lieber Gast. Immer wenn Oberst Lindemann in Berlin war, trafen die beiden sich zur ›Lagebesprechung‹. Davon erfuhr ich wenig, mein Mann wollte mich damit schützen.«

Das war einer der vielen Ansatzpunkte, die Kriminalrat Willi Litzenberg, der in der Sonderkommission 20. Juli 1944 des Reichssicherheitshauptamtes die Gruppe OKW/OKH geleitet hatte, im September 1947 beim Verhör so beschrieb: »Lindemann ist derjenige gewesen, der die Fäden hatte zum zivilen Sektor, während die anderen davon wenig gewußt haben. Das war glaube ich die Spitze, bei der die Fäden zusammenliefen. Lindemann kannte ja alle möglichen Leute.«

Das Jahr 1944 brachte dem General einen erheblich größeren Bewegungsspielraum, besonders auch im Landesinneren. Das galt zwar auch für andere Waffengenerale, aber Lindemann war neben General Fellgiebel der einzige, der zum engeren Kreis der Verschwörer gehörte und deren Vorstellungen in ihrem Auftrag an den verschiedensten Stellen umzusetzen versuchen konnte. Dabei kam ihm zu Hilfe, dass Hitler von März bis Juli sein Hauptquartier auf den Obersalzberg verlegt hatte, was zahlreiche Reisen von Ostpreußen dorthin nötig machte. Der Weg über Berlin bot genügend Gelegenheit, die dortigen Kontakte weiter auszubauen.

Zunächst galt das für Schacht, dem er Mitte Februar erneut begegnete. In Berlin-Zehlendorf, Lange Reihe 44, trafen sich Gronau, Lindemann und Schacht. In der bereits genannten Aussage vor der Spruchkammer berichtete Gronau: »Dr. Schacht fiel über Lindemann in einer Weise her, dass, wenn er auch ab und an mal sagte: mein lieber General, es tatsächlich ein Überfall auf Lindemann selbst und auf die Generalität war, und zwar so schroff, dass ich als Hausherr wirklich in die äußerste Verlegenheit geriet und dafür sorgte, dass – es bestehen doch gewisse gesellschaftliche Arrangements – sich diese Stimmung dämpfte. Es war ja zu erwarten, dass bei der Explosivität meines Freundes Lindemann sich dieser beleidigt fühlen würde. Man kann natürlich anfeuern und auf Entscheidung drängen – aber das war weitaus mehr. Es war ein Überfall, der so hart war, dass – ich darf dies wiederholen – ich selbst als Hausherr in schwierigste Verlegenheit geriet. Er hat Lindemann also angefeuert und entscheidend beeinflusst: um Gottes Willen, Tempo, Tempo. Es muss jetzt etwas geschehen, denn sonst ist es zu spät!

Die Invasion war noch nicht angelaufen und es war ja klar, dass man vor der Invasion mit den Alliierten weitaus besser verhandeln konnte als nach der Invasion. Auch die Alliierten hatten doch durch die Invasion sehr erhebliche Sorgen.

Lindemann hat mir dann später gesagt, wie ihn die Tatsache beeindruckte, dass ein Mann dieses Alters – er war wesentlich älter als wir beide – und in dieser hohen Stellung, die er innehatte, ihm so viel Mut und Auftrieb gegeben hat, dass sie ihn die Form, die, weiß Gott, schroff genug war, ganz vergessen ließ. Er war keineswegs irgendwie *beleidigte Leberwurst*, sondern es war viel wichtiger für ihn, dass hier nicht nur die paar Gleichgesinnten, sondern ein so weitaus älterer Mann sich so energisch einsetzte.

Besprochen wurde neben dem vorhin Geschilderten, was im zivilen Sektor geschehen müsse, wie die erste militärische Funktion in der Heimat nun eigentlich personell durchorganisiert werden soll. Der Plan war, in jedem Generalkommando entweder den Befehlshaber oder den Chef des Stabes für die Angelegenheit zu gewinnen.

Diese Aufgabe war Lindemann aus der Gruppe in Annaburg (gemeint ist sicher Angerburg; d. Verf.) gestellt; seine zweite Aufgabe war, wer von diesen Herren in der entscheidenden Stunde bei uns stehe.«

General Lindemann setzte sich weiter für einen Frieden auch an der Ostfront ein. Am 21. April kam er nochmals mit Schacht und Gronau zusammen. Da ersterer für seine Vorstellungen nicht zu erwärmen war, hat Lindemann in der Folgezeit auf solche Treffen verzichtet.

Gespräche mit Bernhard Weiss führten dazu, dass dieser den General mit seinem Onkel, dem Großindustriellen Friedrich Flick, zusammenbrachte. Auf diesen setzte er große Hoffnungen, die letztlich auch enttäuscht wurden. Zwar war man sich einig, dass Hitler beseitigt werden müsste und der Krieg verloren sei, aber im Unterschied zu Lindemann plädierte Flick für eine Weiterführung des Krieges im Osten.

Flick wollte, im Gegensatz zu den wenigen Industriellen, die mit bürgerlichen Widerstandsgruppen verbunden waren oder gemeinsam mit Mitarbeitern im Reichswirtschaftsministerium Überlebensstrategien für die Nachkriegszeit suchten, seinen Besitzstand auf eigene Faust sichern. Ihn plagte die Furcht, in Berlin könne eine Volksfrontregierung entstehen, wie »Der Spiegel« im Jahr 1958 (Heft 38, Seite 32) nachwies. Flick fand es deshalb nützlich, Kontakt zu der Gruppe um Stauffenberg herzustellen, ohne sich allerdings sonderlich zu engagieren. Für die Zeit nach dem Putsch soll er zwar dem General einen Posten in seinem Konzern zugesichert haben. Später, als illegal Lebender, bemühte sich Lindemann allerdings vergebens um eine Unterstützung durch Flick.

Es fällt auf, dass sich General Lindemann zu Carl Goerdeler außerordentlich distanziert verhielt. Gronau berichtete darüber, »es wäre ihm lieber gewesen, wenn er und seine Hintermänner mit Schacht zusammengearbeitet hätten anstatt mit Goerdeler. ... Das hat er mir wörtlich gesagt.« Und Lindemanns Sohn Georg sagte 1947 in einer Vernehmung vor den Amerikanern aus: »Er hielt Goerdeler für zu leicht und für einen Menschen, der zu unverantwortlich mit Dingen umgeht, über die man schweigen muss. Er hielt ihn für einen Gefahrenmoment.« Diese Aussagen relativieren die weiter oben genannte Meinung des SS-Obersturmbannführers Litzenberg erheblich, denn es gibt keine anderen Hinweise als die hier angeführten, die zum zivilen Widerstand führen. Vielmehr hat Lindemann die Gelegenheiten, die sich mehr zufällig ergaben, mit Sicherheit in Absprache mit dem Kreis um Beck, Olbricht usw. zu nutzen versucht. Auch nachdem die Verbindung zu Schacht nicht mehr bestand, hat er die zu Gronau, der Wirtschaftsoffizier im Wehrkreiskommando III in Berlin war, aufrechterhalten und genutzt. Nach dessen Angaben hat er ihn im Laufe der Zeit mit Witzleben, Beck, Stauffenberg, Fromm und Olbricht bekannt gemacht. Das ist kaum noch nachprüfbar. Immerhin wurde Gronau im Zusammenhang mit Schacht festgenommen.

Nach der Erinnerung seines Sohnes Georg wuchs die Konsequenz des Generals: »März 1944. Mein Vater besuchte mich überraschend in Mürwik. Er war in Dänemark gewesen. Er brachte seine Enttäuschung zum Ausdruck darüber, dass manche der führenden Feldmarschälle des Heeres ihre Unterstützung eingeschränkt hätten für eine Zeit nach einem vollendeten Attentat auf Hitler ... mein Vater war der Meinung, dass die Beseitigung Hitlers eine Verpflichtung für jeden sei, der die Situation Deutschlands und die Verbrechen seiner Führung überschauen könne und an Deutschland und seine Zukunft denke. Ihn schreckte auch nicht die Möglichkeit des Wiedererstehens einer Dolchstoßlegende. Er war der Überzeugung, dass der Schritt getan werden müsse, und zwar bald (siehe Dokument Nr. 31).«

An dieser Stelle muss darauf hingewiesen werden, dass, nach Auskunft von Herrn Georg W. Lindemann, die in der Literatur bisher als seine Aussagen vor der Gestapo und vor dem Gericht publizierten Gesprächsinhalte Spielmaterial darstellten, das von seiner Kenntnis der wahren Sachverhalte ablenken sollte und dass nur sein Beitrag in »Die Flüstertüte« (siehe Dokument Nr. 31) Abfolge und Inhalte der Gespräche mit seinem Vater wahrheitsgetreu wiedergibt.

Auch in einem Gespräch mit dem Oberleutnant Heinrich Graf v. Lehndorff äußerte Lindemann im April 1944, »dass, wenn überhaupt die Sache gestartet werde, es bald sein müsse, da es sonst zu spät sei«.

Immer wieder hinderten militärische Sonderaufgaben Lindemann an seinen konspirativen Aktivitäten. Beispielsweise wurde er am 15. März 1944 vom Oberkommando der Wehrmacht nach Lwow in das Hauptquartier des Generalfeldmarschalls Erich v. Manstein entsandt, um angesichts der Haltung der ungarischen Regierung notfalls für eine schnelle Entwaffnung der hinter den deutschen Linien stehenden ungarischen Verbände zu sorgen. Am 30. April 1944 erhielt er den Auftrag, als Führer eines Arbeitsstabes des OKH von Constanta aus die Versorgung der 17. Armee auf der Krim sicherzustellen. Nachdem der Oberbefehlshaber der Heeresgruppe Südukraine, Generaloberst Ferdinand Schörner, am 8. Mai meldete, dass die Halbinsel nicht mehr zu halten sei, wurde General Lindemann mit der Organisierung der Evakuierung auf dem Seewege und der Unterbringung der Truppen auf dem rumänischen Festland beauftragt. Nach dem nur unter großen Schwierigkeiten und mit hohen Verlusten durchzuführenden Rücktransport von 29.000 Mann – ursprünglich hatte man mit 85.000 gerechnet – beendete der Stab am 15. Mai 1944 seine Tätigkeit.

Unter dem Eindruck dieses Desasters verstärkte Fritz Lindemann seine Aktivität zur Vorbereitung eines Umsturzes. Später sagte Lindemanns Stabschef vor der Gestapo aus, »dass Lindemann in den letzten Monaten vor dem Attentat fast nur noch ›aus eigener Initiative‹, also offenbar zur Vorbereitung der Verschwörung, unterwegs war«. Interessant ist, dass diese »Reisetätigkeit« sich im Kriegstagebuch des Stabes General der Artillerie nur sehr verschleiert widerspiegelt. Das gilt später auch für die Ereignisse um den 20. Juli 1944. Offenbar hatte der General in seinem Adjutanten, Major Wettig, der das KTB zu führen hatte, einen Verbündeten.

Verschiedenste Quellen dokumentieren Lindemanns häufige Zusammenkünfte mit Olbricht, Stauffenberg, Stieff und dem Berliner Polizeipräsidenten Graf von Helldorf.

Wenn der General in Berlin war, wohnte er bei Gronau. Als er im Auftrag von Ludwig Beck einen Aufruf der Verschwörer an die deutsche Öffentlichkeit zu erarbeiten hatte, geschah das in Gronaus Wohnung. Dieser sagte 1948 vor der Spruchkammer aus: »... Auf meiner Maschine wurde der Aufruf an das deutsche Volk geschrieben, der im Rundfunk durchgegeben werden sollte, der aber die Billigung des Herrn Beck seinerzeit nicht gefunden hatte. ... Der Sinn des Aufrufes war folgender: das und das ist passiert, es ging nicht anders. Der Schluß war Aufruf zur Einigkeit und nicht Zersplitterung. Das wurde vielleicht am 1. Juli auf meiner Maschine geschrieben.« Nachdem besagter Aufruf überarbeitet worden war, fand er die Billigung von Generaloberst Beck.

Am 30. Juni 1944 traf Lindemann sich zum letzten Mal mit seinem Sohn Georg in Swinemünde, der darüber berichtet: »Mein Vater sagte sich plötzlich an übers Wochenende. Er war auf der Fahrt vom Hauptquartier in Ostpreußen nach Berchtesgaden, wo eine Besprechung stattfinden sollte. Er war sehr nachdenklich und sehr ernst. ... Ich hatte meinen Vater vorher nicht so offen, so mitteilsam und gleichzeitig so ausgeglichen gesehen. Die Würfel waren gefallen.« Damals plädierte der General angesichts der von den Alliierten in Teheran beschlossenen Besetzung Deutschlands dafür, dass die Familie nach Kriegsende nach Hamburg, das von britischen Truppen besetzt werden sollte, zurückkehrt. Er selbst wollte später wieder als Journalist arbeiten. Seinen Söhnen empfahl er technische oder kaufmännische Berufe, »wenn es dann überhaupt noch die Möglichkeit eines privaten Lebens geben werde«. Zunächst aber würde er »sich den Männern zur Verfügung stellen, die sich in Berlin bereits zu einer Verhandlung mit dem Gegner bereitgefunden haben«. Die Vielzahl der Gespräche und Kontakte, die er in dieser letzten Phase vor dem Attentat am 20. Juli 1994 mit verschiedenen an der Verschwörung beteiligten Personen führte, ist kaum zu überblicken, zumal sie meist mit dienstlichen Aufgaben verknüpft waren.

Eine gewichtige Rolle bei der Darstellung der letzten Wochen vor der Aktion spielen immer wieder in der Literatur zitierte Äußerungen Helmuth Stieffs vor der Gestapo und dem Gericht. Im Vergleich mit anderen Quellen fällt auf, dass er zwar Inhalte nicht leugnen konnte, aber beispielsweise die Chronologie der Ereignisse so verschob, dass die langfristige Vorbereitung auf den Staatsstreich verschleiert werden sollte. Damit versuchte er zugleich, andere Beteiligte zu decken. Das muss bedacht werden, wenn auf Stieffs Aussagen Bezug genommen wird.

Ein Bericht Ernst Kaltenbrunners, Leiter des Reichssicherheitshauptamtes, an Hitler schilderte die Situation so: »Ab Juni habe Wagner – so sagt Stieff – in entschiedener Weise die Ansicht verfolgt, dass der Krieg liquidiert werden müsse. ... Dies sei nur möglich, wenn der Führer nicht mehr an der Spitze des Reiches steht. Auch Lindemann habe Ende Juni zum Ausdruck gebracht, dass nun die Zeit zum gewaltsamen Handeln gekommen sei. Die Verschärfung der Ansichten Wagners und Lindemanns fällt zeitlich mit der Ernennung Stauffenbergs zum Chef des Stabes beim Generaloberst Fromm zusammen«. Jener erhielt dadurch Zugang zum Führerhauptquartier und so die Gelegenheit für ein Attentat. Wegen Bauarbeiten in der »Wolfsschanze« fanden die Lagebesprechungen zeitweilig auf dem Obersalzberg statt, wohin Oberst Claus Graf Schenk von Stauffenberg für den 6. Juli 1944 befohlen wurde. Ein Anschlag unterblieb noch, aber ein vorbereitendes Gespräch am Abend des 3. Juli in der Unterkunft des Generals Wagner in Berchtesgaden stand damit im Zusammenhang. Außer diesem nahmen General Lindemann, Generalmajor Stieff und General der Nachrichtentruppe Erich Fellgiebel teil. Stieff sagte später vor dem Volksgerichtshof aus, dass Wagner und Lindemann in erster Linie über politische Fragen, besonders die Regierungsbildung aufgrund der Pläne von Beck und Stauffenberg, über nachrichtentechnische Maßnahmen und neue Sprengmittel für Stauffenberg gesprochen hätten.

Vor einem neuen Aufenthalt Stauffenbergs am 11. Juli 1944 auf dem Obersalzberg fand am Abend des 8. und am Nachmittag des 9. Juli in Wagners Quartier im »Berchtesgadener Hof« ein weiterer Meinungsaustausch statt. Außer den Beteiligten vom 3. Juli nahm der Adjutant des Chefs des Generalstabes im OKH, Oberstleutnant Günther Smend, teil. Später, in der üblichen Verquickung von illegalen mit dienstlichen Belangen, kam der Rüstungsminister Albert Speer hinzu. Über die Stimmung, die er dort vorfand, schrieb Speer später: »Vielleicht gerade weil der so lange hinausgezögerte Entschluß zum Staatsstreich nun unwiderruflich gefällt war, zeigten sie an diesem Nachmittag eine eher sorglose Verfassung, wie oft nach großen Entscheidungen. Die Chronik meines Ministeriums hält die Fassungslosigkeit fest, mit der ich die Bagatellisierung der verzweifelten Frontlage zur Kenntnis nahm.« Zunächst blieb eine Reihe von Attentatsmöglichkeiten ungenutzt, da nicht die gesamte Führungsspitze des Dritten Reiches bei den jeweiligen Sitzungen anwesend war. Schließlich wurde der Anschlag beschlossen, unabhängig davon, ob Göring oder Himmler an der Besprechung teilnähmen.

Um die Aufgabe, für die er vorgesehen war, ungehindert durchführen zu können, hatte sich General Lindemann am 20. Juli krank gemeldet. Allerdings wartete er vergebens auf den Ruf nach Berlin, wo er über den Rundfunk die Aufrufe der neuen Regierung verlesen sollte. Danach war er für eine führende Funktion in deren Propagandaapparat vorgesehen.

Seltsamerweise ist dieser Tatsache in der widerstandsgeschichtlichen Forschung zu lange die gebührende Aufmerksamkeit versagt gewesen. Joachim C. Fest hat in seinem Buch über den »Staatsstreich« vom 20. Juli 1944 Lindemann erwähnt. Auch ein später veröffentlichter Katalog der Ausstellung »Aufstand des Gewissens« berücksichtigt Lindemann in angemessener Form. Dass dies erst so spät erfolgte, erklärt sich aus seiner besonderen Rolle, denn er sollte für die Verschwörer die Voraussetzungen schaffen, damit sie sich des Hörfunks bemächtigen und die deutsche Öffentlichkeit über den verbrecherischen Charakter des Regimes aufklären konnten. Über Lindemanns Aufgabe war – ungerechtfertigt negativ gewertet – in Hans Bernd Gisevius Erinnerungen »Bis zum bitteren Ende« etwas zu erfahren gewesen. Die hier zitierten Aussagen von Gronau blieben dabei unberücksichtigt. Die Pannen und Versäumnisse, das Fehlen klarer und konsequenter Weisungen für die Einheiten, die den Sender in Königs Wusterhausen und das Funkhaus in der Berliner Masurenallee besetzt hatten, wurden vergleichsweise früh in Kurt Finkers Buch »Stauffenberg und der 20. Juli 1944« und in der Fernsehdokumentation »Operation Walküre« dargestellt. Es ist zwar unbestritten, dass die vorbereitete Rundfunkansprache eine besondere Bedeutung bei dem Versuch hatte, aus dem Widerstand ohne Volk einen Widerstand aus dem Volk werden zu lassen. Doch wurde zugleich deutlich, dass man in der Bendlerstraße bar jeder Kenntnis über die technischen Abläufe und schon deshalb nicht fähig war, trotz zeitweiliger militärischer Besetzung, den Sendebetrieb auch nur für eine Minute zu unterbrechen, geschweige mit eigenen Aussagen in den Äther zu gelangen.

Unverständlich ist gleichfalls, warum man dem neuen Standort wesentlicher Teile des OKH bzw. des Generalstabes des Heeres im Raum Zossen/Wünsdorf z. B. in dem genannten Ausstellungskatalog keine Aufmerksamkeit widmet. Auch das ist ein Grund, warum über das Wirken der Generale Eduard Wagner und Fritz Lindemann lange Zeit so wenig an die Öffentlichkeit gelangte.

Angesichts der Frontlage wurde die Verlegung des OKH bzw. Generalstabes des Heeres aus Ostpreußen in den Raum südlich von Berlin befohlen. Der Generalquartiermeisterstab kam am 17. Juli 1944 im Lager »Zeppelin« nahe Zossen an, der Stab General der Artillerie im Standort »Wilhelm« bei Wünsdorf. Wegen der Abwesenheit des Chefs des Generalstabes, Generaloberst Zeitzler, hatte General Wagner in den Tagen um den 20. Juli als dienstältester Generalstabsoffizier im neuen Stationierungsraum die Befehlsgewalt.

Die Verschwörer in der Bendlerstraße setzten offenbar auf Wagner große Hoffnungen. In einem Schriftstück für den Chef des Generalstabes schilderte Wagner am 21. Juli, sichtbar bemüht, seine eigene Rolle in der Verschwörung zu verschleiern, einige wichtige Ereignisse, die seltsamerweise, ebenso wie Wagners Bericht insgesamt, in der Literatur anfangs nicht zur Kenntnis genommen wurden, obwohl sie durch weitere Zeugen belegt sind. Jedenfalls beschränkte sich Wagners Rolle im Zusammenhang mit dem 20. Juli nicht darauf, dass er Stauffenberg sein Flugzeug zu Verfügung gestellt hatte.

Am 20. Juli erhielt Wagner bereits gegen 13.30 Uhr durch Oberst Hahn, den Chef des Stabes bei General Fellgiebel, telefonisch die Mitteilung, dass das Attentat in der »Wolfsschanze« missglückt sei. Unsicherheit entstand durch Stauffenbergs Anruf gegen 16.00 Uhr mit der Nachricht, Hitler sei tot. Ob die im oben genannten Bericht geschilderten Reaktionen Wagners der Wirklichkeit entsprachen, kann man bezweifeln. Wichtig ist der Nachweis, dass Stauffenberg dem Generaloberst a. D. Ludwig Beck den Telefonhörer übergab, um Wagner zu sprechen. Das designierte Staatsoberhaupt, von den Verschwörern in den Bendlerblock gerufen, sagte am Telefon, er habe den Befehl übernommen und der neue Oberbefehlshaber Generalfeldmarschall von Witzleben werde in Kürze nach »Zeppelin«, das heißt zum Generalstab des Heeres nach Zossen, kommen. Er erwartete, dass Wagner sich diesem unterstelle. Wie Beck, war auch Witzleben von Hitler in den Ruhestand versetzt worden. Er sollte nun Oberbefehlshaber der Wehrmacht werden. Wenig später rief Oberst Albrecht Ritter Mertz von Quirnheim an und gab das Stichwort »Walküre«. Oberst Mertz gehörte als Chef des Stabes des von General Olbricht geführten Allgemeinen Heeresamtes zum engsten Kreis der Verschwörer. Nach dem vereinbarten Stichwort »Walküre« sollten die militärischen Maßnahmen des Staatsstreiches anlaufen.

Wie angekündigt, erschien gegen 18.00 Uhr Witzleben bei Wagner. Die Absicht hatte er bereits am Nachmittag dem Leutnant Peter Graf York von Wartenburg mitgeteilt. Auch Major Ferdinand Prinz von der Leyen beschreibt in seinen Erinnerungen Witzlebens Eintreffen. Nach einem kurzen Gespräch fuhr dieser zurück in die Bendlerstraße. Etwa 23.00 Uhr kam er nochmals nach Zossen und fragte Wagner um Rat, was nun zu tun sei. Dieser vermochte lediglich zu empfehlen, nach Hause zu fahren.

Inzwischen wurden, wie das Kriegstagebuch des Stabes General der Artillerie ausweist (siehe Dokument Nr. 6), auch im Raum Zossen/Wünsdorf bei den Dienststellen des Generalstabes des Heeres »Walküre«-Maßnahmen getroffen, die sich jedoch auf Sicherungsaktionen beschränkten. Bei General Wagner trafen sich etliche Offiziere, die in die Verschwörung eingeweiht waren. Später sagte dazu Oberstleutnant Bernhard Klamroth vor der Gestapo aus: »Ich habe dann General Wagner wieder gesprochen am 20. Juli nachmittags, kurz bevor die erste Radiomeldung über das Attentat durch den Rundfunk gegeben wurde. Ich ... fand bei meiner Ankunft bei ihm außerdem noch den General Lindemann und den Oberstleutnant

Smend, den Adjutanten des Generaloberst Zeitzler, vor. Wagner sagte bei meinem Eintritt zu mir: »Der Führer lebt. Die Nachrichten, die aus Berlin kommen, sind sehr verworren«.

Der von Klamroth genannte Zeitpunkt muss insofern berichtigt werden, dass laut Kriegstagebuch General Lindemann gegen 18.00 Uhr aufgefordert wurde, zu General Wagner zu kommen. Es kann also nur die Rundfunkmeldung um 18.28 Uhr gemeint gewesen sein (die erste erfolgte bereits 17.00 Uhr).

Inhalt der Besprechung war offensichtlich die durch das Erscheinen Witzlebens deutlich gewordene verworrene Situation. Nach Wagners Bericht wurde General Lindemann um 19.00 Uhr nach Berlin in die Bendlerstraße geschickt, um nachzusehen, was dort los sei.

Spätere Aussagen von Offizieren vor der Gestapo belegen Lindemanns Anwesenheit im Gebäude des Allgemeinen Heeresamtes (siehe Dokument Nr. 4). Das bestätigte z. B. Oberstleutnant Fritz von der Lancken am 1. August 1944, und Oberstleutnant i. G. Kurt Fett berichtete bereits am 23. Juli, er habe durch Oberst von Rücker gehört, Lindemann sei am Abend des 20. Juli in der Bendlerstraße »in dem Zimmer gewesen, in dem der ehemalige Generaloberst Hoepner, General Olbricht, Stauffenberg und Mertz versammelt gewesen seien. Wie General Lindemann dort wieder herausgekommen wäre, wisse er nicht.«

Lindemann hat offenbar die weiteren Entwicklungen in Berlin beobachtet, denn übereinstimmend berichteten Wagner und das Kriegstagebuch des Stabes General der Artillerie, dass er sehr spät nach Wünsdorf zurückgekehrt sei und deshalb erst am frühen Morgen Wagner Bericht erstatten konnte. Der Chef des Generalstabes billigte nachträglich Lindemanns Fahrt ausdrücklich.

Obwohl bereits am 21. Juli bei Himmler die Mitteilung Bormanns einging: »Generalquartiermeister Wagner (ist) über den ganzen Plan der Generäle Olbricht usw. wohl informiert gewesen«, blieben die Verschwörer in Zossen und Wünsdorf zunächst unbehelligt. Wie Litzenberg bei der Vernehmung sagte, lag das daran, dass die Gestapo bis zum 20. Juli 1944 nicht innerhalb der Wehrmacht tätig werden durfte. Allerdings wurde durch Fernschreiben des Chefs des Hauptpersonalamtes am Abend des 21. Juli die Abberufung der Generale Fellgiebel, Lindemann, Wagner, Heusinger und Stieff aus ihren Funktionen mitgeteilt. General Lindemann wurde am 22. Juli gegen 10.00 Uhr durch Oberstleutnant Smend telefonisch darüber informiert, dass er als Waffengeneral der Artillerie abgelöst und in die Führerreserve des Wehrkreises X versetzt sei. Im Kriegstagebuch des Stabes wurde vermerkt, dass er nach dem Telefonat sehr bedrückt gewesen sei. Sicher waren dort die Ereignisse in der Bendlerstraße am Abend des 20. Juli und die Festnahmen zahlreicher Beteiligter zur Sprache gekommen.

Lindemann beschloss, unterzutauchen. Er verabschiedete sich von seinen Mitarbeitern mit dem Bemerken, dass er einige Tage Urlaub machen werde. In Zivil verließ er gegen 14.30 Uhr in Begleitung seines Adjutanten die Dienststelle und ließ sich zum Bahnhof Wünsdorf fahren. Von dort aus schrieb er noch einen Brief an seine Frau, in dem er mitteilte, dass er nach dem »Südosten« reise, eine Angabe, aus der die Gestapo später keinerlei Nutzen ziehen konnte. Lindemann fuhr zunächst nach Berlin. Es kann vermutet werden, dass er noch Verbindung zu Beteiligten an der Verschwörung herstellte. Am Abend reiste er schließlich nach Dresden, wo er bei seinem Onkel Max Lindemann Unterkunft erhielt.

Bild oben: Großvater Lindemann mit den Enkeln Georg (links) und Friedrich beim Spaziergang in Berlin

Bild links: Der Vater des späteren Generals, Friedrich Lindemann, in der Hauptmannsuniform des Potsdamer Garde-Feld-Artillerie-Regiments um 1907

Bild rechts: Fritz Lindemann mit seiner Mutter (1910)

Bild oben: Die Hochzeit mit der Tochter des Generalleutnants a. D. Friedrich von Friedeburg, Lina, am 2.10.1922 in der Potsdamer Garnisonkirche

Bild unten: Die Familie Kaiser Wilhelms II. auf den Treppen der Gartenseite des Neuen Palais (untere Reihe von rechts: Prinz Joachim, Prinz Oskar, Prinz August Wilhelm, Prinzessin Cecilie, Prinz Eitel Friedrich)

Bild oben: Beim Geschützexerzieren mit der eigenen Batterie

Bild rechts: Fritz Lindemann auf seinem Pferd Wotan

Bild oben: Lindemann und Hauptmann Rost (später auch am 20. Juli 1944 beteiligt) bei einer Parade in den Straßen von Sprottau

Bild unten: Anlässlich einer Fahnenweihe im Zentrum Sprottaus

Bild oben: Frühjahr 1940: Zu Besuch bei Albrecht von Hohenzollern–Sigmaringen und dessen Gattin (Lindemanns Schwägerin) auf Schloss Namedy (dahinter die Töchter der Besuchten)

Bild unten: Juli/ August 1942: Von links: Generalmajor Fritz Lindemann, Lina Lindemann, Sohn Friedrich Lindemann

Bild oben: Fritz Lindemann an Bord der COLUMBUS auf der Überfahrt in die USA (sechster von rechts)

Bild links: Juli 1942: Lindemann (rechts) mit seiner Einheit in Sewastopol. Im Kübelwagen der Kopf vom Denkmal des russischen Generals von Todleben (Krimkrieg), der später ins Zeughaus nach Berlin gebracht wurde.

Bürgermut

Die Dresdner Helfer des Generals

Im Gegensatz zur späteren Illegalität in Berlin gibt es über das, was Fritz Lindemann während seines kurzen Aufenthaltes in Dresden tat, keine Informationen. Es lag wohl an der relativen Fremdheit dieser Stadt, aber auch am allgemeinen politischen Klima, dass er sich zurückhielt. Die soziale Struktur der Gauhauptstadt samt den Überbleibseln der Residenz hatten beispielsweise dazu geführt, dass Dresden, bezogen auf den Bevölkerungsanteil, an zweiter Stelle in Deutschland bei der NSDAP-Mitgliedschaft lag. Das drückte sich auch im Verhalten in diesem Kriegsjahr aus. So hatte am 21. Juli 1944 am Elbufer eine sogenannte Treuekundgebung stattgefunden, an der mehrere zehntausend Dresdner teilnahmen. Und das keineswegs passiv. Offiziere des Stellvertretenden Generalkommandos IV. Armeekorps, die zur Teilnahme verpflichtet worden waren, berichteten, dass sie von den Teilnehmern aufgrund der Informationen über die Ereignisse vom Attentatsversuch des 20. Juli massiv bedroht, beschimpft und angespuckt wurden. Vor diesem Hintergrund muss der Mut der Helfer, aber auch die Handlungsweise des Denunzianten gesehen werden.

Dabei waren die Motive der Helfer durchaus unterschiedlich. Sie reichten von der Hilfsbereitschaft aus rein familiären Gründen über die Gefälligkeit Geschäftsfreunden gegenüber, durchmischt mit Aversionen gegen die Nazis, bis hin zu eindeutig politisch, gegen das Regime dominierten Handlungsweisen. Das erstgenannte Motiv galt vor allem für Lindemanns Onkel Max, das letztere für Elsa Lindemann und ganz besonders für Hans Ludwig Sierks in Dresden sowie alle Berliner Helfer.

Eine zentrale Rolle für die Entstehung der Helferverbindungen spielten Geschäftsbeziehungen, besonders Beteiligungen an gemeinsamen Firmen und deren Geschäftsführung. Das galt auch für Formen der technischen Zusammenarbeit. So war Hermann Lindemann maßgeblich an der Dresdner Druckmaschinen Ritter GmbH beteiligt, in der Carl Marks Geschäftsführer war. Dieser wiederum hatte eine Mehrheitsbeteiligung an der Motorenwerk Niedersedlitz GmbH, an der der Denunziant Ernst Schäffner ebenfalls beteiligt war. Über Dresden hinaus führte die maßgebliche Beteiligung Hermann Lindemanns an der Awog Angestellten-Wohnungsbau GmbH in Berlin. Dort waren Wilhelm Senzky Geschäftsführer und Horst von Petersdorff Aufsichtsratsmitglied. Schließlich waren Hans Ludwig Sierks als Bauingenieur und Dr.-Ing. Erich Gloeden als Architekt an Projekten dieser Baufirma beteiligt gewesen.

Die persönlichen Beziehungen, die solchen Geschäftsfreundschaften entsprangen, waren meist sehr locker und gingen über den Grad der »guten Bekanntschaft« nicht hinaus. Ihre Belastbarkeit war deshalb nicht so hoch, wie die Freundschaft zwischen Hans Sierks und Erich Gloeden.

Auffallend ist allerdings das Zusammengehörigkeitsgefühl aus militärischer Vergangenheit, der Stolz auf die Waffengattung, der man angehört hatte. Immerhin waren neben Fritz Lindemann auch Hermann Lindemann, Carl Marks, Hans Sierks, Erich Gloeden und der durch diesen mit Fritz Lindemann bekannt gewordene Alfred Karpen Artilleristen. In ihrer Mehrzahl alles Offiziere des Ersten Weltkrieges.

Fritz Lindemann kam am 22. Juli gegen 22.00 Uhr in Dresden an. Er versuchte vergeblich, seinen weitläufigen Vetter Hermann Lindemann telefonisch zu erreichen und bat schließlich den Onkel Max Lindemann um Unterkunft.

Vor der Gestapo schilderte seine Tante Elsa die Ankunft so: »Gegen 22.30 Uhr traf Fritz Lindemann in unserer Wohnung ein. Fritz Lindemann war in Zivil und machte auf mich einen bedrückten Eindruck. Er war nicht mehr derselbe wie früher. Er sagte zu mir und meinem Mann, dass er von Berlin käme und mit der Angelegenheit vom 20.7.1944, dem Führerattentat, nichts zu tun habe. Er sei zur Führerreserve versetzt und habe gegenwärtig Urlaub. Diesen wolle er ausnützen und über Dresden – Besuch bei Hermann Lindemann – nach Leipzig und Hamburg fahren. Ich bereitete ihm unterdessen das Zimmer meines Sohnes, in dem er dann vier Nächte bis zum Mittwoch, den 26.7.1944, geschlafen und gewohnt hat.«

Elsa Lindemann schöpfte wohl Verdacht, und ihr Neffe hat sich ihr wahrscheinlich offenbart, da er sie als konsequente Hitlergegnerin kannte. Anders ist ihre sofortige Aktivität nicht zu erklären, Fritz Lindemann auf irgend eine Weise zu helfen.

Am folgenden Tag versuchte sie vergebens, Hermann Lindemann zu erreichen. Das gelang erst am 25. Juli.

Inzwischen war in dessen Baufirma ein Brief von Oberst Sommerlad vom Stellvertretenden Generalkommando in Dresden eingetroffen, in dem es hieß: »Sie werden gebeten, Herrn General der Artillerie Lindemann, der sich z. Z. bei Ihnen aufhalten soll, zu übermitteln, dass der General sofort auf Veranlassung seines Chefs seine Berliner Dienststelle anrufen möchte« (siehe Dokument Nr. 5). Hermann Lindemann antwortete, dass jener nicht bei ihm sei. Der General erfuhr durch die Tante davon. Er erkannte den Inhalt als Warnung, dass die Gestapo ihm auf der Spur war, und dachte nicht daran, die Aufforderung zu befolgen. Dabei konnte er nicht wissen, dass Helmuth Stieff am 22. Juli im Gestapoverhör Lindemanns und Wagners Namen genannt und Wagner sich nach Erhalt einer Vorladung zur Gestapo am Mittag des 23. Juli erschossen hatte.

Mit der Weigerung, sich zu melden, wurde Lindemanns Verwicklung in die Verschwörung vom 20. Juli 1944 offenbar.

Nach Überwindung einiger Bedenken entschloss sich Hermann Lindemann zur Hilfe. Falsche Personalpapiere für General Lindemann zu bekommen, war unmöglich. Er beriet sich mit dem Bauingenieur Hans Sierks, mit dem er verschiedene Projekte gemeinsam verwirklicht hatte und den er als Nazigegner kannte. Die Gefahr für Fritz Lindemann wurde immer größer. Hermann Lindemann war bereits für den folgenden Tag zur Gestapo bestellt worden. Es wurde immer deutlicher, dass Lindemann nur in einer Großstadt wie Berlin mit einiger Sicherheit seine Spur würde verwischen können. Dort gab es Geschäftspartner und Freunde, die dabei helfen konnten.

Man wurde sich einig, Fritz Lindemann in Berlin bei Dr.-Ing. Erich Gloeden unterzubringen, mit dem Sierks seit Jahrzehnten befreundet und der auch mit Hermann Lindemann bekannt war.

Exkurs: Hans Sierks und der Widerstand gegen den Nationalsozialismus in Dresden

Wie aus der biographischen Skizze im Anhang zu ersehen ist, gehörte Hans Sierks zum linken Flügel der Sozialdemokraten, der dem Hitlerregime zutiefst feindlich gegenüberstand. Ähnlich wie bei General Lindemann wuchs mit der zunehmenden Gefahr für das deutsche Volk auch bei Sierks die Bereitschaft, aktiv gegen dessen Verderber vorzugehen. Deshalb erklärte er sich bereit, in einer Widerstandsorganisation mitzuarbeiten, die die Idee des Nationalkomitees »Freies Deutschland« auch in Deutschland verwirklichen wollte, die Schaffung einer über trennende Parteigrenzen hinausreichenden Organisation zur Rettung der nationalen Existenz. In der Dresdener Gruppe, die eng mit der bekannten Leipziger Organisation unter Georg Schumann und Otto Engert zusammenarbeitete, waren acht ehemals Parteilose, vier Sozialdemokraten, acht Kommunisten und ein NSDAP-Mitglied vereint. Neben sieben Arbeitern und fünf Angestellten gehörten u. a. zwei Ingenieure, ein Rechtsanwalt, zwei selbständige Unternehmer und ein Kammermusiker dazu.

Im Gegensatz zu der Leipziger Organisation des NKFD wurde die Dresdener Gruppe in der Geschichtsschreibung der DDR nicht erwähnt. Sie war schließlich nur noch wenigen Eingeweihten bekannt. Und das, obwohl der frühere Berliner KPD-Funktionär Anton Saefkow persönliche Verbindung zu ihr gehalten hatte. Der Grund des Verschweigens waren drei Mitglieder der Gruppe, welche die SED-Führung als Unpersonen betrachtete: Kurt Sindermann, Gerhard Ziller und Wilhelm Grotnaus.

Sindermann wurde zum Verräter gestempelt, weil er zum Schein auf einen Spitzelauftrag der Gestapo eingegangen war. Da er ihn nicht ausführte und weiter im Widerstand arbeitete, wurde er kurz vor Kriegsende erschossen.

Gerhard Ziller, Wirtschaftssekretär im SED-Zentralkommitee, erschoss sich 1957 nach Auseinandersetzungen mit Walter Ulbricht.

Wilhelm Grotnaus stellte sich am 17. Juni 1953 an die Seite streikender Dresdener Arbeiter. Er erhielt eine hohe Zuchthausstrafe.

Illegal im Zentrum des Widerstandes

Zahlreiche Untersuchungen belegen, dass nirgendwo in Deutschland eine solche Breite der Opposition und des Widerstandes vorhanden war, wie in Berlin. Besonders die von der Gedenkstätte Deutscher Widerstand herausgegebenen Schriftenreihen weisen die Vielfalt der Inhalte und Formen nach, die auch General Lindemann zweitweilig ein sicheres Untertauchen ermöglichten.

Nachdem Carl Marks bereits durch Hermann Lindemann über die Probleme informiert worden war, kam dieser am Morgen des 26. Juli 1944 in dessen Büro in der Firma Druckmaschinen Ritter. Durch die Vorladung zur Gestapo zur Eile angespornt, bat Hermann Lindemann darum, dass Marks noch am selben Tag den General nach Berlin begleiten möge, um sicher zu sein, dass die Unterbringung reibungslos erfolge. Vor allem war Marks Gewährsmann gegenüber den Berliner Beteiligten. Mit Sicherheit erfuhren Marks und Fritz Lindemann vor der Abreise von dem Ergebnis der Vernehmung Hermann Lindemanns durch die Gestapo.

Hermann Lindemanns Aussage vor der Gestapo, dass er den General zuletzt vor drei bis vier Wochen gesehen habe und nicht wisse, wo er sich jetzt aufhalte, verschaffte dem Flüchtigen einen Vorsprung gegenüber den Fahndern. Die Gestapo tappte zu dieser Zeit völlig im Dunkeln. Offenbar als Folge der ergebnislosen Vernehmung Hermann Lindemanns forderte das Sonderkommando 20. Juli am selben Tag gegen 15.00 Uhr durch ein Fernschreiben alle Gestapo-Dienststellen, Grenzstellen und Flugplatz-Grenzkommandos zur Festnahme des Generals auf (siehe Dokument Nr. 7).

Fritz Lindemann suchte Marks am 26. Juli gegen 18.00 Uhr in der Firma auf. Bis dahin hatten sie sich nicht gekannt. Gegen 19.00 Uhr fuhr der Zug. Man benutzte statt eines Schnellzuges einen einfachen Personenzug. Lindemann bat Marks, ihn nur mit »Exner« anzusprechen, da er einen Sonderauftrag habe. Beide vermieden zugleich eine Unterhaltung. Während der Fahrt kam es zu einer kritischen Situation, die Marks später bei der Gestapo-Vernehmung so schilderte: »Auf halbem Wege der Fahrt, etwa kurz nach Elsterwerda, wurden wir von der üblichen Zugstreife der Kriminalpolizei kontrolliert. Ich wies mich mit meinem gültigen Reisepass aus. Lindemann hingegen wies sich mit einem mir zunächst noch unbekannten Personalausweis aus. Da mir die Art des Ausweises fremd war, bat ich ihn und fragte ihn danach. – Ich hatte vermutet, dass er sich, da er in Zivil fuhr, mit einem Reisepass oder einer Kennkarte ausweisen würde. – Er zeigte mir kurz diesen Ausweis und ich erkannte, dass es ein Schriftleiterpass war. Dieser war im Jahre 1938 oder 1939 auf den Namen Fritz Lindemann ausgestellt worden, trug ein Lichtbild, auf dem Lindemann in Zivil zu sehen war, und alte Stempelmarken.«

Bis zu diesem Zeitpunkt, etwa 20.00 Uhr, war die Fahndung offenbar noch nicht zu der Zugstreife durchgedrungen. Jedenfalls gelang es, in letzter Minute nach Berlin durchzukommen.

Gegen 24.00 Uhr rief Marks dort den Architekten Senzky an und erhielt gemeinsam mit Lindemann Unterkunft in dessen bombengeschädigten Büro in der Mansfelder Straße. Während Lindemann noch eine weitere Nacht dort blieb, fuhr Marks am 27. Juli zurück nach Dresden. Zuvor hatte er den Leiter der deutschen Industriekommission in Ungarn und der Slowakei, Oberstleutnant Horst von Petersdorff, aufgesucht und mit ihm offensichtlich über die Unterbringung von Fritz Lindemann gesprochen. Petersdorff kannte diesen seit Jahren, wenn er es auch vor Gestapo und Volksgerichtshof später erfolgreich ableugnen konnte. Auch durch einen Brief an seine Frau ist das von Lindemanns Seite belegt. Am 28. Juli suchten Senzky und Lindemann von Petersdorff im Grunewald auf, wo dieser Lindemann in sein möbliertes Zimmer zu der Rittmeisterwitwe von Scheliha in Potsdam vermittelte.

Horst von Petersdorff hob zwar, wo es nützlich schien, hervor, dass er SA-Brigadeführer und »alter Kämpfer« sei, hatte aber innerlich mit den Nazis spätestens gebrochen, als sie ihm im Zusammenhang mit der Röhm-Affäre 1934 nach dem Leben trachteten. Das hatte unter anderem den Grund, dass er mit Gregor Strasser befreundet war und sein Haus und Grundstück »Dürreck« auf dem Obersalzberg nicht zugunsten von Hitlers Berghof verkaufte. Er besaß es seit 1918, und sein Nachbar Dietrich Eckart, ein antisemitischer »völkischer« Schriftsteller, und Hitler sollen bereits in den frühen 1920er-Jahren seine Gäste gewesen sein. Petersdorff widersetzte sich dem Druck von Reichsleiter Bormann beharrlich und zog sich dessen Feindschaft zu. Ohne zu den Verschworenen vom 20. Juli zu gehören, hatte er zu einigen, vor allem Graf Helldorf, dem Berliner Polizeipräsidenten, enge persönliche Beziehungen. Es gehört zu den historischen Zufällen, dass sein Stiefsohn, den seine Frau Irene, geborene Gräfin von Bismarck, geschiedene Gräfin von Einsiedel, mit in die Ehe gebracht hatte, in den frühen 1990er-Jahren Furore gemacht hat. Es ist kein anderer als Heinrich Graf von Einsiedel, der nach den Bundestagswahlen 1994 für die PDS in den Bundestag einzog. Eigentümlich ist, dass dieser, seinerzeit Vizepräsident des Nationalkomitees »Freies Deutschland« in der Sowjetunion, im Prozess vor dem Volksgerichtshof keinerlei Rolle gespielt hat.

Petersdorff war zudem eng mit Friedrich Flick liiert. Ob es hier eine Verbindung gab, in die Fritz Lindemann eingebunden war, muss allerdings offen bleiben. Immerhin fällt auf, dass er gemeinsam mit Wilhelm Senzky, wenn auch vergeblich, versuchte, dem inzwischen illegal lebenden General eine Verbindung zu Flick zu verschaffen. Dieser ließ sich allerdings verleugnen.

General Lindemann benutzte das von Petersdorff vermittelte Quartier in der Potsdamer Birkenstraße 1 allerdings nur eine Nacht, weil hier keinerlei Verpflegung möglich war. Im Zusammenhang mit dem Aufenthalt in Potsdam fällt seine außerordentliche konspirative Disziplin auf. Sein Quartier lag ca. fünf Minuten Fußweg von der Wohnung seiner Schwiegermutter entfernt. Es ist ihm sicher sehr schwer gefallen, auf einen Besuch verzichten zu müssen. Diejenigen, die er durch sein Auftauchen gefährden konnte, mied er konsequent. Das gilt beispielsweise für Oberst Gronau. Von dem Potsdamer Quartier führte er ein Reihe Telefongespräche mit Berlin. Am Nachmittag des 29. Juli hatte Lindemann in der Unterkunft ein langes Gespräch mit Horst von Petersdorff. Dann fuhr jener zu Dr. Gloeden nach Berlin.

Exkurs: Spurensuche. Die Familien Loevy und Gloeden

Weltweit bekannt, millionenfach abgebildet und dennoch in der Entstehungsgeschichte weitgehend: »Dem Deutschen Volke«, die Inschrift am Berliner Reichstagsgebäude.

Herrn Mützel, 1995 Mitarbeiter der Bundestagsverwaltung und mit der Baugeschichte des Reichstagsgebäudes befasst, bin ich zu großem Dank verpflichtet. Er führte mich zu den Spuren, die die Bronzegießerei S. A. Loevy am und im Gebäude hinterlassen hat. Am Gebäude der unübersehbare Schriftzug und im Verbindungsgang des Erdgeschosses die Fragmente von aus den Trümmern geborgenen Kronleuchtern, die möglicherweise aus demselben Betrieb stammen. Eine umfangreiche Literaturzusammenstellung zur Baugeschichte, die Herr Mützel erarbeitete, birgt sicher weitere Aufschlüsse, wie sie sich in dem Buch von Michael S. Cullen »Der Reichstag. Die Geschichte eines Monumentes« im Zusammenhang mit der Inschrift ergeben. Die Spurensuche bleibt mühsam, wie auch die vorzüglich recherchierte Arbeit Cullens zeigt. So muss es als erstrangiger Glücksumstand gelten, dass es gelang, zwei kompetente Nachfahren der Familie von Siegfried Loevy zu finden, die diese und die Familie Gloeden mit Erinnerungen, Wissen und Dokumenten dem Vergessen entreißen halfen. Mit Geduld stellten sie sich vielstündigen Interviews, Frau Inge-Ilse Schroeter und Herr Jan Fiebelkorn.

Der Schriftzug am Reichstagsgebäude hat etwas Symbolisches. Im Ersten Weltkrieg wurden der Gießerei zwei im Kriege 1870/71 erbeutete bronzene Kanonenrohre übergeben. Daraus entstanden die Lettern, die im Dezember 1916 angebracht wurden. Den zerschossenen Fragmenten, die 1945 übrig blieben, ähnelt das Schicksal von Loevys Familie geradezu gespenstisch.

Hinter dem Kürzel S. A. Loevy verbargen sich die Brüder Siegfried und Albert Loevy, die die von ihrem Vater 1855 gegründete älteste Berliner Bronzegießerei weiterführten. Trotz ihrer jüdischen Herkunft waren sie deutschnational, und das sicher nicht nur, weil sie dank der Qualitätsarbeit ihres Betriebes das Prädikat »Königlich preußische Hoflieferanten« trugen. Siegfried Loevy, der drei Jahre jüngere Bruder, leitete die Bronzegießerei bis ins hohe Alter. Sein künstlerisches Vermögen, verbunden mit der Qualität der Umsetzung, sicherten der Firma repräsentative Aufträge. Seiner deutschkonservativen Position, die ihm nach dem Ersten Weltkrieg erhebliche Teile seines in Kriegsanleihen angelegten Vermögens kostete, entsprach auch Siegfried Loevys Art zu produzieren.

Frau Schroeter, Loevys Enkelin, berichtete darüber: »Mein Vater war in der Firma eine Zeit lang Geschäftsführer. Er war Diplom-Ingenieur, hat in der Fabrik gearbeitet und dann weiter studiert auf Patentanwalt. Er ist abgesprungen, da er den Betrieb, den er später übernehmen sollte, nicht als Lebensaufgabe ansah. Er wollte allerdings modernisieren, weil sie noch nach alten Methoden der Handarbeit produzierten. Die Sachen waren zwar wunderschön, aber nicht bezahlbar. Er sagte also, man müsse sich umstellen, Türdrücker machen für den täglichen Gebrauch, die einfach gegossen werden. Und die schönen Sachen in einem extra Zweig, die müssen entsprechend bezahlt werden. Dazu war mein Großvater nicht bereit. In dieser Zeit, 1922/23, gab es nur noch einige wenige Aufträge von Leuten, die es sich leisten konnten. Dann kam es zu Leerlauf.« Immerhin hatte Loevy so gute Beziehungen, dass er einen großen Auftrag für die alte Reichskanzlei in der Wilhelmstraße bekam, der noch unter der Herrschaft der Nazis 1934/35 realisiert wurde. Allerdings wurde er etwa zur gleichen Zeit zum Verzicht auf seinen Betrieb gezwungen. Der neue »arische« Geschäftsführer, ein Herr Böttner, beließ jedoch Siegfried Loevys Neffen, Dipl.-Ing. Ernst Loevy, in der Firma, um die Qualität der Produkte zu sichern.

Eigentümlicherweise erinnert sich heute niemand mehr an die Leistung Siegfried Loevys und seiner Mitarbeiter. Herr Fiebelkorn, der 1991 die Ausstellung »Jüdisches Leben in Berlin« im Gropiusbau als Architekt betreute, sagte dazu: »Es gab etwa 1990 im früheren Hamburger Bahnhof in Berlin eine große Ausstellung *Bronzegüsse in Berlin*, veranstaltet durch die Nationalgalerie *Preußischer Kulturbesitz*, und dort wurden viele Bronzegießereien vorgestellt. Aber nicht einmal tauchte der Name Loevy auf, obwohl beispielsweise jener Zeitungsartikel von 1929 anlässlich des 70. Geburtstages seine Bedeutung eindeutig klar macht. Meine Vermutung ist, dass man das aus dem Grunde, dass die Firma während der Nazizeit aufgekauft worden war, nicht so gern dargestellt hat.« Sowohl Frau Schroeter als auch Familie Fiebelkorn ist noch im Besitz von Bronzegüssen aus Loevys Firma. Und sicher wäre die Suche auch anderenorts erfolgreich gewesen.

Die Bronzegießerei Loevy sollte eigentlich Erich Gloedens Bruder Peter übernehmen, der jedoch im Ersten Weltkrieg starb. Ebenso wenig wie sein Schwager Kurt Schroeter wollte Erich Gloeden etwas mit der Bronzegießerei zu tun haben, was seinen Vater sehr gewurmt hat und das Verhältnis einige Zeit, wenn auch nicht auf Dauer, belastete. Dieser hatte seinem Sohn eine gediegene Ausbildung angedeihen lassen, über die Frau Schroeter berichtet: »Gloeden war auf einer Salem-Schule, einer Internatsschule mit einer ganz besonderen Art, die Kinder zu erziehen. Ähnlich wie die Waldorfschule heute. Das war damals etwas ganz Neues. Das war auch der Sinn der Sache, dass die Jungs da in die bessere Gesellschaft kamen.« Dem entsprach auch Gloedens Freundeskreis in späteren Jahren.

Bereits in den Jahren vor dem Ersten Weltkrieg gab es ein deutliches Anwachsen des Antisemitismus in Deutschland, dem Siegfried Loevy seine Kinder nicht ausgesetzt wissen wollte. Der als jüdisch auffallende Familienname sollte deren Fortkommen nicht hinderlich sein. Deshalb gewann er einen Bekannten, seinen Kindern durch Adoption einen unverfänglichen Namen zu geben. Das änderte Loevys Verhältnis zu ihnen selbstverständlich in keiner Weise. Die beabsichtigte Wirkung trat tatsächlich ein. Dr. Erich Gloeden wurde bis zu seiner Verhaftung nicht von rassistischen Maßnahmen der Nazis behelligt. Das galt offenbar auch für seine Schwester Ursula.

Sicher unter dem Einfluss seines Vaters fühlte sich Erich Gloeden stark zur Kunst hingezogen. Sein Architekturstudium betrieb er unter diesem Gesichtspunkt, und auch seine Dissertation mit dem Titel »Die Grundlagen zum Schaffen Carl Friedrich Schinkels«, die er an der Technischen Hochschule in Dresden verteidigte, ging in diese Richtung. Sein Doktorvater Prof. Cornelius Gurlitt, damals einer der führenden Bauhistoriker, würdigte diese Arbeit, die noch unter dem Namen Erich Loevy erschien, in seiner Antrittsrede als Rektor der TH Dresden am 1. März 1915 ausdrücklich.

Erich Gloeden arbeitete selten im herkömmlichen Sinne als Architekt. Inge-Ilse Schroeter, selbst Architektin, beschrieb das so: »Weil mein Onkel viele Wettbewerbe gemacht hat, hat er wenig gebaut. Das nimmt viel Zeit weg. Die sind hoch dotiert gewesen. Und da er meist erste oder zweite Preise gewann, konnte er gut davon leben. Er war aber immer zwanzig Jahre zu früh dran mit seinen Ideen. Mein Onkel hatte die Idee der Satellitenstädte schon zu einer Zeit, wo noch niemand daran gedacht hat. So bekam er Preise bei Ausschreibungen und Wettbewerben, aber das wurde nie gebaut. Die Entwürfe waren einfach zu modern für die Zeit, in der sie geschaffen wurden. Das war sein großes Handicap, und das hat ihn immer sehr geärgert. Ich nehme an, dass sich Gloeden und Sierks bei Wettbewerben kennengelernt haben.«

Hinter der Beziehung von Gloeden und Sierks stand jedoch in erster Linie eine Geistesverwandtschaft in theoretischer und praktischer Hinsicht. Beide bewegte das Problem der Großstadt samt ihrer sozialen Folgen. Beider Publikationen fanden reges Interesse, zumal sie sich gegenseitig ergänzten und letztlich in einer Zusammenarbeit in ihren Büchern mündeten. Gloeden hatte seinem 1923 erschienenen Buch »Die Inflation der Groß-Städte und ihre Heilungsmöglichkeit« als Widmung vorangestellt: »Den in der Steinwüste heimatentwurzelten Massen. Allen abgehetzten Groß-Städtern. Den mir nächsten und sichtbarsten Opfern der Groß-Stadt-Inflation, meinen Eltern widme ich diese Buch.«

In Hans Sierks' 1929 erschienenem »Grundriss der sicheren, reichen, ruhigen Stadt« vollzogen beide darüber hinaus etwas damals noch sehr Ungewöhnliches, Gemeinschaftsarbeit zwischen Bauingenieur und Architekt. In der Einleitung schrieb Sierks: »Man muss sich das gewaltige, alles umfassende soziale Problem entwicklungsgeschichtlich als einen einheitlichen dimensionalen Aufbau – Fläche, Raum, Überraum – vorstellen. In der Fläche liegen große Fragezeichen der kommenden Verkehrs-, Finanz- und Lärmnot, und auf der Fläche, also in den Raum hineinragend, stehen die weiteren großen Fragezeichen der Wohnnot, Wohnungsnot, Baukunstnot. Über dem Raum selbst schweben dann die das große Menschheitsproblem abrundenden vierdimensionalen Fragezeichen der sozialen und kulturellen Nöte unserer Zeit.« Bei Gloeden und Sierks trafen sich Beruf und Berufung gleichermaßen, Beruf aus gesellschaftlicher und sozialer Verantwortung. Das war eine wichtige Grundlage für ihr späteres Handeln im Widerstand.

Eine weitere bemerkenswerte Grundlage für Gloedens Handeln war seine Stellung zum Judentum. Nach all dem, was zu erfahren war, waren weder Siegfried Loevy noch Erich Gloeden Juden im religiösen Sinne. Sie waren mit Nicht-Juden bzw. Abkömmlingen von Familien verheiratet, wo nur ein Elternteil Jude war. Sie waren der nichtjüdischen Umgebung angepasst. Und doch zeigte sich bei Gloeden, dass er dem Jüdischen, und sei es nur im Kulturellen, nahe blieb. Theoretisch z. B. dadurch, dass er eine größere Abhandlung über jüdische Geschichte verfasste, und praktisch durch seine Unterstützung für Juden während der Nazizeit auf unterschiedlichste Weise. Das ist eine Seite, die weiterer Untersuchung bedarf. Am Beginn des Exkurses wurde darauf hingewiesen, dass das Schicksal der Familie Loevy dem Bild der zerschundenen Inschrift am Reichstag im Jahre 1945 ähnelte. Und es glich dem unzähliger anderer jüdischer Familien. Sie wurden von den Nazis ihres Eigentums und oft ihres Lebens beraubt. Siegfried Loevy konnte 1936 noch in Frieden sterben. Seine Schwester, Apothekerin in Hamburg, wurde 1938 enteignet und gehörte zu den ersten, die man nach Theresienstadt deportierte, wo sie umgebracht wurde. Sein Neffe, Ernst Loevy, wurde aus der »arisierten« Bronzegießerei heraus festgenommen und deportiert. Er ist verschollen. Und schließlich wurden Dr. Erich Gloeden, seine Frau und seine Schwiegermutter hingerichtet.

Die Inschrift am Reichstagsgebäude konnte man restaurieren. Das Schicksal der Ermordeten kann niemand wiedergutmachen.

Geborgen, aber nicht in Sicherheit

Über den Aufenthalt Fritz Lindemanns bei Familie Gloeden gibt es zwei Quellen: die Vernehmungsakten (siehe Dokumente Nr. 14, 15, 16, 17), die oft die Aussagen in die Diktion der Gestapo-Protokollanten pressten, und die Erinnerungen Josi von Koskulls, einer engen Bekannten im Hause Gloeden, die zusammen mit obigen verhaftet wurde, aber durch geschicktes Taktieren einer Verurteilung durch den Volksgerichtshof entging. Sie erlauben insgesamt die Herstellung eines erstaunlich plastischen Bildes jener fünf Wochen, die der General der Artillerie Fritz Lindemann illegal in Berlin lebte.

Die Atmosphäre, in die Fritz Lindemann kam, schilderte Josi von Koskull in ihren Erinnerungen an das Jahr 1939: »Ende August, unmittelbar vor dem Ausbruch des Krieges, waren Mama und ich bei Gloedens zum Bridge, die beiden Damen spielten es ebenso gern wie wir beide. Dr. Gloeden machte sich nichts daraus. Es entwickelte sich ein reguläres Bridgespielen, wir kamen jede Woche zusammen, einmal bei uns, dann wieder bei Gloedens in deren hübscher kleiner Wohnung in Westend, die voller schöner alter Möbel und moderner Gemälde war. Die beiden Damen waren ausgezeichnete Hausfrauen, sie führten den Haushalt allein, weil sie kein Hausmädchen halten wollten, das sie hätte bespitzeln können. So lebten damals viele meiner Bekannten, denn ein Hausmädchen konnte durch irgendeine Anzeige bei der Partei einem schon damals sehr viel schaden, eventuell sogar Erpressungen ausüben. Sie machten beide die schönsten Handarbeiten und strickten ausgezeichnet, dabei waren sie beide alles andere als nur Hausfrauen. Lilo, die Jura studiert und ihren Doktortitel erworben hatte, war außerdem eine vorzügliche Pianistin. Beide Damen lasen viel, sie sprachen perfekt englisch und französisch, waren viel und weit gereist und ihre Sympathien waren ganz und gar nicht auf Hitlers Seite. Frau Kuznitzky war im Elsass geboren und in Straßburg aufgewachsen, in einem belgischen Kloster erzogen.«

Der Krieg hinterließ in den folgenden Jahren auch hier seine zerstörerischen Spuren. Aber er konnte den Lebensstil der Familie nicht umstoßen. Und er befestigte Gloedens Widerstandswillen nur noch mehr.

Josi von Koskull: »Am Neujahrstag 1944 war ich bei Gloedens. Sie hatten auch längere Zeit fern von Berlin verbracht, als die schweren Bombenangriffe einsetzten, waren dann aber aus ihrer Ausweichstelle in der Lüneburger Heide wieder nach Berlin zurückgekommen. Die schöne Wohnung war auch stark beschädigt, es regnete durch das abgedeckte Dach durch und die Fenster waren mit Pappe vernagelt. Ihre wertvollsten Sachen hatten sie evakuiert, die prachtvollen Teppiche alle nach Baden-Baden verlagert. Gloedens sahen auch sehr schwarz für die Zukunft. Wir tranken immerhin Sekt auf den Sieg der Alliierten. Dr. Gloeden las aus seinem Buch vor, an dem er schon seit langem arbeitete, es war eine sehr tiefgründige Geschichte des Judentums, die er schrieb. Er wollte sehr gern das Manuskript nach Schweden schicken und ich bemühte mich darum, aber es wollte mir nicht gelingen. ... Nun war es an und für sich schon sehr schwierig, ein Manuskript über dies den Nazis so verdächtige Thema bei sich zu haben. Dr. Gloeden wollte es irgendwo auf dem Lande sicherstellen. Ob es wohl je wieder auftauchen wird?«

Josi von Koskulls Sorge ist glücklicherweise unbegründet gewesen. Das Manuskript wurde durch seine Schwester Ursula vor der Vernichtung bewahrt.

Doch zurück zu dem Bericht aus den Kriegstagen: »Am 6. Juni 1944 kam der Tag der Invasion, der *D-day*. Als diese Nachricht bekannt wurde, da war's wohl jedem klar, dass der Krieg in ein ganz neues Stadium getreten war. Die ersten Tage waren die entscheidenden. Die Invasionstruppen wurden nicht ›ins Meer zurückgeworfen‹, wie es von der Heeresleitung versprochen worden war, sondern sie setzten sich fest und gewannen an Boden. Bei Gloedens lag eine große Generalstabskarte auf dem Flügel, darauf konnten wir die Ortschaften, die im englischen Sender genannt wurden, feststellen, wir markierten aber vorsichtigerweise immer nur die Namen von Orten, die im deutschen Wehrmachtsbericht genannt wurden. In diesen aufregenden Tagen kam es erstmalig vor, dass der Wehrmachtsbericht nicht mehr wie bisher mit militärischer Pünktlichkeit genau auf die Minute um dreizehn Uhr angesagt wurde. Es hieß dann *Der Wehrmachtsbericht liegt noch nicht vor*, und die boshaften Berliner pflegten es abzuändern in *lügt noch nicht vor*.«

Alles das zeigt, dass die materiellen und vor allem die geistigen Bedingungen für Lindemanns Untertauchen bei der Familie Gloeden äußerst günstig waren. Doch entstand dadurch auch ein trügerisches Gefühl der Sicherheit, das mögliche »dünne Stellen« anderen Orts unberücksichtigt ließ. Die Gestapo verstärkte ihre Suche, nachdem sie die wirkliche Bedeutung des Generals im Rahmen der Verschwörung erkannt hatte. Dem erwähnten Festnahmeersuchen an die Gestapo vom 26. Juli folgte am 28. Juli eines an alle Wehrmachtsdienststellen (siehe Dokument Nr. 8), und am 1. August 1944 schließlich die öffentliche Ausschreibung im »Deutschen Kriminalpolizeiblatt«, das ihm eine Sonderausgabe widmete (siehe Dokument Nr. 9). Von allem wusste Lindemann natürlich nichts Konkretes, aber er rechnete damit.

Über seine Ankunft sagte Frau Gloeden vor der Gestapo aus: »Lindemann ist am Sonnabend, dem 29. Juli 1944, nachmittags gegen 16.00 Uhr zum ersten Mal in unserer Wohnung aufgetaucht und von meinem Mann empfangen worden. Etwa eine Stunde später wurde Lindemann meiner Mutter und mir von meinem Manne auf der Logia unter dem Namen Exner vorgestellt. Lindemann behauptete bombengeschädigt zu sein und bat um Aufnahme in unsere Wohnung. Da wir das schon oft getan hatten ..., sagten wir ohne weiteres zu.«

Lindemann hatte sich bei dem Gespräch mit Erich Gloeden auf die Dresdener Helfer berufen und seine Kenntnis über den mit Gloedens Hilfe untergetauchten jüdischen Rechtsanwalt Dr. Karpen deutlich gemacht. Er bat, weiter Exner genannt zu werden und wies darauf hin, dass er in eine politische Angelegenheit verwickelt sei.

Erst einige Zeit später machte er einen Hinweis auf den 20. Juli.

Der General wurde zunächst einige Tage im Nachbarhaus, in einem Zimmer, in dem Gloedens Schwiegermutter zur Untermiete wohnte, untergebracht. Anschließend übernachtete er in einer bombengeschädigten Nachbarwohnung in Gloedens Haus. In beiden Fällen war nicht zu vermeiden, dass er auf dem Weg dorthin anderen Leuten begegnete.

Dazu kam ein weiteres Problem. Nur etwa zwei Wochen hatten Gloedens und Lindemann die Legende vom »bombengeschädigten Herrn Exner« aufrecht erhalten können.

Dazu Erich Gloeden vor der Gestapo: »Da Lindemann nun schon mehrere Tage bei uns wohnte und keiner geregelten Arbeit nachging, hatte ich meinen beiden Frauen gesagt, dass Exner in eine politische Angelegenheit verwickelt sei und deshalb bei uns Unterschlupf finden müsse.« Wer Exner in Wirklichkeit war, erfuhren sie erst später. Lindemann blieb von nun an in der Gloedenschen Wohnung und schlief im Arbeitszimmer.

Der General hat nur in den ersten Tagen einige wenige Male die Wohnung verlassen. Am frühen Morgen des 30. Juli traf er im Grunewald Oberstleutnant von Petersdorff in dessen Unterkunft. Dieser war im Begriff, wieder in die Slowakei zu reisen. Im Gespräch ging es offenbar um ein Ausweichquartier. Zugleich holte Lindemann sein Gepäck.

Einige Tage später, am Abend des 3. oder 4. August, versuchte er vergeblich, am Bahnhof Heerstraße Wilhelm Senzky zu treffen. Er hatte gehofft, von ihm etwas über das Schicksal seiner Frau zu erfahren, da er wusste, dass dieser weiter Verbindung nach Dresden hatte. Lindemann kam äußerst bedrückt zurück und bat Gloeden, Senzky anzurufen und einen neuen Termin zu vereinbaren. Trotz Versuch kam dieser nicht zustande.

Seitdem blieb Lindemann in der Wohnung. In der ersten Zeit hat er sehr viel gelesen. Für die Mitbewohner war er ein sehr begehrter Gesprächspartner über Musik, Literatur usw. Man machte englische Konversation und spielte Brigde. Natürlich war auch die Kriegslage in den Gesprächen ein Hauptgegenstand. Bei dieser Gelegenheit wurde seine wahre Identität offenbar.

Frau Gloeden sagte dazu vor der Gestapo aus: »Nachdem Lindemann etwa 14 Tage bei uns wohnte, es können auch drei Wochen gewesen sein, hat er sich im Laufe einer Unterhaltung mit meinem Mann einmal verplappert. Er erzählte eine Begebenheit von der Einnahme Sewastopols und sagte dabei ›Da kam ein Leutnant zu mir und meldete, Herr General der Kopf ist ab‹.« Josi von Koskull, die während dieses Abendessens anwesend war, ergänzte in ihren Erinnerungen, dass es sich um das Denkmal des bekannten russischen Generals Totleben gehandelt habe, dessen Kopf Lindemann nach Berlin an das Zeughaus geschickt habe.

Das Wissen um Lindemanns Identität verstärkte die Solidarität der Mitbewohner. Dafür stehen deren Aussagen vor der Gestapo. Lilo Gloeden: »Anfangs hielt ich ihn tatsächlich für einen Bombengeschädigten, später war ich der Meinung, dass er ein Jude sei, der aus Furcht vor dem Abtransport sich illegal in Berlin aufhält. Ich zog dabei eine Parallele zum Vetter meines Mannes (Ernst Loevy; d. Verf.), der im Januar 1942 bei uns zwei Nächte lang Unterkunft suchte, um den damals üblichen nächtlichen Verhaftungen zu entgehen. ... Den ›Juden Exner‹ haben wir aus reinem Mitleid bei uns behalten. Als dann meiner Mutter und mir bekannt wurde, dass es sich um den gesuchten General der Artillerie Fritz Lindemann handelt, hat auch wieder reines menschliches Mitleid mich davon abgehalten, die Anzeige zu erstatten.« Diese Aussage war mit Sicherheit nur ein Teil der Wahrheit. Wie zuvor bei der Unterstützung verfolgter Juden, war das Risiko aus Gegnerschaft zu den Nazis bewusst eingegangen worden. Auch bei Erich Gloeden war das eine eindeutig prinzipielle Entscheidung. »Wenn mir vorgehalten wird, warum ich den Lindemann nach der Kenntnis nicht der Polizei ausgeliefert habe, so erkläre ich, dass ich nicht in der Lage war, meinen Schutzbefohlenen auszuliefern. Mir war bewußt, in welche Lage ich mich bringe. Die 500.000 RM konnten mich ebenfalls nicht bewegen, dies zu tun«, sagte er vor der Gestapo.

Fritz Lindemann verfolgte aufmerksam die Berichte von Rundfunk und Presse, die mit den Ereignissen des 20. Juli und den Verfolgungsmaßnahmen gegen Beteiligte zusammenhingen. Aus dem bombastischen Wortgeprassel ließen sich vom Eingeweihten trotz aller Verschleierungsversuche Zusammenhänge, Wertungen und Stoßrichtungen herausfiltern. Das galt besonders für die Rundfunkrede von Goebbels am 26. Juli sowie die breite Berichterstattung über den Prozess gegen Generalfeldmarschall von Witzleben, Generalmajor Stieff und andere, die am 10. August den »Völkischen Beobachter« füllte. Wenn auch dieser Bericht keinerlei Hinweis darauf enthielt, dass Lindemanns Name dort gefallen war, konnte er sich dessen sicher sein. So erfuhr er am 1. August von der immensen Belohnung für die Ergreifung Goerdelers, von seiner Ausstoßung aus der Wehrmacht am 4. August und davon, dass sein früherer Vorgesetzter, der seinerzeitige Befehlshaber der 18. Armee, Generaloberst Georg Lindemann, inständig bat, ihn nicht mit Fritz Lindemann zu verwechseln.

Es fällt auf, dass in den Quellen von zahlreichen Gesprächen über verschiedenste Probleme des Krieges berichtet wird. Bei denen, die den 20. Juli betrafen, hielt sich der General offensichtlich sehr zurück.

Um so mehr nahm sich Lindemann selbst der Verarbeitung dieses Themas an.

Frau Gloeden sagte dazu: »In der ersten Zeit hat Lindemann in unserer Wohnung viel gelesen. Später fertigte er auf der Schreibmaschine, die mir gehört, schriftliche Arbeiten, die ich jedoch nicht gesehen habe. Ich habe es gehört, er schreibt verhältnismäßig schnell. Er hat diese Arbeiten einmal meinem Mann gezeigt, und dieser sagte mir, dass es sich um eine sachliche und kurze Beurteilung der militärischen und politischen Lage handelt, d.h., mein Mann sprach nur allgemein von einer Lage, er hat mir insbesondere nicht gesagt, dass es sich bei diesem Exposé um Ausführungen über den ... 20. Juli 1944 handelt.«

Kriminalrat Sader, der die Verhaftungsaktion später leitete, schrieb in seinem Bericht: »Bei der Durchsuchung der Wohnung ... wurden verschiedene zunächst handschriftlich entworfene und dann in Maschinenschrift übertragene Aufzeichnungen des Lindemann über den 20. Juli und über seine Gedanken zur politischen und militärischen Lage gefunden und sichergestellt.«

Die Ausarbeitungen scheinen einen größeren Umfang gehabt zu haben. Zwar gibt es noch geringe Hoffnung, diese in früheren sowjetischen Archiven aufzufinden, wo Reste von Unterlagen des Reichssicherheitshauptamtes liegen sollen. Wahrscheinlicher ist jedoch, dass sie, wie Kriminalrat Litzenberg vor den Amerikanern aussagte, vernichtet worden sind, als der Komplex der Gestapo in der Prinz-Albrecht-Straße und das Gebäude des Volksgerichtshofes am 3. Februar 1945 durch Bomben zerstört wurden.

Fritz Lindemann behagte die Lage, in der er sich seit Wochen befand, immer weniger. Er bemerkte, welche Mühe es seinen Gastgebern machte, Lebensmittel zu seiner Versorgung heranzuschaffen, er empfand wohl auch seinen Aufenthaltsort als mögliche Falle, in der er seine Helfer gefährdete und selbst zur Passivität gezwungen war. Gewohnt, selbst zu handeln, bereitete sich der General auf einen Ausbruch aus dieser Situation vor. Dabei fand er in Josi von Koskull, einer Freundin der Familie Gloeden, die inzwischen über seine wahre Identität informiert war, eine tatkräftige Helferin (siehe Dokument Nr. 2). Wenn sie auch nicht immer Erfolg hatte. So scheiterte der Versuch, zu einem vollwertigen Ausweispapier zu kommen, das ihm Bewegungsfreiheit geschaffen hätte. Lindemann hatte die Absicht, an der Ostfront überzulaufen. Zu diesem Zweck lernte er bei Frau von Koskull intensiv soviel Russisch, dass er sich hätte verständlich machen können. In Zivil und ohne Ausweispapiere erwies sich dieses Vorhaben jedoch als hoffnungsloses Unterfangen. Nicht zuletzt, nachdem am 20. August sein Steckbrief in der Presse erschienen und auf seine Ergreifung eine Belohnung von 500.000 Reichsmark ausgesetzt worden war. Dass dem Steckbrief ein Foto beigegeben war, nach dem ihn selbst Bekannte nicht zu erkennen vermochten, war nur ein schwacher Trost.

Josi von Koskull, die in jener Zeit wegen ihrer Sprachkenntnisse in die Auslandsbriefzensurstelle des Wehrkreises III dienstverpflichtet war, beschreibt die Versuche, mit der neuen Situation fertig zu werden: »Als wir uns an jenem Sonntag nachmittag bei Gloedens zum Kaffee zusammenfanden, begannen wir Pläne zu schmieden, wie der General sicherer unterzubringen sei. Da ich die Wohnung von Freunden betreute, sollte ich ihn dort einquartieren, doch war das gefährlicher, als ihn in der Gloedenschen Wohnung in der Kastanienallee zu lassen, weil eine Person, die in einer seit langem unbewohnten Wohnung auftauchte, den Nachbarn verdächtig vorkommen konnte. Es wäre dies nur möglich gewesen, wenn man ihm gefälschte Ausweispapiere besorgt hätte. Und an die kam Herr Gloeden nicht heran. Er schlug folgendes vor, um die Gestapo auf eine falsche Spur zu setzen: General Lindemann sollte einen kleinen Zettel schreiben, er sei in Sicherheit und bitte, davon seiner Frau Mitteilung zu machen. Diesen Zettel wollte ich in einen Brief hineinschmuggeln, der aus der Schweiz nach Schweden bestimmt war, derartige Briefe gingen jeden Tag an meinem Tisch durch, und ich hätte den Zettel leicht einer der Prüferinnen während der Mittagspause in einen noch nicht bearbeiteten Brief hineinlegen können. Dann hätte sie natürlich Anzeige gemacht, und es wäre der Eindruck entstanden, dass General Lindemann, der die Nachricht mit seinem Namen unterschreiben sollte, in die Schweiz entkommen sei. Ich fand diesen Vorschlag nicht schlecht, aber die anderen verwarfen ihn.«

Eines war sicher, selbst wenn Frau von Koskulls Vorschlag Erfolg gehabt und einen Zeitgewinn gebracht hätte, wirksame Hilfe konnte nur von außen kommen.

»Lindemann hatte damals auch den Plan, sich einem der Militärattachés einer neutralen Macht zu offenbaren und ihn um Schutz zu bitten. Ich konnte ihm jedoch mit Bestimmtheit versichern, dass gerade der Mann, auf den er seine Hoffnung setzte, starke Sympathien für die Nazis hatte und ihm nicht helfen, ja womöglich ihn sogar ausliefern werde. Das wußte ich zufällig aus der Korrespondenz, die ich am *Diplomatentisch* las. Ich konnte meine Kenntnis von der politischen Einstellung dieser Herren nicht näher begründen, riet dem General aber strikt ab, diesen untauglichen Versuch zu unternehmen ...

General Lindemann lag sehr viel daran, mit General Seydlitz in Moskau in Verbindung zu treten. Er kannte Seydlitz gut und er war der Meinung, dass dieser ihm werde aus Deutschland heraushelfen können.

Ich erhielt den Auftrag von General Lindemann, wenn sich mir eine sichere Gelegenheit bieten würde, die Nachricht von seinem Aufenthalt in Berlin in folgender Form nach Rußland durchzugeben: Ia 1937, Wehrkreiskommando X, ist in Berlin und bittet Seydlitz um Hilfe. General Lindemann war der Überzeugung, dass russische Agenten in Deutschland seien und ihm helfen würden, irgendwie in das neutrale Ausland zu gelangen.

Ich hatte auch wirklich in den nächsten Tagen die erwünschte Gelegenheit, die Mitteilung an Frau Kollontai zu senden – ob Sie sie allerdings erhalten hat, das mögen die Götter wissen ...

Es war soweit geglückt, nun kam es darauf an, ob der Sekretär der Botschaft in Stockholm die Rückseite des Briefes beachten und die Nachricht verstehen würde ...«

Die Katastrophe

Lindemanns nunmehr durch die Presse öffentlich gemachte und mit der zweithöchsten Belohnung im Zusammenhang mit dem 20. Juli in ihrer Bedeutung unterstrichene Verfolgung zeigte auch bei den Helfern Wirkung. Zwar hatten die Versuche der Wehrmacht, den General bei Hermann Lindemann und Max Lindemann aufzuspüren, und die zweimalige Vorladung des Erstgenannten durch die Gestapo die herannahende Gefahr signalisiert, aber deren Größe wurde erst durch das Gewicht deutlich, das Fritz Lindemann beigemessen wurde. Aus Zufällen, menschlicher Unzulänglichkeit, konspirativer Unerfahrenheit und dem Drang, für sich selbst daraus Kapital zu schlagen, dass man den Mächtigen zu Diensten war, entstand jene dünne Stelle in Lindemanns Absicherung, von der bereits die Rede war.

Die Ehe von Carl Marks war Anfang Juli 1944 geschieden worden. Deshalb war er in die Hartmannmühle gezogen, seinen Landsitz im Osterzgebirge, unmittelbar an der Bahnlinie von Heidenau nach Altenberg gelegen. Um der Einsamkeit zu entgehen, hatte er zufällig an dem Wochenende, an dem die Presse Fritz Lindemanns Steckbrief veröffentlichte, seine Sekretärin Frida Pilat, die er umwarb und sogar zu seiner Universalerbin bestimmt hatte, und das Ehepaar Schäffner zu sich eingeladen. Ernst Schäffner betrachtete er als seinen Freund, weil er Geschäftspartner bei den Motorenwerken Dresden-Niedersedlitz war. Dessen Frau war Buchhalterin bei der Druckmaschinen Ritter GmbH in Dresden, an der auch Hermann Lindemann beteiligt war.

Lindemanns Steckbrief und die ausgelobte Summe waren natürlich ein wesentlicher Gesprächsgegenstand. Carl Marks wurde von der Nachricht regelrecht durchgeschüttelt. Nach längerem Grübeln offenbarte er Ernst Schäffner seinen Anteil an Lindemanns Untertauchen. Der wusste bereits seit Anfang August von Hermann Lindemann, dass dieser wegen des Generals von der Gestapo befragt worden war. Im Gespräch mit Frau Schäffner offenbarte Marks auch den Plan, Lindemann außer Landes zu bringen. Vor der Gestapo sagte sie dazu aus: »Nach einem langen Hin und Her antwortete er mir sinngemäß: ›Ich will einen deutschen Offizier über die Grenze bringen.‹ ... Auf weitere diesbezügliche Fragen sagte er mir sinngemäß, dass er den betreffenden Offizier nach der Slowakei auf dem normalen Grenzweg per Auto bringen wolle.

Auch auf meinen Hinweis hin, dass ein gesuchter Offizier auch in Zivil sofort als solcher zu erkennen sei, stimmte Marks zu und brachte weiter zum Ausdruck, dass beim Gelingen seines Vorhabens in der Slowakei alles weitere geregelt sei. Er müsse nur noch einmal nach Berlin, und dann wäre seine Mission erledigt.« Im Zusammenhang mit früheren Reisen nach Berlin sei auch der Name Petersdorff gefallen. Somit ist zu vermuten, dass Lindemann entweder bei Gloeden »geparkt« werden sollte, bis seine Verbringung nach Südosten möglich sein würde, oder aber, dass er dorthin ging, weil die andere Variante nicht durchführbar war.

Nach der Rückkehr vom Besuch bei Marks besprach das Ehepaar Schäffner das Gehörte. Frau Schäffner sagte dazu: »Mein Ehemann erwog dann noch, ob er seine und meine Wahrnehmungen sofort bei der Gestapo anzeigen solle oder ob er es erst am nächsten Tag tun könne. Im Hinblick auf die schwere der Tat und auf mein Zureden entschloß er sich, diese Sache unmittelbar zur Anzeige zu bringen.«

Sie war zugegen, als er die Gestapo anrief. Da diese sein persönliches Erscheinen verlangte, ging er gegen 22.30 Uhr in die Staatspolizeidienststelle in der Dresdener Bismarckstraße, unmittelbar hinter dem Hauptbahnhof, um Anzeige zu erstatten.

Über sein Motiv vermerkt das Gestapoprotokoll: »Ich war mir der Tragweite meines Entschlusses bewußt. Konnte aber als Deutscher nicht anders handeln, da ich nicht als Mitwisser eines Tages selbst angeklagt werden wollte.« Es wäre jedoch falsch, dieses Motiv als das maßgebliche anzusehen. Im Gegensatz zu Carl Marks und Hermann Lindemann war der Elektroingenieur nicht sonderlich vermögend. In die Motorenfirma trat er vor allem als Fachmann ein, war jedoch nur mit 20% am Geschäftskapital beteiligt. Deshalb war mit Sicherheit die Belohnung von 500.000 Reichsmark ein wesentliches Motiv der Denunziation. Nach einer Gegenüberstellung mit Marks am 28. August 1944 taucht Schäffner in den Unterlagen der Gestapo nicht mehr auf. Auch zum Prozess vor dem Volksgerichtshof wurde er nicht geladen, obwohl er sich in Berlin befand, wo er in der Zentrale der Organisation Todt im Amt für zentrale Bauaufgaben arbeitete.

Die Verhaftung aller Dresdener Helfer des Generals Fritz Lindemann folgte Schlag auf Schlag zwischen dem 28. August und 7. September. Über die Art und Weise, wie die Gestapo die Gefangenen zur Aussage zwang, geben die Vernehmungsprotokolle keine direkte Auskunft. Aber bestimmte Formulierungen lassen vermuten, was der Aussage voranging. »Infolge der fortgeschrittenen Nachtzeit wurde die Vernehmung vorläufig abgebrochen.« »Auf eindringlichen Vorhalt.« »Erst auf eindringlichen Vorhalt und unter verschärfter Vernehmung gab er folgendes zu ...«. Diese Sätze mögen als Beispiele genügen.

In einem Vernehmungsprotokoll vom 7. September 1944 heißt es: »Die Vernehmung wurde hier abgebrochen, da die Elsa Lindemann keine weiteren Angaben über ihre weiteren Zusammenkünfte mit Fritz Lindemann machte. Über zwei Stunden wurde sie, unter wiederholten Vorhaltungen, zu der Frage des Erscheinens des Fritz Lindemann in ihrer Wohnung nach dem 20.7.1944 befragt, mit dem Erfolg, dass sie die Lippen zusammen kniff und keine Antwort gab.« Am 11. September wurde sie zur Aussage gezwungen. In der Nacht vom 11. zum 12. September erhängte sie sich, um weiteren Torturen zu entgehen, im Dresdener Polizeigefängnis.

Über die Haftbedingungen von Hans Sierks im Dresdener Polizeigefängnis schrieb 1961 dessen zeitweiliger Zellengefährte Hermann Liebsch, von dem die Gestapo zum geschilderten Zeitpunkt noch nicht wusste, dass er ebenfalls zur Dresdener Gruppe des NKFD gehörte: »Sierks war seinerzeit noch ein großer starker Mann voller Energie und optimistischem Lebenswillen. Da er sich den üblichen Schlägen der Gestapo widersetzte, musste er Fesseln tragen, und zwar waren ihm die Arme durch einen starken Ledergurt an den Körper gepreßt. Wir haben zwei Tage zusammen auf dem Strohsack gelegen und uns rückhaltlos über alles ausgesprochen. ... Diese Tage waren für mich ein starker Trost.« Die Behandlung in Berlin war nicht besser. Als Sierks' Haushälterin ihn dort besuchte, war er furchtbar zugerichtet und, wie sie erfuhr, ebenfalls die ganze Zeit gefesselt. Eine ähnliche Behandlung erfuhren alle Helfer Lindemanns bei der Gestapo, die Dresdener und die Berliner. Horst von Petersdorff wurde derart misshandelt, dass er wochenlang unter Nierenbluten litt (siehe Dokumente Nr. 18-24, 26, 27).

Haft im Staatskrankenhaus der Polizei

Am Sonntag, dem 3. September 1944, brachen sechs Gestapoleute gegen 15.30 Uhr in Gloedens Wohnung ein, nahmen alle Anwesenden fest und vereitelten durch mehrere Schüsse die Absicht Lindemanns, sich aus dem dritten Stock auf die Straße zu stürzen. Schwer verletzt durch einen Durchschuss im Oberbauch und zwei Schussverletzungen an den Beinen, brachte die Gestapo ihn ins Berliner Staatskrankenhaus.

Der Terror der Gestapo machte auch vor dem General nicht halt, als er schwerverwundet im Berliner Staatskrankenhaus der Polizei lag. Allerdings fand er hier Helfer, Ärzte und Schwestern gleichermaßen, die sein Los erleichtern wollten und es trotz der damit verbundenen Gefahren taten. Hier ist der Platz, diese Menschen zu würdigen. Durch eine damals ins Staatskrankenhaus dienstverpflichtete Ärztin, Dr. Charlotte Pommer, wissen wir heute, dass ihre Zahl nicht klein war. Neben fanatischen Nazis arbeiteten oft im Krieg dorthin dienstverpflichtete Mediziner, die ihr Berufsethos nicht durch die braune Weltanschauung hatten zerstören lassen. Auch hier fand sich die eingangs dargestellte Differenz zwischen Opposition und Widerstand. Selbstverständlich ist es lobenswert, wenn Prof. Dr. Doederlein, der Leiter des Staatskrankenhauses, von der Gestapo eine anständige Behandlung von General Lindemann verlangte. Doch vermochte er das letztlich nicht durchzusetzen.

Aus den im Münchner Institut für Zeitgeschichte entdeckten Erinnerungen von Frau Dr. Charlotte Pommer: »Nach der Operation hatte Prof. D. persönlich für die Unterbringung des Patienten gesorgt, und zwar in dem Zimmer, das zuvor der Obergruppenführer aus Paris eingenommen hatte. D. hat auch gegenüber der Gestapo ausgesprochen, dass in seinem Hause keine Fesseln anzubringen seien. Die beiden die ihn ständig bewachten, haben sich natürlich nicht daran gehalten. An beiden Handgelenken wurde der Patient zu beiden Seiten des Bettes gefesselt. Der eine Beamte hatte auf seinem Nachttisch eine entsicherte Pistole, das dazugehörige Bett wurde aber von ihnen nicht benutzt. Beide wachten und starrten auf den Patienten und auf uns. Während der Visite und während der Verbandwechsel habe ich die Fesseln geöffnet bekommen, dazu jeweils vorher eine Schwester in das Zimmer geschickt. Angesichts der entsicherten Pistole und der gespannten Atmosphäre ist mir mehr als einmal ein Tupfer auf den Boden gefallen.

Ich erklärte ihm jede Handlung, jeden Inhalt und die beabsichtigte Wirkung der einzelnen Injektionen und stellte es in sein Ermessen, nachts nach einer weiteren schmerzstillenden Injektion zu fragen, die er jederzeit bekommen könne. Ich wollte dadurch vermeiden, dass der Eindruck entsteht, er könne durch medikamentöse Behandlung in seiner Selbstkontrolle beeinflußt oder gar umgebracht werden. Er hatte keine Schmerzensäußerung getan.

Die Selbstbeherrschung des Generals in dieser Situation als Schwerverwundeter, als Gefangener und mit Handschellen an das

Bett mit nach unten gerichteten Armen Gekreuzigter hat nie eine Selbstaufgabe aufkommen lassen. Im Gegenteil, er hoffte auf Befreiung. Bei Fliegeralarm gab er leise aber bestimmt seinen Bewachern die Stelle an, die er auf der Trage im Luftschutzkeller einzunehmen wünschte: entlang der Außenwand.

Sein Zustand verschlechterte sich, das merkte er selber: ›Ich werde ja immer weniger!‹ Es bestand keine Möglichkeit, sein Leben zu verlängern. Für den Patienten, der nach 18 Tagen an einer Peritonitis starb, war der Tod im Krankenhaus die bessere Lösung, für die Ärzte und Schwestern eine Erleichterung, denn es ist unerträglich und unvergeßlich, dass man einen Menschen wiederherstellen muss, damit er dem Henker zur Vollstreckung des Todesurteils ausgeliefert wird.«

Die Sorge der Gestapo, dass ihr der wertvolle Gefangene verloren gehen könnte, war erheblich. So berichtete Frau Dr. Pommer über eine Durchsuchungsaktion. Eines Tages stellten sechs Gestapoleute das ganze Haus auf den Kopf, weil man angeblich von einer geplanten Befreiungsaktion für General Lindemann gehört hatte.

Obwohl ein Verhör bis zur Besserung seines Zustandes zurückgestellt werden sollte, versuchte die Gestapo, den Schwerverletzten am 4. und 5. September dreimal zu vernehmen. Die wenigen Bemerkungen Lindemanns führten über schon vorliegende Ermittlungsergebnisse nicht hinaus. Lindemann beachtete die Gestapoleute und sich als Faschisten gebärdende Ärzte nicht.

Am 13. September verhörte die Gestapo Fritz Lindemann erneut zwei Stunden lang. Am gleichen Abend wurde dessen Verhaftung im Rundfunk und am 14. September in der Tagespresse mitgeteilt.

Ein Protokoll dieser Vernehmung war bisher ebensowenig aufzufinden, wie eines vom letzten Verhör am Nachmittag des 21. September. Daraus, dass die »Kaltenbrunner-Berichte« der Folgezeit keinerlei Angaben enthalten, die aus beiden Verhören stammen könnten, kann geschlossen werden, dass die Gestapo auch hier einen Misserfolg erlitt.

Noch am Todestag, dem 22. September 1944, erfolgte im Beisein zweier Gestapoleute die Autopsie durch einen Arzt des Pathologischen Instituts der Militärärztlichen Akademie. Danach beschlagnahmte die Gestapo den Leichnam des Generals Lindemann. Der Bestattungsort ist unbekannt. Vermutlich ist er, wie andere Beteiligte am 20. Juli, im KZ Sachsenhausen verbrannt worden.

An Fritz Lindemanns Haltung beeindruckte Angehörige des medizinischen Personals sichtlich »der unermeßliche Grad der Selbstbeherrschung ..., die Überlegenheit und der Stolz seiner Persönlichkeit, seine innere Freiheit und Würde.« Auf unterschiedliche Weise versuchten einige, nicht nur sein Los zu erleichtern, sondern auch seine Isolierung zu durchbrechen. Eine Freundin von Dr. Pommer beauftragte einen Dritten, Lindemanns Familie zu informieren. Das misslang wegen deren Verhaftung. Nur die Schwiegermutter, Frau von Friedeburg, wurde erreicht.

In einem Brief an Frau Lindemann vom Dezember 1945 (siehe Dokument Nr. 28) wies Frau Dr. Pommer auf ihre Zusammenarbeit mit Dr. Tietze hin, der die Innere Abteilung leitete. Diese Beziehung war nicht nur fachlicher Art, denn der Arzt leistete mehrfach unter höchster eigener Gefährdung Verfolgten Hilfe. Bekannt ist seine in der einschlägigen Literatur gewürdigte Hilfe für Hans von Dohnanyi. Bisher unbekannt ist die für Rudolf Wunderlich geblieben, der zur illegalen Leitung der Häftlinge im KZ Sachsenhausen gehörte, bei einem Räumkommando für Bombenblindgänger in Berlin eingesetzt und von dort geflohen war. Er wohnte illegal bei einer Kommunistin und erkrankte schwer. Eine in das Staatskrankenhaus dienstverpflichtete Kinderärztin, als Kommunistin mit der Quartiergeberin gut bekannt, sorgte dafür, dass Dr. Tietze den Flüchtling in seinem illegalen Quartier behandelte. Nach 1945 hatte der Arzt in Westberlin eine Praxis. Es ist nicht bekannt, dass er jemals öffentlich gewürdigt worden wäre.

Sippenhaft

Zu den perfidesten Erfindungen des Naziregimes gehörte die »Sippenhaft« (siehe Dokument Nr. 10-13, 25). Sie war einerseits Ausdruck einer verquasten theoretischen Vorstellung über die Rolle der

Sippe im Volk, über erbbiologische Zusammenhänge usw. Zugleich war sie Produkt der Erfahrung in Auseinandersetzung mit dem Widerstand. Immer wieder erwies sich die Familie als letzte Bastion, auf die sich die Widerstandskämpfer zurückziehen konnten. Verwandtschaftliche Beziehungen waren oft weltanschauliches Hinterland, Ausgangs- und Anknüpfungspunkt für Aktivitäten gegen die Nazis, wenn andere Strukturen bereits zerschlagen waren. Angesichts der emotionalen Beziehungen zwischen Familienmitgliedern eignete sich die Sippenhaft oder die Gefahr, das sie verhängt werden könnte, als Druckmittel gegen jede gegen das nationalsozialistische Regime gerichtete Aktivität. Sie wurde bereits vor den Ereignissen vom 20. Juli 1944 verhängt, z. B. gegen die Ehefrauen zum NKFD übergelaufener Soldaten. Käte Gudzent, deren Mann als Leutnant aktiv im NKFD arbeitete, mag als Beispiel dienen.

Die Sippenhaft war nur eine der Formen von Sonderhaft, die wegen der Bedeutung von Häftlingen von dem üblichen KZ-System abwich. Sonderhäftlinge, manchmal auch als Ehrenhäftlinge bezeichnet, waren aus unterschiedlichsten Gründen z. B. Pastor Martin Niemöller, Generaloberst Franz Halder, der frühere österreichische Bundeskanzler Kurt Schuschnigg, der ehemalige französische Ministerpräsident Leon Blum und der Neffe des sowjetischen Außenministers Molotow, Leutnant Kokorin. Überraschenderweise ist der Sonderhaftkomplex bisher lediglich Gegenstand einzelner wissenschaftlicher Abhandlungen und noch nicht umfassend bearbeitet worden. So ist die nachfolgende Darstellung der Sippenhaft von Frau und Tochter Lindemann weithin nur unter Verwendung verstreuter Hinweise in Erinnerungen Betroffener möglich.

Die Frau des Generals Lindemann befand sich im Juli 1944 im Schloss Namedy bei Andernach. Ihre Schwester, Ilse-Margot von Hohenzollern-Sigmaringen, lag nach einem Unfall in der Klinik. So führte Frau Lindemann den Haushalt und kümmerte sich um die beiden Töchter, da auch ihr Schwager Albrecht von Hohenzollern zur Wehrmacht eingezogen worden war. Am Morgen des 28. Juli 1944 erschienen zwei Gestapoleute, nahmen Frau Lindemann fest und brachten sie nach Koblenz ins Gefängnis. Es folgten nicht endenwollende Verhöre, die erst nach dem Tod ihres Mannes abbrachen. Doch von Letzterem erfuhr sie ebensowenig wie von der Sippenhaft ihrer zehnjährigen Tochter.

Am 6. November wurde das Gefängnis Koblenz durch Bomben zerstört. Frau Lindemann überlebte in einem Bunker außerhalb der Haftanstalt. In dem Chaos wäre die Flucht möglich gewesen, doch sie nutzte die Gelegenheit aus Rücksicht auf ihre Tochter und die Verwandten nicht. Nach Zwischenstationen in verschiedenen Gefängnissen wurde Frau Lina Lindemann schließlich am 13. Januar 1945 in das KZ Ravensbrück eingeliefert. Während in der Zwischenzeit eine Reihe von Frauen aus der Sippenhaft entlassen worden waren, verfolgte sie die Gestapo mit besonderem Hass.

In einem Brief des SS-Obergruppenführers Kaltenbrunner vom 14. Dezember 1944 hieß es: »Mit einer längeren Inhaftnahme ist im wesentlichen bei den Frauen des ehemaligen Generalquartiermeisters Wagner, des ehemaligen Generalobersten Höpner und des ehemaligen Generals der Artillerie Lindemann zu rechnen. Sie sind wegen ihrer reaktionären Einstellung in einem Konzentrationslager untergebracht und haben ein Verfahren wegen Mitwisserschaft und Beihilfe vor dem Volksgerichtshof zu erwarten.«

Am 21. Januar kam sie in das KZ Stutthof in der Nähe von Danzig. Dort traf sie mit aus anderen Teilen Deutschlands herangeholten Sippenhäftlingen der Familien Stauffenberg, Goerdeler und anderen Beteiligten des 20. Juli zusammen. Nach nur einer Woche Aufenthalt begann wegen der heranrückenden Front bei eisiger Kälte der Transport ins Landesinnere. Über verschiedene Zwischenstationen kamen die Sippenhäftlinge im Viehwagen am 23. Februar in das KZ Buchenwald. Fey von Hassell hat in ihren Erinnerungen unter dem Titel »Niemals sich beugen« die fürchterlichen Bedingungen jener Monate beschrieben, deren Folgen eine Reihe von Ruhr-, Typhus- und Scharlacherkrankungen und einige Todesopfer waren.

Im Sonderbau 5, einer von hohen Backsteinmauern umgebenen Baracke, die außerhalb des eigentlichen Lagers in der Nähe der Waffenfabrik lag, wurden die Ankömmlinge untergebracht. Dort trafen sie auf weitere Sippenhäftlinge des 20. Juli, wie etwa Frau von Hammerstein-Equord mit ihren zwei Kindern. Daneben befand sich eine große Zahl anderer Sonderhäftlinge im Lager, die mit dem Attentat nichts zu tun hatten, beispielsweise Fritz Thyssen, Isa Vermehren, Dietrich Bonhoeffer. Ein Teil war gesondert eingesperrt und kam erst beim Abtransport nach Bayern am 3. April mit den Sippenhäftlingen in Berührung.

Hier ist ein Hinweis der Gedenkstätte Buchenwald aus dem Jahre 1987 von Bedeutung: »Petersdorff befand sich zur gleichen Zeit in Buchenwald wie Frau Lindemann, jedoch nicht in der Holzbaracke im Sonderlager Fichtenhain, sondern in den Arrestzellen für SS-Leute im Bereich der SS-Kasernen, genauer im Keller einer SS-Kaserne.« Sein Mitgefangener war Dietrich Bonhoeffer. Isa Vermehren schreibt in ihrer »Reise durch den letzten Akt«: »Er (Pastor Bonhoeffer) hatte bei einer Vernehmung ein Schriftstück auf dem Arbeitstisch des Kommissars liegen sehen, dessen erste Worte lauteten: *Nach dem Ableben des General Lindemanns* ... Mit dieser Mitteilung verschaffte er endlich der Frau des Generals Gewißheit über das schon seit langem unruhevoll erahnte Schicksal ihres Mannes, der den Verwundungen, die er bei seiner Verhaftung erlitten hatte, erlegen war.« Es ist auch denkbar, dass er das von seinem Mitgefangenen von Petersdorff erfahren hatte. Ungeachtet dessen war die Nachricht, bei einem Zwischenaufenthalt im Gefängnis Regensburg durch die Klappe einer Zellentür gemacht, für Frau Lindemann sehr wichtig. Wenige Tage später wurde Bonhoeffer im KZ Flossenbürg ermordet.

Nach dem Zwischenaufenthalt in Regensburg wurden die Häftlinge am 5. April nach Schönberg im Bayerischen Wald gebracht, weil das eigentliche Ziel des Transportes, das KZ Dachau, total überfüllt war. Bis zum 16. April blieben sie in der Schule untergebracht.

Fey von Hassell schreibt dazu: »Die Nachricht von der Identität der vielen *Gäste* verbreitete sich rasch in der Gegend. Unter SS-Bewachung wurden wir zu Bauern begleitet, um Säcke mit Stroh zu füllen, die wir als Matratzen auf unser Lager legen sollten. Während des Unternehmens steckten uns die Bauern heimlich Äpfel und Eier in die Taschen. ... Nach langem Fragen und Bitten erhielten wir die Erlaubnis, jeden Tag einen Spaziergang machen zu dürfen. Natürlich wurden wir von einer Wache begleitet. Wie im Traum gingen wir unter dem strahlend blauen Himmel durch die Frühlingslandschaft! Von den Wachen unbemerkt konnten wir Verbindung zur Bevölkerung aufnehmen. Der Erfolg: Die Leute aus dem Dorf brachten dem zunächst wohnenden Bäcker Lebensmittel für uns. Nachts ließen wir einen Strick aus dem Fenster, und der Bäcker füllte uns Eimer und Körbe mit den herrlichsten Leckerbissen. ... Nach 14 Tagen, am 16. April, verließen wir Schönberg. Die Dorfbewohner stellten sich am Straßenrand auf, um Abschied von uns zu nehmen.«

Bäckermeister Pleintinger in Schönberg bewahrte noch in den 90er-Jahren eine Erinnerung an jene Tage auf, die sein Vater von den Häftlingen erhalten hatte. Die von zwei Brezeln umrahmten Initialen F. P. (Franz Pleintinger) schmückten den Kopf eines Papierbogens, der die Unterschriften zahlreicher Häftlinge trägt.

Tags darauf erreichte der Transport das KZ Dachau, wo die Sonderhäftlinge wegen Überfüllung des Lagers in der Lazarettbaracke untergebracht wurden. Am 24. April wurde der erste Teil der Sonderhäftlinge evakuiert, am 27. der zweite, der am 28., nun wieder mit den anderen vereint, in Niederdorf (Villabassa) im Südtiroler Pustertal eintraf.

Hier wurde die Lage akut lebensgefährlich. Hatten die Nazis bisher gehofft, die Häftlinge als Faustpfand gegenüber den Alliierten benutzen zu können, sollten die SS-Führer Bader und Stiller diese nunmehr durch die Wachmannschaften ermorden lassen.

Die Ereignisse, die letztlich zur Befreiung führten, werden in den Erinnerungen der Beteiligten zum Teil recht abweichend voneinander beschrieben. Sie erfuhren davon meist erst im Nachhinein, da sie mangels Quartier in den Omnibussen eingeschlossen am Rande des Ortes verblieben.

Jahrzehnte später versuchte »Der Spiegel« 1967 mit Hauptakteuren, dem seinerzeitigen Oberst Bogislaw von Bonin sowie den Hauptleuten Wichard von Alvensleben und Gebhard von Alvensleben, die Ereignisse zu rekonstruieren. Als »Hauptnenner« der Schilderungen ist sicher, dass Bonin, nachdem er von den Mordplänen der SS erfahren hatte, mit Hilfe von herbeigerufenen bzw.

zufällig eingetroffenen Wehrmachtseinheiten die SS hatte vertreiben lassen, dass der zu den Häftlingen gehörende italienische General Garibaldi, ein Nachfahre des italienischen Freiheitshelden, Kontakt zu den Partisanen aufnahm und, als die Befreiten schließlich in dem einige Kilometer entfernt liegenden Hotel Pragser Wildsee (Lago di Braies) untergebracht waren, jene den Schutz übernahmen, bis am 4. Mai 1945 Soldaten der 88. Division der US-Armee eintrafen.

Der 10. Mai brachte den Abtransport, der auf der Insel Capri endete, zur Erholung und nicht zuletzt zur Vernehmung durch den amerikanischen Geheimdienst. Immerhin kamen die 136 Häftlinge aus 22 Nationen und gehörten weitgehend deren Elite an. Aus Deutschland stammten 36 Sippenhäftlinge und 27 andere Sonderhäftlinge. In der Südtiroler Zeitung »Dolomiten« vom 30. April 1965 ist die vollständige Liste der Befreiten und ein umfangreicher Beitrag zu jenen Ereignissen zu finden.

Es konnte hier nur sehr global über die Dinge geschrieben werden. Bezüge in den Quellen auf Frau Lindemann gibt es nur wenige. Das bestätigt wohl, was eine Weggefährtin berichtete, die den Transport seit Buchenwald mitgemacht hat: »Frau Lindemann war sehr zurückhaltend und bescheiden. Zugleich war sie nett und freundlich im Umgang mit anderen. Hervorstechend war ihre Hilfsbereitschaft. Sie unterschied sich sehr vorteilhaft von der Affektiertheit mancher anderer Häftlinge, die wegen ihres Standes und ihrer Herkunft etwas besonderes darstellen wollten. Und das, obwohl sie gleicher Herkunft war.«

Als Frau Lindemann am 28. Juli 1945 nach Deutschland zurückkam, galt ihre Sorge vor allem dem Verbleib ihrer Tochter, von der sie fast ein Jahr nichts gehört hatte. Auch sie war, damals zehn Jahre alt, am 25. August 1944 von Schloss Namedy aus in Sippenhaft verschleppt worden.

Für die Kinder, die man von ihren Eltern getrennt hatte, war im Harz, in Bad Sachsa, ein Kinderheim der NSV von seinen 250 Bewohnern geräumt worden. Christa von Hofacker, damals mit 13 Jahren eines der ältesten der in Sippenhaft befindlichen Kinder, verdanken wir eine umfassende Darstellung der Lebensbedingungen im Heim.

Den Plan, die Kinder zur Umerziehung in Nazifamilien zu geben, musste die SS wegen der Kriegslage aufgeben. So wurde die Mehrzahl der ursprünglich 48 Kinder im Herbst und Winter 1944/45 zu Verwandten entlassen. Nur die Kinder der weiter oben im Brief Kaltenbrunners genannten Familien, die in Sippenhaft bleiben sollten, blieben bis Kriegsende im Heim. Insgesamt waren das noch 14, fast alle aus den Familien von Stauffenberg, Lindemann, Goerdeler und von Hofacker.

Der Tagesablauf und die Behandlung der Kinder entsprachen scheinbar einem »normalen« Kinderheim. Es gab sympathische und unsympathische Betreuerinnen, wie überall gab es Beschäftigungen, Gesellschaftsspiele, Theateraufführungen, Spaziergänge. Und doch war vieles anders. Da gab es die Ungewissheit über das Schicksal der Eltern, über die nicht nur nichts zu erfahren war, sondern die die Kinder vergessen sollten. Deshalb wurden ihnen deren Fotos weggenommen, wurden die Geschwister getrennt und der Kontakt zwischen ihnen möglichst verhindert. Vor allem jedoch wurde den Kindern verboten, ihre Familiennamen zu gebrauchen, sie anderen Kindern zu offenbaren. Schließlich erhielten sie neue Familiennamen. So sollten zwei Töchter von Hofacker Franke heißen, ihr Bruder Schulze, aus Marie-Luise Lindemann sollte Krause werden, aus den Geschwistern von Seydlitz Barth, und den Geschwistern von Stauffenberg schließlich Meister und Wartenberg. Die Versorgung und auch der Gesundheitszustand der Kinder wurden im Winter 1944/45 immer schlechter. Im April 1945 sollten sie nach Buchenwald zu den dortigen Sippenhäftlingen gebracht werden. Ein Vorhaben, das fast mit einer Katastrophe endete.

Vor ihrer Befreiung mussten die Kinder noch die Schrecken der letzten Kriegstage erleben, denn im Kinderheim hatte sich inzwischen die Wehrmacht eingenistet.

Nach der Befreiung ließen die Verkehrs- und Besatzungsverhältnisse zunächst aus einer baldigen Heimkehr nichts werden. Am 5. Juli kam die Gräfin Üxküll, eine Verwandte Stauffenbergs, ins Heim und organisierte den Abtransport. Der Fuhrunternehmer Bock aus Bad Sachsa stellte seinen mit Holzgas betriebenen Bus zur Verfügung, der elf Tage für die Reise nach Süddeutschland und zurück brauchte.

Marie-Luise Lindemann kam zunächst zu Verwandten der Familie von Hofacker nach Tübingen und gelangte nach Wochen schließlich nach Namedy zurück.

Der Denunziant

Als Hoffmann von Fallersleben, Dichter des Deutschlandliedes, formulierte: »Der größte Lump im ganzen Land, das ist und bleibt der Denunziant«, konnte er nicht ahnen, dass das angesprochene Phänomen Deutschland einmal wie die Krätze überziehen würde. Jahrzehntelange Arbeit des Verfassers mit Tausenden von Akten der Gestapo und Gerichte des »Dritten Reiches« bestärken die Überzeugung, dass die Gestapo bei aller Organisiertheit nie jenes traurige Maß an »Erfolgen« errungen hätte, wäre da nicht jenes Heer von Zuträgern gewesen. Dabei ist letztlich gleichgültig, ob die Motive ideologischer oder materieller Art waren, ob man die Chance sah, einem ungeliebten Nachbarn oder Konkurrenten zu schaden oder die bewusst geschürte Angst den Verrat veranlasste.

Über die Rolle, die der damals 40-jährige Elektroingenieur Ernst Schäffner im Fall des General Lindemann gespielt hat, wurde bereits berichtet. Wie gesagt, war seine Anzeige der Ausgangspunkt der Verhaftung des Generals und aller seiner Helfer, ohne später noch einmal in den Unterlagen aufzutauchen. Auch als Person blieb er unauffindbar. Während Schäffners Frau weiter in Dresden wohnte, tauchte er in Bayern unter, wohin seine Berliner Dienststelle der Organisation Todt verlagert worden war und seine Verwandten wohnten. Sein schlechtes Gewissen hinderte ihn, in das für ihn gefährlich gewordene Dresden zurückzukehren.

Am 18. September 1945 hatte der Dresdener Sozialdemokrat Max Neumann Anzeige gegen Schäffner erstattet. Daraufhin nahm die sowjetische Besatzungsmacht zeitweilig dessen Ehefrau fest. Durch deren Vernehmung erfuhr die Dresdener Kriminalpolizei im November 1945, dass ihr Mann in Landshut bei seinen Eltern sei. Inzwischen liefen vielfältige Untersuchungen der Polizei. Weder diese noch später das Gericht konnten sich allerdings auf die Untersuchungs- und Gerichtsakten der Verfolgung Lindemanns und seiner Helfer stützen. Sie wurden erst Jahre später wieder aufgefunden. So musste man den Spuren folgen, die damals erreichbar waren. Beispielsweise wurde Herbert Kosney, der einzige Überlebende einer Mordaktion der SS, über die Erschießung von Hans Sierks und Carl Marks vernommen. Da sich der Verdacht auch gegen Hildegard Schäffner verdichtete, wurde sie am 19. August 1946 erneut festgenommen und am 26. Oktober erging schließlich gegen sie und ihren Mann Haftbefehl. Unabhängig von der Polizei folgten Dresdener Nazigegner der Spur des Denunzianten. Ein Gewährsmann spürte ihn bei dessen Schwager im bayerischen Schweinsdorf auf.

Am 2. April 1947 traf in Dresden ein Telegramm der Kriminalpolizei Landshut ein, nach dem Schäffner seit dem 8. Januar dort in Untersuchungshaft saß. Seltsamerweise ließen sich keinerlei Ergebnisse dortiger Untersuchungen finden. Ernst Schäffner wurde am 15. April nach Dresden überstellt, wo er nach mehreren Zwischenstationen Ende April eintraf.

Das Dresdener Schwurgericht beraumte die Hauptverhandlung gegen Ernst Schäffner, seine Frau wurde nicht angeklagt, für den 25. August 1947 an. Als Nebenkläger wurden Kurt Schroeter (siehe Dokument Nr. 29), der Schwager von Dr. Erich Gloeden, und Hermann Lindemann zugelassen. Letzterer nahm jedoch weder an dieser noch an der späteren Revisionsverhandlung teil. Das Urteil stieß nicht nur in der Presse auf Unverständnis und Protest. Die »Sächsische Zeitung« schrieb am Tag danach: »Unbegreifliche Milde gegenüber faschistischem Mörder. Das Dresdener Schwurgericht verurteilte wegen Verbrechens gegen die Menschlichkeit zu zwölf Jahren Zuchthaus, entsprechenden Ehrverlust und Vermögenseinziehung. Der Staatsanwalt hatte die Todesstrafe beantragt.« Nach Darstellung des Sachverhaltes heißt es weiter: »Der Angeklagte Schäffner war geständig und gab zu, sich über die Folgen der Denunziation im Klaren gewesen zu sein. Der Vorsitzende, Landgerichtsdirektor

Dr. Steglich, begründete das Urteil damit, dass sich das Gericht in Zeiten zurückversetzt habe, in der die Tat des Angeklagten spielte. Strafmildernd sei ins Gewicht gefallen, dass durch die Geschwätzigkeit Marks' der Angeklagte selbst Gefahr gelaufen sei, mit hineingezogen zu werden. Straferschwerend sei in Betracht gekommen, dass der Angeklagte sich vielleicht doch in den Besitz der auf Lindemann ausgesetzten Kopfprämie habe setzen wollen.

Alle Antifaschisten werden kopfschüttelnd von diesem Urteil Kenntnis nehmen. Begreifen es unsere Richter nicht oder wollen sie es nicht begreifen, dass Mitleid mit den Henkern Grausamkeit gegenüber den Opfern bedeutet? Die deutsche Justiz geht den gleichen Gang, den sie von 1918 bis 1933 gegangen ist. Haben wir noch immer nicht gelernt?«

Was die Zeitung schrieb, war keineswegs übertrieben. Mindestens in zweierlei Hinsicht fallen Eigentümlichkeiten auf, die bemerkenswert sind, die »Philosophie« des Gerichts und dessen Umgang mit der Vermögensproblematik. In einem Schreiben des Nebenklägers Kurt Schroeter vom 5. September 1947 an den Oberstaatsanwalt beim Landgericht Dresden wird die Strategie der Verteidigung Schäffners dargestellt: »Da nun angenommen werden kann, dass die Ausführungen des Verteidigers es gewesen sind, welche das Gericht zur Verhängung dieser unangemessenen milden Strafe veranlasst haben, scheint es angebracht, die Hauptargumente der Verteidigung etwas zu beleuchten.

Der Verteidiger begann mit einer politischen Stimmungsmache, die darauf abzielte, dass an den Vorgängen des 20. Juli 1944 nur Generäle beteiligt gewesen seien, die lediglich um reaktionärer Ziele willen gegen Hitler gekämpft hätten. Sie hätten nach gelungenem Attentat mit den Westmächten zusammen gegen Russland vorgehen wollen. Gerade darum seien sie eben keine echten Antifaschisten gewesen. Das soll wahrscheinlich heißen, dass ihr Schicksal darum auch kein sonderliches Mitleid verdiene und dass der heutige Staat kein überragendes Interesse daran hätte, die Leute exemplarisch zu bestrafen, die seinerzeit den Generälen in den Rücken gefallen wären. Der Verteidiger ging im Laufe seiner Ausführungen sogar soweit, zu behaupten, dass das Gesetz zur Verfolgung von Verbrechen gegen die Menschlichkeit auf Denunzianten der Angehörigen der Bewegung des 20. Juli überhaupt nicht anwendbar wäre« (siehe Dokument Nr. 29).

Dass das Schwurgericht, oder mindestens einzelne Richter, dieser Auffassung zuneigten, zeigt eine Passage, die zunächst in den Entwurf der Urteilsbegründung hineingeschrieben, wegen ihrer Brisanz jedoch vor der endgültigen Verlesung wieder gestrichen wurde. Der Abschnitt lautete: »Das Schwurgericht würde keine Bedenken getragen haben, wenn auch nicht auf die im allgemeinen nicht mehr zeitgemäße, daher auch in Rußland abgeschaffte Todesstrafe, so doch auf die Höchststrafe der zeitlichen Zuchthausstrafe von 15 Jahren ... oder auch lebenslängliches Zuchthaus zu erkennen, wenn die Tat des Angeklagten sich in erster Linie gegen einen Antifaschisten gerichtet hätte. So richtete sich die Meldung des Angeklagten aber in erster Linie gegen den General Lindemann, der an dem Attentat vom 20. Juli 1944 nicht im antifaschistischen Interesse, sondern in dem seiner eigenen bürgerlichen Kreise teilgenommen hat, und an dem daher der gegenwärtige Staat kein besonderes Interesse hat.«

Die Spekulation der Verteidigung auf den Dogmatismus des Gerichtes folgte die Perfidie, die Schuld am Tod von sechs Menschen, in der überwiegenden Mehrzahl aktiven Nazigegnern, zu relativieren.

Von einer eigentümlichen Blauäugigkeit des Gerichts zeugt die Feststellung in der Urteilsgründung: »Vermögen irgendwelcher Art besitzt er nach seiner Angabe nicht. Sein monatliches Einkommen betrug zuletzt 200-250 Reichsmark.« Man verließ sich auch auf Schäffners Aussage in der Vernehmung am 19. Mai 1947, dass er die Belohnung von 500.000 Mark nicht bekommen habe. Hier hätten allein die Unterlagen des Dresdener Amtsgerichtes ausgereicht, das Gegenteil zu beweisen, jene 20% Beteiligung an den Motorenwerken Niedersedlitz. Und dann hätte da noch eine Nachricht stutzig machen müssen, die dem Gericht vorlag. Das Mindeste, weitere Nachforschungen, unterblieben jedoch.

Der Geschäftspartner Hermann Lindemanns, Baumeister Fritz M. aus Dresden, hatte den befreundeten Baumeister K. aus Landshut beauftragt, in Bayern Nachforschungen anzustellen. Hinsichtlich des »vermögenslosen« Schäffner lag sein Bericht vom 17. März 1947 in den Akten des Gerichts, in dem es heißt: »Schäffner wohnt bei seinem Schwager Georg D. (Lehrer) in Schweinsdorf. Seine Vermögensverhältnisse sollen gut sein, da mir sein Schwager versicherte, dass die Firma für jeden Kredit gut ist. ... Schäffner besitzt in Moosburg eine Motorenfabrik, welche auf den Namen seines Mitinhabers geht. Der Mitinhaber heißt B. Die Fabrik besteht aus einer großen Baracke ca. 40 m lang und 8 m breit aus Plattenelementen, einer Baracke ca. 24 m lang und 8 m breit. Die beiden letzten Baracken sind aus Holz und sehr schön. Alle Baracken stehen auf Betonsockel. Die Baustelle ist ca. 200 m groß (wie der Verfasser durch eigenen Augenschein feststellen konnte, ist hier lediglich die Länge der Straßenfront gemeint; d. Verf.) und mit Drahtzaun eingezäunt. Erbaut wurden dieselben im Jahre 1946. Unter Berücksichtigung der heutigen schweren Beschaffung schätze ich die Baukosten auf ca. 100.000 Reichsmark. Von maschinellen Einrichtungen konnte ich nichts sehen. Der Betrieb ist noch im Gang, soweit ich erfahren konnte. Weiter habe ich erfahren, dass Schäffner ... die Hauptfigur im Betrieb war. Mir kommt es so vor, als B. nur der Deckmantel ist. ... Im Amtswege durch eine Behörde musste der Stadtrat genaue Auskunft geben.«

Obwohl es noch andere Hinweise gab, dass Schäffner nach der Denunziation zu Geld gekommen war, ließ es das Gericht, aus welchen Gründen auch, bewenden. Auch im Revisionsverfahren spielte diese Frage keine Rolle. So blieb der Judaslohn unangetastet.

Sowohl der Verteidiger Schäffners als auch der Staatsanwalt beantragten gegen das Urteil Revision. Mitte Januar 1948 verwarf das Oberlandesgericht die Revision der Verteidigung und hob das Urteil bezüglich des Strafmaßes auf. Am 15. März 1948 verurteilte die 1. Große Strafkammer des Landesgerichtes Dresden Ernst Schäffner zu lebenslangem Zuchthaus, Aberkennung der bürgerlichen Ehrenrechte auf Lebenszeit und zur Einziehung des Vermögens. Zu Letzterem ist zu sagen, soweit man es zur Kenntnis genommen hat. Der Betrieb in Moosburg wurde nicht angetastet.

Schäffner verbüßte die Strafe zunächst in der Strafanstalt Hoheneck in Stollberg (Erzgebirge), wurde im August 1949 nach Brandenburg/Görden, im Dezember 1953 in die Strafvollzugsanstalt Luckau und im November 1955 wieder nach Brandenburg verlegt.

Am 28. April 1956 wurde Schäffner auf Grundlage der Ministerratsbeschlüsse vom Dezember 1955 und 19. April 1956 nach Dresden entlassen. Bei genauerer Prüfung, welche Häftlingskategorien amnestiert werden sollten, stößt man auf die erstaunliche Tatsache, dass keine auf Schäffner zutraf. Damit erscheint eine Auskunft eines Staatsanwaltes bei der Generalstaatsanwaltschaft der DDR glaubwürdig, dass bei Schäffner eine politische Entscheidung eine Rolle gespielt hat, die mit dem damaligen Streben um die Einheit Deutschlands nach dem Modell der DDR zu tun hatte. Bekanntlich waren nach dem Besuch von Bundeskanzler Adenauer in der Sowjetunion zahlreiche Kriegsgefangene freigelassen worden, obwohl sie wegen begangener oder angeblich begangener Kriegsverbrechen verurteilt waren. Hier sah die DDR-Regierung offensichtlich einen Zwang, nachzuziehen. Man kann zu solchen Vorstellungen stehen, wie man will. Die Freilassung Schäffners schlug nicht nur dem in der DDR postulierten Antifaschismus, sondern angesichts der Opfer, die er auf dem Gewissen hatte, jedem Rechtsempfinden ins Gesicht.

Schäffner hielt sich nicht lange in Dresden auf. Im Jahre 1957 finden wir ihn im Adressbuch von Landshut bei seiner Mutter wohnend verzeichnet. Dann verliert sich seine Spur. Sein Teilhaber B. hatte 1954 den gemeinsamen Betrieb nach M. an den Rhein verlegt. Dem ist jener wohl nachgezogen.

Bild oben: Siegfried und Lina Loevy als junges Paar

Bild rechts: Die Geschwister Erich, Peter und Ursula Loevy

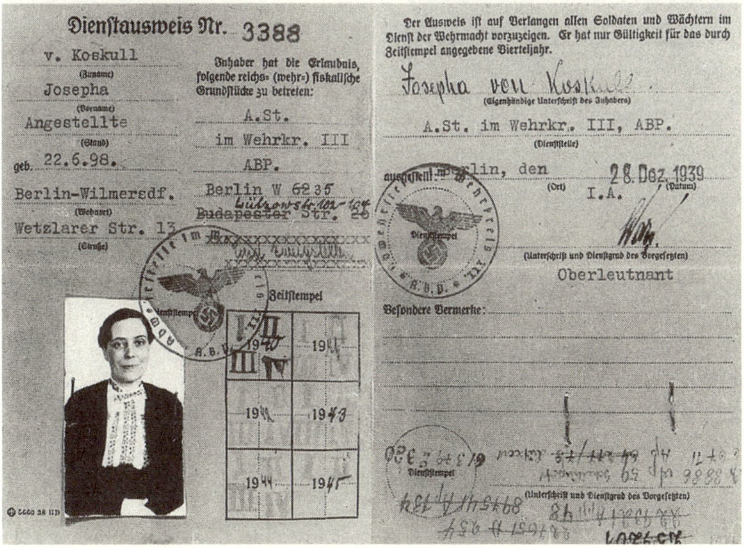

Dienstausweis Nr. 3388

v. Koskull
(Zuname)
Josepha
(Vorname)
Angestellte
(Stand)
geb. 22.6.98.
Berlin-Wilmersdf.
(Wohnort)
Wetzlarer Str. 13
(Straße)

Inhaber hat die Erlaubnis, folgende reichs- (wehr-) fiskalische Grundstücke zu betreten:
A.St.
im Wehrkr. III
ABP.
Berlin W 6235
~~Budapester~~ Str. 26

Zeitstempel
1940 1941
1942 1943
1944 1945

Der Ausweis ist auf Verlangen allen Soldaten und Wächtern im Dienst der Wehrmacht vorzuzeigen. Er hat nur Gültigkeit für das durch Zeitstempel angegebene Vierteljahr.

Josepha von Koskull
(Eigenhändige Unterschrift des Inhabers)
A.St. im Wehrkr. III, ABP.
(Dienststelle)
ausgestellt: Berlin, den 28. Dez. 1939
(Ort) (Datum)
I.A.
(Unterschrift und Dienstgrad des Vorgesetzten)
Oberleutnant

Besondere Vermerke:

Dienststempel
(Unterschrift und Dienstgrad des Vorgesetzten)

Bild oben: Von rechts nach links: Max Lindemann, Frau Ristow, Dr. Erika Lindemann (geb. Ristow), Elsa Lindemann, Herr Ristow

Bild unten: Dienstausweis von Frau Josi von Koskull für ihre Tätigkeit bei der Briefprüfstelle der Abwehr

Bild oben: Der jüdische Rechtsanwalt Karpen (Aufnahme um 1950), der im Untergrund in Berlin lebte und Verfolgte des Naziregimes unterstützte bzw. beim Verschaffen von Verstecken half

Bild rechts: Horst von Petersdorff als SA-Brigadeführer

Bild oben: Frau Ursula Schroeter, die Nichte Erich Gloedens, im Gespräch mit der Produzentin und Regisseurin des Fernseh- und Videofilms über General Lindemann und seine Helfer, Frau Irmgard von zur Mühlen (links)

Bild unten: Das Versteck des Generals Lindemann während seines Zwischenaufenthaltes in Potsdam in der Wohnung von Frau Scheliha in der Birkenstr. 1

Bild oben: Titel des Films »Verräter vor dem Volksgericht«, der zur »Geheimen Reichssache« erklärt war. In diesem mehrstündigen Film wurden wesentliche Teile der Verhandlungen gegen die Angeklagten vom 20. Juli 1944 im Zeitraum vom 7. August bis November 1944 festgehalten.

Bild unten: Das Gericht unter Vorsitz von Roland Freisler (Bildmitte)

Bild oben: Dr. jur. Elisabeth-Charlotte Gloeden am 27.11.1944 während der Vernehmung vor dem Volksgericht durch Freisler

Bild unten: Dr. Ing. Erich Gloeden am 27.11.1944 im Saal des Volksgerichtshofes (rechts hinter ihm seine Frau)

Bild oben: Hermann Lindemann, Carl Marks, im Hintergrund Horst von Petersdorff, am 1.12.1944 in der Verhandlung vor dem Volksgerichtshof

Bild unten: Frida Pilat am 1.12.1944 während ihrer Vernehmung, links dahinter Hans-Ludwig Sierks, rechts Carl Marks

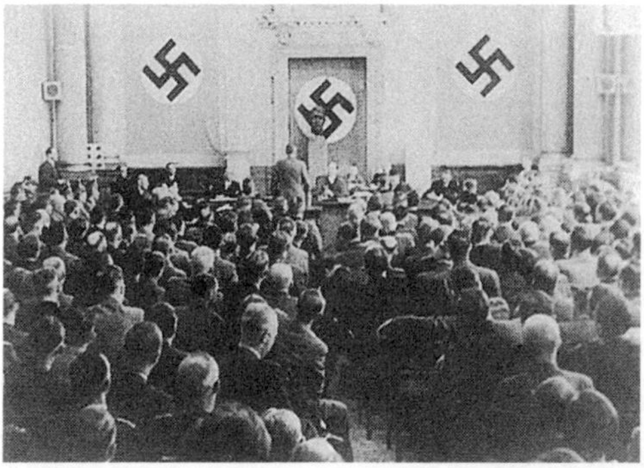

Bild oben: Blick vom Zuschauersaal auf das Gerichtspräsidium

Bild unten: Blick auf den Trakt des ehemaligen Polizeikrankenhauses (bis 1990 dann Volkspolizeikrankenhaus) und heutigen Bundeswehrkrankenhauses in der Berliner Scharnhorststr., wo im Zimmer 116 (x) General Fritz Lindemann am 22. September 1944 verstarb

Benutzte Quellen:

a) Archivalien

Auswärtiges Amt. Politisches Archiv, Bonn
Berlin Document Center
Bundesarchiv, Koblenz
Bundesarchiv, Abteilungen Potsdam
Bundesarchiv-Zentralnachweisstelle, Aachen
Bundesarchiv-Militärarchiv, Freiburg
Freie und Hansestadt Hamburg. Amt für Wiedergutmachung
Gedenkstätte Deutscher Widerstand, Berlin
Hauptstaatsarchiv Düsseldorf
Institut für Zeitgeschichte. Archiv, München
Staatsarchiv Nürnberg
Stadtarchiv Bad Sachsa. Sammlung Günter König
Stadtarchiv Moosburg

Archive der früheren DDR:

Generalstaatsanwalt der DDR, Berlin
Institut für Marxismus-Leninismus beim ZK der SED. Zentrales Parteiarchiv, Berlin
Militärarchiv der DDR, Potsdam
Zentrales Staatsarchiv der DDR, Potsdam

b) Nachlässe

Fritz und Lina Lindemann
Kurt und Ursula Schroeter
Josi von Koskull
Walter Weidauer

c) Gespräche und Interviews

Johannes Crome, Pöcking
Ernst Ferber, München
Jan Fiebelkorn, Berlin
Susanne Kämpfer, Bad Sachsa
Andreas Karpen, Berlin
Georg W. Lindemann, Celle
Friedrich Lindemann, Kronberg/Ts.
Inge-Ilse Schroeter, München
Johann-Adolf Graf von Kielmansegg
Josi von Koskull
Gräfin von Posadowski-Wehner, Bonn
Rudolf Wunderlich, Berlin

Wolfgang Welkerling

Biographische Angaben zur Familie Lindemann und den Fluchthelfern

Vorbemerkung: Leider ist der Kenntnisstand zu den einzelnen Personen sehr unterschiedlich.

Karl Hermann Lindemann
Kaufmann
Geboren am 22. Mai 1897 in Görsbach, Kreis Sangerhausen
Sohn des Landwirts Hermann Lindemann

1904 – 1911		Volksschule
1911 – 1914		Mittel- und Realschule in Zeitz
1914		Präparandenanstalt in Mühlhausen (Thüringen)
		Kriegsfreiwilliger im Infanterie-Regiment 32
1918		Entlassung als Unteroffizier aus dem Artillerie-Regiment 76
1922		Mitglied der SPD
		Eintritt in den Kommunaldienst
		Beigeordneter in Eisenach
1926		Zweiter Bürgermeister in Neumünster (Holstein)
1930		Erster Bürgermeister in Senftenberg
1932		Austritt aus der SPD
		Übertritt zur Deutschnationalen Volkspartei
1933		Durch Nazis als Bürgermeister abgelöst
1937		Mitglied der NSDAP
1943		Aus NSDAP ausgeschlossen
1944	1. Sept.	Festnahme wegen Unterstützung des Generals der Artillerie Fritz Lindemann bei dessen Flucht
	Sept.	Einlieferung in das Gestapo-Gefängnis Berlin, Lehrter Straße 3
	28. Sept.	Überführung nach Gefängnis Berlin-Tegel
	7. Okt.	Zurückverlegung in das Gestapo-Gefängnis Berlin, Lehrter Straße 3
	1. Dez.	Verurteilung zu zehn Jahren Zuchthaus durch den 1. Senat des Volksgerichtshofes
1945	8. Jan.	Einlieferung in das Zuchthaus Brandenburg
	29. April	Befreiung durch sowjetische Truppen
		Übersiedlung in die westlichen Besatzungszonen
1950	14. Nov.	Verurteilung in Abwesenheit durch die 5. Große Strafkammer des Landgerichtes Dresden zu einer hohen Zuchthausstrafe, weil er angeblich aus einem inzwischen enteigneten Betrieb heimlich Maschinen herausholen wollte
1954	Okt.	Tod während eines Opernbesuches in Frankfurt am Main

Carl Adolf Marks

Kaufmann
Geboren am 14. Feb. 1894 in Berlin
Sohn von Ludwig Marks,
Direktor der Darmstädter Bank
(ab 1922 Darmstädter und Nationalbank)

1911		Abgang mit Obersekundarreife vom Sophien-Gymnasium in Berlin
		Kaufmännischer Lehrling bei der Darmstädter Bank
1914		Kriegsfreiwilliger im Feldartillerie-Regiment 335
1917		Leutnant im Infanterie-Regiment 56
1918		Ausbildung zum Flugzeugführer, Einflieger bei der Beobachterschule Schwerin
		Eisernes Kreuz II. Klasse
1919		Bankbeamter bei der Darmstädter Bank in Berlin (ab 1922 Danatbank)
1923		Prokurist der Buchdruckmaschinenfabrik Emanuele Kraus in Triest und Dresden
1927		Gründung der Firma »Dresdner Offset-Pressen« mit dem ungarischen Juden Lazlo Füredi Geschäftsführer der Firma
1938		Zwangsauflösung der Firma im Rahmen der »Arisierung«
		Übernahme einer Vertretung der Rockstroh-Werke AG, Heidenau (Victoria-Druckmaschinen)
1939		Gründung der Firma »Druckmaschinen-Ritter GmbH« in Dresden gemeinsam mit Hermann Lindemann. Geschäftsführer der Firma
1940		Gründung der Firma »Motorenwerke GmbH« in Dresden-Niedersedlitz gemeinsam mit Elektroingenieur Ernst Schäffner
1944	26. Juli	Begleitung des Generals der Artillerie Fritz Lindemann in illegales Quartier nach Berlin
	22. Aug.	Festnahme durch die Gestapo nach Denunziation durch Ernst Schäffner
	Sep.	Einlieferung in das Zellengefängnis Berlin, Lehrter Straße 3
	28. Sep.	Überführung nach Gefängnis Berlin-Tegel
	7. Okt.	Einlieferung in das Gestapo-Gefängnis Berlin, Lehrter Straße 3
	1. Dez.	Todesurteil des 1. Strafsenats des Volksgerichtshofes
1945	23. April	Erschießung mit 14 weiteren Häftlingen, darunter Hans Sierks, durch ein SS-Kommando im Urania-Ausstellungs-Park Berlin, Invalidenstraße
	5./6. Mai	Bestattung in einem Bombentrichter auf dem Dorotheenstädtischen Friedhof, Berlin-Mitte

Hans Ludwig Sierks

Geboren am 24. Juli 1877 in Seeth (Schleswig-Holstein)
Sohn des Bauern Peter Sierks

1883 - 1887	Volksschule Husum
1887 - 1890	Bürgerschule in Elmshorn. Abschluss mit »sehr gut«
1891 - 1894	Lehre als Zimmermann in Neumünster
1895 - 1896	Herzogliche Bauschule in Holzminden, Abschluss als Baumeister

1897 - 1898		Technische Hochschule Stuttgart, Abschluss als Bauingenieur
1899		Mitarbeiter der Mannheimer Stadtverwaltung
1912		Beamter in der Stadterweiterungsabteilung des Dresdener Hochbauamtes. Spezialisierung auf Bebauungs- und Verkehrsplanung
1914		Kriegsfreiwilliger beim 4. Sächsischen Feldartillerie-Regiment in Dresden
1915		Auszeichnung mit dem Eisernen Kreuz II. Klasse
1916		Auszeichnung mit dem Eisernen Kreuz I. Klasse
1918	Nov.	Als Leutnant des Fußartillerie-Regiments 19 Mitglied des Soldatenrates in Thorn
1919		Stadtbauamtsrat in Dresden Eintritt in die SPD, zu deren linken Flügel er gehört
1923		Im Zusammenhang mit der Bildung der sächsischen Arbeiterregierung unter Erich Zeigner wird Sierks technischer Leiter der »Proletarischen Hundertschaften«
1924		Infolge Beamtenabbaus Ausscheiden aus städtischem Dienst. Seitdem freiberuflicher Städtebau- und Verkehrsingenieur. Wissenschaftliche und Publikationstätigkeit
1926		Erscheint »Wissenschaftlicher Städtebau und angewandte kommunale Verkehrswissenschaft«
1927		Generalbebauungsplan für Meuselwitz Bürgermeister ist Georg Boock
1929		Erscheint »Grundriss der sicheren, reichen, ruhigen Stadt« unter Mitarbeit von Dr. Ing. Erich Gloeden Austritt aus der SPD Mitglied der SAP
1931		Generalbebauungsplan für Würzen Bürgermeister ist Georg Boock
1933	Jan.	Mitarbeit im Ausschuss zur Untersuchung des Blutbades der Polizei im Dresdener »Keglerheim« unter Leitung von Rechtsanwalt Dr. Helm (KPD) Vernichtung der Restbestände seiner Bücher und der Druckvorlagen durch die Nazis im sozialdemokratischen Dresdener Verlag Kaden & Co. »Schutzhaft«
1944	Feb.	Nach Gesprächen mit den Leipziger Funktionären des Nationalkomitees »Freies Deutschland« Georg Boock (SPD) und Otto Engert (KPD) sowie des Vertreters der Dresdener Gruppe des NKFD Wilhelm Grotnaus Mitarbeit in dieser Organisation
	25. Juli	Beschaffung einer illegalen Unterkunft für Fritz Lindemann bei seinem Freund Dr. Ing. Erich Gloeden in Berlin
	3. Sep.	Festnahme durch Gestapo. Misshandlungen im Dresdener Polizeigefängnis
	11. Nov.	Verlegung in das Gestapogefängnis Berlin, Lehrter Straße 3
	1. Dez.	Todesurteil des 1. Strafsenats des Volksgerichtshofes
1945	23. April	Erschießung mit 14 weiteren Häftlingen, darunter Carl Marks, durch ein SS-Kommando im Urania-Ausstellungspark Berlin, Invalidenstraße
	5/6. Mai	Bestattung in einem Bombentrichter auf dem Dorotheenstädtischen Friedhof, Berlin-Mitte

Dr.-Ing. Erich Friedrich Gloeden
Architekt
Geboren am 23. Aug. 1888 in Berlin als Erich Loevy
Sohn des jüdischen Bronzegießereibesitzers Siegfried Loevy

1907		Reifeprüfung an der Oberrealschule in Marburg
1907 - 1912		Studium an den Technischen Hochschulen Berlin, München, Darmstadt und Dresden
1912	19. Dez.	Diplom als Architekt an der TH Darmstadt
1914	26. Aug.	Mündliche Doktorprüfung an der TH Dresden
1915		Promotion an der TH Dresden, Thema der Dissertation: »Die Grundlagen zum Schaffen Friedrich Schinkels«
1918	23. Juni	Adoption, gemeinsam mit seiner Schwester Ursula, durch Prof. Bernhard Gloeden
1919	24. Sep.	Nach bestandener Staatsprüfung Ernennung zum Regierungsbaumeister
1938		Eheschließung mit Dr. jur. Elisabeth-Charlotte Kuznitzky in Berlin
1939		Dienstverpflichtung zu einer Technischen Wehrwirtschaftseinheit der Organisation Todt in Polen
1944	29. Juli	Beginn der illegalen Beherbergung des Generals Fritz Lindemann
	3. Sep.	Festnahme durch die Gestapo. Einlieferung in das Gestapo-Gefängnis Berlin, Lehrter Straße 3
	28. Sep.	Überführung nach Gefängnis Berlin-Tegel
	7. Okt.	Zurückverlegung in das Gestapo-Gefängnis Berlin, Lehrter Straße 3
	27. Nov.	Todesurteil des 1. Strafsenats des Volksgerichtshofes
	30. Nov.	Hinrichtung in der Strafanstalt Berlin-Plötzensee

Dr. jur. Elisabeth-Charlotte (genannt Liselotte) Gloeden
Geboren am 9. Dez. 1903 in Köln
Tochter des jüdischen Sanitätsrates Dr. med. Martin Kuznitzky

1923	März	Abitur am städtischen Gymnasium in Köln
1923 - 1926		Studium der Rechtswissenschaften an den Universitäten Kiel, München, Lousanne und Köln
1927	4. Juni	Erste juristische Staatsprüfung am Oberlandesgericht Köln
	Juli	Referendarin am Oberlandesgericht Köln
1928	18. Mai	Mündliche Doktorprüfung an der Universität Köln Promotion an der Universität Köln Thema der Dissertation: »Das deutsche Adelsrecht nach Artikel 109 Reichsverfassung vom 11.8.1919. Eine Untersuchung über Aufhebung und Fortbestand des Adelsrechts unter besonderer Berücksichtigung Preußens«
1938		Eheschließung mit Dr.-Ing. Erich Gloeden in Berlin
1944	29. Juli	Beginn der illegalen Beherbergung des Generals Fritz Lindemann
	3. Sep.	Festnahme durch die Gestapo. Einlieferung in das Polizeigefängnis Berlin, Alexanderplatz
	27. Nov.	Todesurteil des 1. Strafsenats des Volksgerichtshofes
	30. Nov.	Hinrichtung in der Strafanstalt Berlin-Plötzensee

Horst Bernhard Kurt von Petersdorff
Kaufmann
Geboren am 30. Dez. 1892 in Posen
Sohn des seinerzeitigen Premier-Leutnants,
späteren General-Leutnants, Axel von Petersdorff

1911	Juni	Eintritt in das 2. Garderegiment zu Fuß in Berlin
1912	19. Nov.	Ernennung zum Leutnant im 2. Garderegiment zu Fuß
1914	Aug.	Zugführer in der 8. Kompanie des 2. Garderegiments zu Fuß Bataillonsadjutant Eisernes Kreuz II. Klasse
	3. Okt.	Schwer verletzt
1915	Mai	Rückkehr zum 2. Garderegiment zu Fuß Hohenzollernsches Ehrenkreuz III. Klasse mit Schwertern
1916		Eisernes Kreuz I. Klasse
1917	April	Hausorden von Hohenzollern mit Krone und Schwertern Verlust des rechten Armes
1918		Teilnahme am Feldzug in Syrien, Detachementsführer deutscher Truppenteile Auszeichnung mit dem türkischen Orden Roter Halbmond
	Sept.	Rückkehr zum 2. Garderegiment zu Fuß
	Dez.	Bildung des »Freikorps Petersdorff« Einsatz in Berlin und gegen Polen
1919		Einsatz im Baltikum und in Oberschlesien
1920		Auflösung des »Freikorps Petersdorff«
1922	Okt.	Eintritt in die NSDAP
1923	Juni	Eintritt in die SA
1925	1. Okt.	Goldenes Ehrenzeichen der NSDAP
1930		Nach dem Stennes-Putsch zeitweilig Führer der SA-Untergruppe Berlin-Brandenburg
1932		Austritt aus SA und NSDAP bzw. ruhende Mitgliedschaft wegen Auseinandersetzungen um Gregor Strasser und Zustand der SA
1934	30. Juni/ 1. Juli	Gefahr der Liquidierung im Zusammenhang mit der Röhm-Affäre wegen seiner Beziehung zu Gregor Strasser, der erschossen wurde. Ausweichen nach Österreich
1935	29. Juni	Eheschließung mit Irene Gräfin von Bismarck, geschiedene Gräfin von Einsiedel
1936		Antrag auf Wiederaufnahme in die SA
1937		Antrag wird stattgegeben. Dienstgrad: SA-Oberführer
1939	Sept.	Einberufung als char. Hauptmann z. V. Arbeit im Generalstab
	1. Dez.	Bataillonskommandeur im Infanterie-Regiment 189 in Frankreich
1940	Juni	Ritterkreuz
	1. Juli	Beförderung zum Major
	1. Juli	Beförderung zum SA-Brigadeführer
1942	1. Sep.	Beförderung zum Oberstleutnant Kommandeur des Reserve-Gebirgs-Regiments 1
1943		Kommandiert zum Minister Speer. Leiter der Deutschen Industriekommission in Ungarn und der Slowakei

1944	28. Juli	Unterbringung des geflüchteten Generals Fritz Lindemann in seinem möblierten Zimmer in Potsdam
	7. Sep.	Ehescheidung
	8. Sep.	Festnahme in der Wohnung von Richard von Alvensleben. Einlieferung in das Hausgefängnis des Geheimen Staatspolizeiamtes Berlin, Prinz-Albrecht-Str. 8
	7. Okt.	Einlieferung in das Gestapo-Gefängnis Berlin, Lehrter Straße 3
	1. Dez.	Freispruch wegen Mangels an Beweisen durch den 1. Strafsenat des Volksgerichtshofes. Weiterhin »Schutzhaft«
1945	7. Feb.	Überstellung in das Hausgefängnis Prinz-Albrecht-Straße 8 Transport in das KZ Buchenwald. Gemeinsame Unterbringung als »Sonderhäftling« mit Pfarrer Dietrich Bonhoeffer in einer Arrestzelle der SS-Kaserne
	3. April	Abtransport der Sippen- und Sonderhäftlinge nach Bayern
	16. April	Ankunft im KZ Dachau
	27. April	Transport nach Südtirol
	28. April	Ankunft in Niederndorf (Villabassa) Befreiung durch eine Wehrmachtseinheit kurz vor der durch Himmler befohlenen Ermordung der insgesamt 136 Sonder- und Sippenhäftlinge aus 22 Nationen
	29. April	Unterbringung im Hotel »Pragser Wildsee« (Lago di Braies) unter dem Schutz jener Wehrmachtseinheit
	4. Mai	Eintreffen von Truppen der 88. Division der US Army
	10. Mai	Abtransport nach Neapel
	11. Mai	Internierung auf der Insel Capri
	bis 1947	Amerikanisches Internierungslager in Deutschland

Wilhelm Max Helmut Senzky
Architekt
Geboren am 4. Juli 1904 in Rothsürben,
Kreis Breslau
Sohn des Kaufmanns Arthur Senzky

1921	Obersekundarreife am Gymnasium in Goldberg (Schlesien)
1921 - 1923	Lehre als Zimmermann
1923	Abschlussexamen der Baugewerkschule
1926/27	Studium an den Technischen Hochschulen in Braunschweig und Berlin
1928/29	Techniker und Bauführer bei der Firma Heilmann & Littmann in Berlin
1929 - 1936	Bauführer bei der Deutschen Wohnungs-AG in Berlin
bis 1933	Mitglied des Bundes technischer Angestellter im ADGB
1933 - 1936	Geschäftsführer der Deutschen Eisenbahn- Wohnungsbau GmbH (Dewag) in Breslau
1936	Gründung der Angestellten-Wohnungsbau GmbH (Awog) in Berlin gemeinsam mit Hermann Lindemann und anderen. Geschäftsführer
bis 1944	Verbindung zum Kreis um Wilhelm Leuschner sowie den früheren Breslauer Gewerkschaftsfunktionären Oswald Wirsich und Fritz Voigt

1944	26.-28. Juli	Beherbergung des flüchtigen Generals Lindemann und seines Begleiters Carl Marks
	28. Juli	Weiterleitung Lindemanns an Oberstleutnant Horst von Petersdorff
	4. Sep.	Festnahme wegen Unterstützung Fritz Lindemanns Einlieferung in das Zellengefängnis Berlin, Lehrter Straße 3
	28. Sep.	Überführung nach Gefängnis Berlin Tegel
	7. Okt.	Rückführung in das Gestapo-Gefängnis Berlin, Lehrter Straße 3
	1. Dez.	Verurteilung zu drei Jahren Zuchthaus durch den I. Senat des Volksgerichtshofes
1945	8. Jan.	Einlieferung in das Zuchthaus Brandenburg
	29. April	Befreiung durch sowjetische Truppen Übersiedlung in die westlichen Besatzungszonen
1951	Aug.	Tod durch Unglücksfall bei Segeltour

Josepha Benita (genannt Josi) von Koskull
Bibliothekarin, Schriftstellerin und Übersetzerin
Geboren am 22. Juni 1898 in Tergeln,
Kreis Windau (Baltikum)
Tochter des Landwirts Wilhelm Freiherr von Koskull

1913		Abschluss der Höheren Töchterschule zu Stift Fime
1919	Okt.	Verlust des väterlichen Besitzes in Estland durch die Agrarreform. Übersiedlung nach Deutschland
1919 - 1921		Tätigkeit im Hause des Obersten von Uckermann in Berlin
1921 - 1923		Sekretärin bei Rechtsanwalt Justizrat Mardersteig in Weimar
1924 - 1930		Arbeit beim »Berliner-Börsen-Courier«, zunächst in der Handelsredaktion, zuletzt als Leiterin des Archivs
1930 - 1939		Arbeit bei der Preußischen Landespfandbriefanstalt in Berlin, zunächst im Archiv, ab 1933 als Leiterin der Werkbücherei
1938	Jan.	Bekanntschaft mit Familie Dr. Gloeden
1939	5. Sep.	Dienstverpflichtung zur Briefprüfstelle (Postzensur) der Abwehr, Wehrkreis III Berlin
1941		Erscheinen ihres ersten Buches »Sommer auf Oesel« im Steuben-Verlag
1944	Aug.	Bekanntschaft mit General Fritz Lindemann bei Familie Gloeden Russischer Sprachunterricht für den General Mitteilung »Ia 1937, Wehrkreiskommando X, ist in Berlin und bittet Seydlitz um Hilfe« in russischer Sprache in einen Brief aus der Schweiz an die sowjetische Botschafterin in Schweden, Alexandra Kollontai, geschmuggelt
	3. Sep.	Festnahme durch die Gestapo in der Wohnung der Familie Dr. Gloeden, gemeinsam mit diesen, Frau Kuznitzky, der Mutter von Frau Dr. Gloeden, und dem General der Artillerie Fritz Lindemann Einlieferung in das Polizeigefängnis Berlin, Alexanderplatz
	5. Sep.	Nach vielstündigem Verhör bei der Gestapo in der Prinz-Albrecht-Straße als unverdächtig aus der Haft entlassen
1945 ff.		Erneute Arbeit in der Landespfandbriefanstalt Berlin

1948	März	Abschluss eines 300-seitigen Manuskripts mit Lebenserinnerungen, Titel: »Ein Körnchen Sand ...« Nach der Pensionierung intensive Arbeit als Autorin und Übersetzerin klassischer russischer sowie sowjetischer Literatur

Carl Theodor Fritz Lindemann

General der Artillerie

Geboren am 11. April 1894 in Charlottenburg

Sohn des Oberleutnants Friedrich Lindemann

1912	11. März	Abitur am Victoria-Gymnasium, Potsdam
	12. März	Eintritt in das 4. Garde-Feldartillerie-Regiment, Potsdam
1913	18. Aug.	Ernennung zum Leutnant
1914	11. Aug.	Mit der leichten Munitionskolonne der I. Abteilung des 4. GFAR an die Westfront
	17. Nov.	Eisernes Kreuz II. Klasse
	Dez.	Dienst in der 6. Batterie des 4. GFAR
1915	8. März	Ordonnanzoffizier im Feldartillerie-Regiment 107
	2. Juni	Regimentsadjutant im FAR 107
1916	5. Okt.	Beförderung zum Oberleutnant
1917	6. Feb.	Eisernes Kreuz I. Klasse
	24. Feb.	Adjutant beim Artillerie-Kommandeur 206
1918	6. Dez.	Im Generalstab der 35. Infanterie-Division Grenzschutz Ost in Westpreußen
1919	6. Feb.	Adjutant des Artillerie-Inspekteurs des Landwehrschützen-Korps (Freikorps) Einsatz bei der Zerschlagung der Räteherrschaft in Düsseldorf
	30. April - 3. Juni	Kommandiert, gemeinsam mit fünf weiteren Offizieren, zum Schutz der Deutschen Friedensdelegation in Versailles
	5. Okt.	Ordonnanzoffizier beim Artillerieführer der Reichswehrbrigade 3, Potsdam
1920	25. Mai	Ordonnanzoffizier beim ersten Generalstabsoffizier (Ia) der Reichswehrbrigade 3, Potsdam
1921	1. Jan.	Batterieoffizier in der 12. (reitenden) Batterie/ Artillerie-Regiment 3, Potsdam 1922
1922	18. März	Wehrkreisprüfung bestanden
	April	Versetzung zur 6. Batterie/Artillerie-Regiment 3, Frankfurt/Oder
	2. Okt.	Eheschließung mit Lina von Friedeburg, Tochter des Generalleutnants a. D. Friedrich von Friedeburg, in der Potsdamer Garnisonkirche
1923	16. Juli	Geburt des Sohnes Friedrich
	1. Nov.	Beförderung zum Hauptmann
1923 - 1926		Führergehilfen-(sprich: Generalstabs-) Ausbildung in Berlin
1924	9. Okt.	Geburt des Sohnes Georg
1925	1. April	Hauptmann beim Stab der II. Abteilung / AR 3, Frankfurt/Oder

1926	1. April	Kommandierung zur Heeres-Statistischen Abteilung (T 3) des Truppenamtes im Reichwehrministerium
	1. Okt.	Getarnt durch andere Angaben in der Rangliste, Versetzung zur Wehrmachtabteilung, später Ministeramt des Reichswehrministeriums unter Kurt von Schleicher (bis 30. Juni 1929)
1929	1. Okt.	Batteriechef der 15. (reitenden) Batterie/AR 3, Spottau. Standortältester (bis 30. Sep. 1932)
1932	1. April	Beförderung zum Major
	1. Okt.	Kommandierung zum Fortbildungskursus für Offiziere, dem sogenannten »Reinhardt-Kursus« zur Weiterbildung besonders befähigter Generalstabsoffiziere Studium der Wirtschaftswissenschaften an der Berliner Universität
1933	9. Aug.-10. Sep.	Reise zu Sprachstudien über Frankreich in die USA und nach England. (Lindemann hatte 1932 die Hilfsdolmetscherprüfung für Englisch abgelegt.)
	1. Okt.	Lehrer für Taktik und Kriegsgeschichte sowie Leiter eines Hörsaals der »Offizier-Lehrgänge Berlin«, die 1935 in Kriegsakademie umbenannt wurden (bis 30. Juni 1936)
1934	19. Feb.	Geburt der Tochter Marie-Luise
	1. Okt.	Beförderung zum Oberstleutnant
1936	1. Juli	Versetzung als erster Generalstabsoffizier (Ia) zum Generalkommando X. Armeekorps, Hamburg
1937	1. Okt.	Beförderung zum Oberst
1938	1. Juni	Als Offizier zur Verfügung des Oberkommandos des Heeres gestellt
	31. Juli	Ausscheiden aus dem aktiven Wehrdienst
	1. Aug.	Mitglied der NSDAP
	1. Okt.	Militärpolitischer Mitarbeiter der »Kieler Neuesten Nachrichten« (bis 31. März 1939)
1939	1. Mai	Militärpolitischer Mitarbeiter beim »Hamburger Fremdenblatt« (bis 26. Aug. 1939)
	27. Aug.	Durch Mobilmachungsbefehl Ernennung zum Kommandeur des Artillerie-Regiments 27, Augsburg Teilnahme am Polenfeldzug
	25. Sep.	Spange zum Eisernen Kreuz II. Klasse
	26. Sep.	Fahrt als Beauftragter des Kommandierenden Generals des VII. Armeekorps zu Besprechungen mit den gegenüberliegenden sowjetischen Truppen in Zamosz
	7. Okt.	Spange zum Eisernen Kreuz I. Klasse
	9. Okt.	Stadtkommandant von Chelm (bis 15. Okt. 1939)
	Nov. - Mai 1940	Unterbringung im Haus des Industriellen Bernhard Weiss in Siegen
1940	18. Juni	Kommandeur der Vorausabteilung der 27. Infanterie-Division (bis 20. Juni 1940)
1941	Mai	Artilleriekommandeur (Arko) 138, in Nordrumänien der Heeresgruppe Süd unterstellt
	9. Juli	Kommandeur einer Vorausabteilung zum Dnjestr bei Mogilew
	24. Juli	Kommandeur einer Vorausabteilung zum Bug (bis 30. Juli 1941)
	4. Aug.	Kommandeur einer Vorausabteilung, die 100 km vor den eigenen Truppen die einzige Brücke über den Bug 12 km vor dem Schwarzmeerhafen Nikolajew blockierte (bis 15. Aug. 1941)

	4. Sep.	Ritterkreuz
1942	1. Jan.	Beförderung zum Generalmajor
	11. Jan.	Mit Führung der 132. Infanterie-Division beauftragt
	11. März	Kommandeur der 132. Infanterie-Division. Diese kämpfte auf der Halbinsel Krim (Eroberung der Halbinsel Kertsch und der Festung Sewastopol) und südlich des Ladogasees an der Wolochowfront
	23. Aug.	Deutsches Kreuz in Gold
1943	1. Jan.	Beförderung zum Generalleutnant
	20. Aug.	Versetzung in die Führerreserve des Oberkommandos des Heeres (OKH)
	20. Sep.	Versetzung zum Stab General der Artillerie
	1. Okt.	Mit der Führung dieses Stabes beauftragt
	1. Dez.	Beförderung zum General der Artillerie Ernennung zum Waffengeneral der Artillerie
1943/44		Umfangreiche Aktivitäten im Zusammenhang mit der Verschwörung vom 20. Juli 1944
1944	20. Juli	Letzte Gespräche im Berliner Bendlerblock mit General Olbricht, Oberst Schenk von Stauffenberg, Oberst Ritter Mertz von Quirnheim, Generaloberst Hoepner und anderen
	21. Juli	Versetzung in die Führerreserve Vorstufe der Verfolgung
	22. Juli	Untertauchen in der Illegalität, zunächst bei Verwandten in Dresden
	26. Juli	Reise nach Berlin. Unterkunft mit Hilfe von Wilhelm Senzky und Horst von Petersdorff
	29. Juli	Unterkunft bei Familie Dr.-Ing. Erich Gloeden
	3. Sep.	Beim Versuch, sich der Festnahme durch einen Sturz aus dem Fenster in den Tod zu entziehen, erhält der General einen Bauchschuss sowie einen Oberschenkeldurchschuss
	22. Sep.	Tod im Berliner Polizeikrankenhaus

Elsa Maria Lindemann

Geboren am 31. Okt.1887 in Borgo (Finnland)
Tochter des Ingenieurs Karl Nyholm

1903	Abschluss der 10. Klasse der Höheren Mädchenschule Studium an Musikschulen in Helsinki und in Paris (Theorie und Praxis des Gesanges) Lehrerin für Gesang in Helsinki
1914	Erste Ehe mit Werner Aström, Kunstmaler und Direktor der Kunstakademie in Helsinki
1917	Eintritt in die finnische Lotta-Bewegung
1918	Geburt eines Sohnes
1919	Ehescheidung
1926	Übersiedlung nach Deutschland
1928	Zweite Ehe mit Max Lindemann in Dresden
1942	Sohn als U-Bootoffizier (Leutnant zur See) gefallen

1944	22. Juli	Unterbringung ihres Neffen, des flüchtigen Generals der Artillerie Fritz Lindemann
	25. Juli	Treffen mit Hermann Lindemann, um weitere Hilfe für jenen zu organisieren
	6. Sep.	Festnahme durch die Gestapo
	12. Sep.	Selbstmord im Polizeigefängnis Dresden, Schießgasse

Lina Marie Eugenie Leonore Lindemann

Geboren am 9. Aug. 1898 in Schöneberg
Tochter des preußischen Generalleutnants a. D.
Friedrich von Friedeburg

1922	2. Okt.	Eheschließung mit dem Oberleutnant Fritz Lindemann in der Potsdamer Garnisonkirche
1923	16. Juli	Geburt des Sohnes Friedrich
1924	9. Okt.	Geburt des Sohnes Georg
1934	19. Feb.	Geburt der Tochter Marie-Luise
1944	28. Juli	Festnahme durch Gestapo auf Schloss Namedy bei Andernach. Sippenhaft
	28. Juli - 6. Nov.	Haftanstalt Koblenz
	6. Nov. - 4. Jan. 1945	Polizeigefängnis Vallendar
1945	4.-13. Jan.	Ausländergefängnis Altenkirchen
	13. Jan.	Transport nach dem KZ Ravensbrück
	21. Jan.	Transport nach dem KZ Stutthof bei Danzig
	28. Jan.	Transport nach dem SS-Strafgefangenenlager Matzkau
	9. Feb.	Transport nach dem KZ Finkenbruch bei Lauenburg
	23. Feb.	Transport nach dem KZ Buchenwald
	9. März - 3. April	KZ Buchenwald
	3. April	Abtransport der Sippen- und Sonderhäftlinge nach Bayern
	4. April	Bei Zwischenaufenthalt im Gefängnis Regensburg erfährt Frau Lindemann durch Pfarrer Dietrich Bonhoeffer vom Tod ihres Mannes
	5.-16. April	KZ Dachau
	27. April	Transport nach Südtirol
	28. April	Ankunft in Niederdorf (Villabassa) Befreiung durch eine Wehrmachtseinheit kurz vor der durch Himmler befohlenen Ermordung der insgesamt 136 Sippen- und Sonderhäftlinge aus 22 Nationen
	29. April	Unterbringung im Hotel »Pragser Wildsee« (Lago di Braies) unter dem Schutz jener Wehrmachtseinheit
	4. Mai	Eintreffen von Truppen der 88. Division der US Army
	10. Mai	Abtransport nach Neapel
	11. Mai	Internierung auf der Insel Capri
	28. Juli	Entlassung durch die Amerikaner in Frankfurt am Main
1982	3. Mai	Verstorben in Kassel

Elisabeth Auguste Kuznitzky
Geboren am 22. Jan. 1878 in Köln
Tochter des Zollkontrolleurs Andreas Freiherr von Liliencron
Eheschließung mit dem jüdischen Arzt,
Sanitätsrat Dr. Martin Kuznitzky

1903	9. Sep.	Geburt der Tochter Elisabeth Charlotte in Köln
1939	13. März	Tod des Ehemannes
1944	7. Mai	Zerstörung des Hauses in Berlin-Friedrichshain durch Bomben. Wohnt zur Untermiete im Nachbarhaus des Schwiegersohnes
	3. Sep.	Festnahme durch Gestapo
	27. Nov.	Todesurteil des Volksgerichtshofes
	30. Nov.	Hinrichtung in der Strafanstalt Berlin-Plötzensee

Frida Martha Pilat
Geboren am 24. Jan. 1912 in Leipzig
Tochter des Oberbetonpoliers Anton Pilat (Staatsbürger der CSR)

1918 - 1926		Volksschule
anschließend		Mädchenberufsschule, Ausbildung als Stenotypistin
1940/41		Aushilfsweise Bürokraft bei der Bau und Grund GmbH, Dresden
1941	1. März	Stenotypistin/Sekretärin bei der Druckmaschinen Ritter GmbH, Dresden
1944	19./20. Aug.	Gast auf dem Anwesen von Carl Marks, der Hartmannmühle bei Bärenstein (Osterzgebirge) Zeugin der Gespräche über die Hilfe Marks' beim Untertauchen Fritz Lindemanns
	29. Aug.	Festnahme durch die Gestapo
	1. Dez.	Freispruch durch den Volksgerichtshof

Dokumententeil

Die nachfolgend abgedruckten Dokumente (teilweise als Faksimile) sind unabhängig vom inhaltlichen Konsens in chronologischer Reihenfolge geordnet.
Im Text sind die entsprechenden Hinweise auf das jeweils relevante Dokument mit »siehe Dokument Nr. …« eingefügt.
Bei Dokumentenabschriften sind nur die ganz offensichtlichen Schreibfehler stillschweigend korrigiert.

Inhalt

1 Auskunft über Oberst Fritz Lindemann durch den Generalleutnant und Kommandeur der 3. Division, Petzel, vom 27. Juli 1936 (Faksimile) 116

2 Politisches Führungszeugnis der NSDAP-Gauleitung Berlin für die Volksgenossin Josepha von Koskull vom 18. April 1941 (Faksimile) 117

3 Fernschreiben vom 14. November 1943 über die Beförderung Fritz Lindemanns zum General der Artillerie und Ernennung zum General der Artillerie beim Chef Generalstab des Heeres (Faksimile) 118

4 Meldung von Major Dr. Eckert vom 23. Juli 1944 über Vorkommnisse im Stabe des Generalquartiermeisters des Heeres am 21., 22. und 23. Juli 1944 119

5 Schreiben von Oberst Dr. Sommerlad an Major a. D. Max Lindemann in Dresden vom 24. Juli 1944 (Faksimile) 122

6 Auszug aus dem Kriegstagebuch des Stabes General der Artillerie beim OKH mit den Eintragungen vom 17. Juli bis 24. Juli 1944 (Faksimile)..... 123

7 Fernschreiben der Gestapo-Stelle Köln vom 26. Juli 1944 hinsichtlich der Festnahme des Generals Fritz Lindemann (Faksimile) 125

8 Fernspruch aus St. Etienne vom 28. Juli 1944 zur Frage der Festnahme von General Lindemann (Faksimile)........ 127

9 Sonderausgabe zum Deutschen Kriminalpolizeiblatt vom 1. August 1944 mit Fahndungsausschreibung General Lindemann (Faksimile) 128

10 Brief Admiral von Friedeburgs an Standartenführer Brandt vom 7. August 1944 zur Angelegenheit der Ehefrau des Generals Lindemann 129

11 Brief Himmlers vom 21. August 1944 an Admiral von Friedeburg zur Frage der Sippenhaft der Familie des Generals Lindemann 130

12 Antwortschreiben Admiral von Friedeburgs an Himmler auf dessen Brief vom 21. August, geschrieben am 31. August 1944........ 131

13 Brief Admiral von Friedeburgs an Himmler vom 2. September 1944 mit Äußerungen zu General Lindemann und zum Attentatsversuch vom 20. Juli 132

14 Bericht des Sonderkommandos 20.7.44/III vom 3. September 1944 über die Helfer des Generals Lindemann in Berlin 133

15 Bericht des Sonderkommandos 20.7.44/III vom 4. September 1944 über die Festnahme General Lindemanns 135

16 Der Chef der Sicherheitspolizei und des SD am 4. September 1944 an Reichsleiter Bormann zur Festnahme des Generals der Artillerie Lindemann..... 138

17 Schlussbericht des Sonderkommandos 20.7.44/III über die an der Flucht und am Versteck des General Lindemann beteiligten Personen vom 25. September 1944, Biel, Oberfähnrich z.S. Georg Lindemann........ 139

18 Haftbefehl des Ermittlungsrichters am Volksgerichtshof vom 24. Oktober 1944 für die Dresdner und Berliner Fluchthelfer des Generals Lindemann ... 145

19 Anklageschrift des Oberstaatsanwalts beim Volksgerichtshof vom 27. Oktober 1944 gegen die Fluchthelfer ... 147

20 Auskunft der Stapoleitstelle Dresden vom 7. November 1944 über Ernst Ludwig Sierks (Faksimile) ... 160

21 Fernschreiben des Pg. Dr. Birk an Reichsleiter Bormann über die Verhandlung vor dem Volksgerichtshof gegen die angeklagten Fluchthelfer des Generals Lindemann vom 28. November 1944 ... 161

22 Urteil des Volksgerichtshofes gegen die Angeklagten Erich Gloeden, Elisabeth-Charlotte Gloeden und Elisabeth Kuznitzky vom 30. November 1944 ... 164

23 Urteil des Volksgerichtshofes gegen Max Lindemann vom 2. Dezember 1944 ... 168

24 Fernschreiben des Pg. Dr. Birk an Reichsleiter Bormann über die Fortführung des Prozesses vor dem Volksgerichtshof gegen die Angeklagten im Fall General Lindemann vom 2. Dezember 1944 ... 170

25 Fernschreiben des Chefs der Sicherheitspolizei und des SD vom 14. Dezember 1944 betreffend die Sippenhäftlinge im Zusammenhang mit dem 20. Juli 1944 ... 174

26 Urteil des Volksgerichtshofes gegen die Angeklagten Hermann Lindemann, Hans Sierks, Carl Marks, Frida Pilat, Wilhelm Senzky und Horst von Petersdorff vom 28. Dezember 1944 ... 176

27 Aussage des früheren Kriminalsekretärs Naake vom 29. April 1945 über die Hinrichtung politischer Häftlinge am 23. April 1945 durch SS-Angehörige in der Berliner Invalidenstraße (weitere Aussage vom 2. Juni 1945) ... 189

28 Bericht der Ärztin Charlotte Pommer vom 31. Dezember 1945; an Frau Lindemann über die letzten Lebenstage ihres Mannes im Staatskrankenhaus der Polizei ... 195

29 Schreiben von Herrn Schroeter vom 5. September 1947 an den Oberstaatsanwalt beim Landgericht Dresden in der Strafsache gegen Ernst Schäffner ... 198

30 Zwei Zeitungsausschnitte von 1948 über das Gerichtsverfahren gegen Ernst Schäffner (aus Dresdner Zeitungen) ... 202

31 Bericht »Vierzig Jahre danach. ... wird deshalb aus der Deutschen Wehrmacht ausgestoßen« von Georg W. Lindemann vom 11. Juli 1984 über die Zeit zwischen Jahreswechsel 1942/43 und Mai 1945 ... 204

Dokument 1

Abschrift.

3. Division
Kommandeur.

Frankfurt/Oder, den 27. Juli 1938
Divisionsgebäude, Wilhelmsplatz

Auskunft
über
Oberst Lindemann

Oberst L. ist mir seit dem Jahre 1921 bekannt. Er ist ein weit über dem Durchschnitt stehender Offizier von einwandfreier Charakterveranlagung, stets gleichbleibendem, liebenswürdigem Wesen, mit sehr sicherem, bestimmtem Auftreten; ausgesprochene Persönlichkeit.
Geistig ausgezeichnet begabt, von umfassender Allgemeinbildung und scharfem Verstand, mit klarem Urteil über Menschen und Dinge und sehr bestimmten Ansichten, die er bei seiner guten Beherrschung des Wortes sehr sicher vorzutragen und zu vertreten versteht. Auch seine schriftstellerische Betätigung hat sehr viel Beachtung gefunden. Vielseitig interessiert auch für nichtmilitärische Dinge, insbesondere auf historischem Gebiet, sowie für wirtschaftliche Fragen und Politik. Er verfügt hier über ein nüchternes, unabhängiges Urteil.
Im ganzen eine wertvolle Persönlichkeit, die auf Grund ihrer hervortretenden Veranlagung, ihrer mit grosser Pflichttreue und Fleiss verbundenen Arbeitskraft auf allen Posten, auf die sie gestellt wird, stets Besonderes leisten wird.

gez.: Petzel

Generalleutnant und Kommandeur
der 3. Division.

Für die Richtigkeit:
Hauptmann (E).

Dokument 2

Nationalsozialistische Deutsche Arbeiterpartei

Gauleitung Berlin

Gaugeschäftsstelle:
Berlin W 9, Hermann-Göring-Str. 14
Fernruf: Sammelnummer 11 00 29
Drahtanschrift: Hitlerbewegung
Postscheckkonto: NSDAP. Gau Berlin
Berlin Nr. 45563
für Ortsgruppen und Kreise:
Berliner Stadtbank, Girokasse 2, Konto-Nr. 2200

Kampfzeitung des Gaues: „Der Angriff"
Geschäftsstelle:
Franz Eher Nachf. G. m. b. H.
Berlin SW 68, Zimmerstraße 88
Fernruf:
Sammelnummer 11 00 22

Gau-Personalamt
Politische Beurteilung

Berlin W 9, 18. April 1941
Hermann-Göring-Str. 14

Aktenzeichen: K 1119/41 7.4./Sei/Sohm.
(unbedingt anzugeben)

19. APR. 1941

Politisches Führungszeugnis

An den
Herrn Präsidenten der Reichsschrifttumskammer
Berlin - Charlottenburg
Hardenbergstr. 6

Vertraulich!

Betr.: Ihr Schreiben vom 26. 2. 41 Akt.Z.: V a

Über ~~den~~ – die

Volksgenossin Josepha von K o s k u l l
Eintritt: ./. Mitgl.-Nr. ./.
geboren am: 22. 6. 98 zu: Tergeln
wohnhaft in: Berlin-Wilmersdo f, Wetzlaererstr. 13

ist hier in politischer Hinsicht nichts Nachteiliges bekannt geworden.

Nationalsoz. Deutsche Arbeiterpartei Gau-Personalamt Gau Berlin

Heil Hitler!
I.A.

F 2

Höflichkeitsformeln fallen bei allen parteiamtlichen Schreiben fort

Pol. Beurteilung Form. 1

Dokument 3

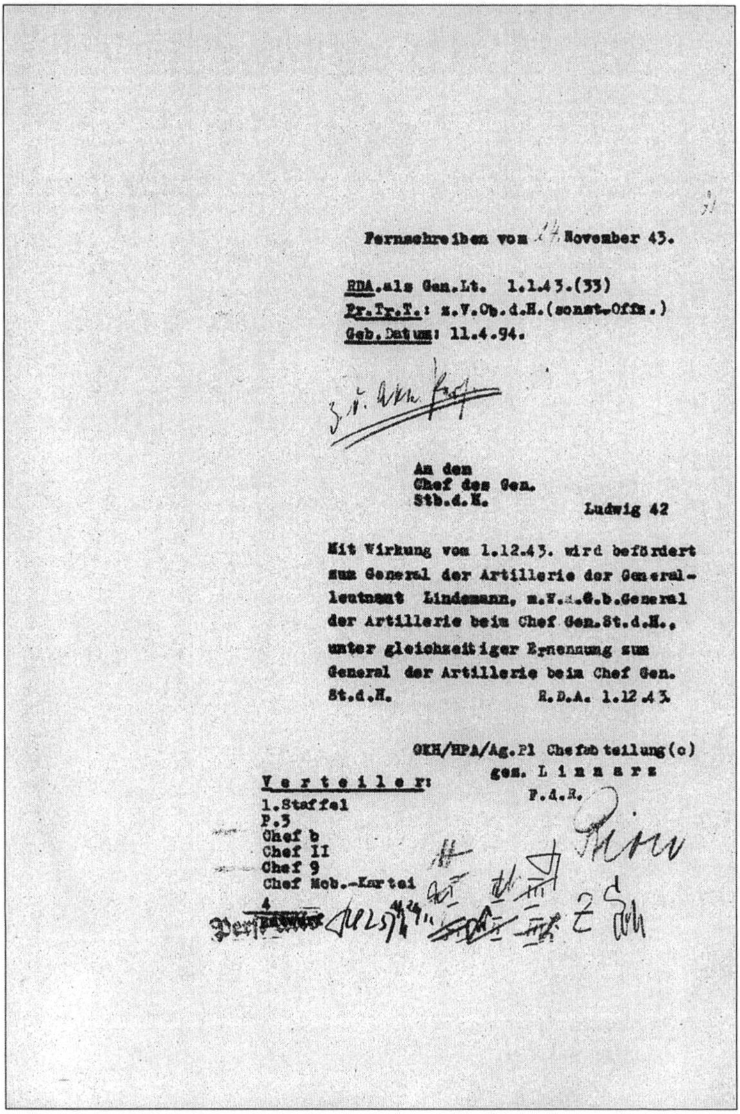

Fernschreiben vom 24 November 43.

RDA. als Gen. Lt. 1.1.43. (33)
Pr. Tr. T.: z. V. Ob. d. H. (sonst. Offz.)
Geb. Datum: 11.4.94.

An den
Chef des Gen.
Stb. d. K.

Ludwig 42

Mit Wirkung vom 1.12.43. wird befördert zum General der Artillerie der Generalleutnant Lindemann, m. W. d. G. b. General der Artillerie beim Chef Gen. St. d. H., unter gleichzeitiger Ernennung zum General der Artillerie beim Chef Gen. St. d. H.

R. D. A. 1.12.43.

OKH/HPA/Ag. P1 Chefabteilung (c)
gez. L i n n a r z
F. d. R.

V e r t e i l e r:
1. Staffel
P. 3
Chef b
Chef II
Chef 9
Chef Mob.-Kartei
4

Dokument 4

MAJOR DR. ECKERT den 23.7.1944

Meldung über Vorkommnisse im Stabe Gen. Qu. am 21., 22. und 23.7.1944

Am 21.7.44 ca. um 18.00 Uhr kam General Wagner in mein Zimmer und befahl mir, mit ihm in das Besprechungszimmer im 1. Stock zu kommen. Ich merkte ihm eine starke Erregung an. Als wir saßen sagte er zu mir ungefähr folgendes:

Ich bin jetzt eben 2 Stunden spazieren gegangen und habe mir die Ereignisse des gestrigen Tages nochmals durch den Kopf gehen lassen. Es ist eine furchtbare Schweinerei was diese Leute von BdE gemacht haben und für mich kommt nunmehr das Unangenehme, dass ich wahrscheinlich in die Angelegenheit hineingezogen werde, ohne auch nur das Geringste damit zu tun gehabt zu haben. Ich habe nun nach reiflicher Überlegung einen Entschluß gefaßt, den ich nicht mehr umstoßen werde. Ich verbiete Ihnen, über das was ich Ihnen nunmehr sage, in den nächsten 2 Stunden mit irgend jemand zu sprechen. Ich gebe Ihnen mein Offiziers-Ehrenwort, dass ich mit der gestrigen Angelegenheit nichts zu tun habe. Bitten Sie die Abt. Chefs nach 2 Stunden in mein Arbeitszimmer und geben Sie Ihnen diese Erklärung ab. Weiterhin bitte ich Sie, diese Erklärung Generaloberst Zeitzler und wenn möglich auch dem Führer zu übermitteln. Zuletzt bitte ich Sie um einen kameradschaftlichen Dienst, fahren Sie morgen nach Tegernsee und überbringen Sie meiner Frau diesen Brief.

Darauf gab er mir einen Brief, seine Zigarettendose und 2 Ringe.

Ich war so stark beeindruckt von diesem Vorgang, dass es mir zunächst unmöglich war, ein Wort zu sprechen. Nach einer Weile fragte ich den General, das solle wohl heißen, dass Herr General uns verlassen wolle.

Er: Ich finde es als deutscher General unter meiner Würde, mich, erst recht wenn ich unschuldig bin, von irgendwelchen Leuten verhaften und wie einen Verbrecher verhören zu lassen.

Ich redete daraufhin sehr intensiv auf den General ein, ungefähr in folgendem Sinne:

Wenn er freiwillig aus dem Leben scheidet, muss das trotz aller Beteuerungen in der Öffentlichkeit als Eingeständnis eines schlechten Gewissens gelten. Ein Mann mit seinen Verdiensten und Fähigkeiten darf sich dem Vaterland nicht auf solche Weise entziehen. Ebenso erinnerte ich ihn an seine Frau. Ich gab ihm noch den Rat, zu SS-Obergruppenführer Kaltenbrunner, dem Chef des Reichssicherungshauptamtes zu fahren und dem von sich aus über seine Erlebnisse am 20.7. zu unterrichten. Ich erbot mich, Obergruppenführer K. anzurufen und einen Besuch zu vereinbaren. Zuletzt bat ich ihn, seinen Entschluss um 24 Stunden aufzuschieben, mindestens bis nach dem Besuch bei Obergruppenführer K. Unsere Unterredung dauerte über eine Stunde. Der General ließ sich überzeugen, wegen der Anmeldung bei Obergruppenführer K. wollte er noch mit Oberst i.G. Gartmayr sprechen.

Im Laufe des Abends rief mich der General nochmals zu sich und gab mir dann den Auftrag, Obergruppenführer K. anzurufen. Ich habe das ca. um 12.00 Uhr nachts getan und für den nächsten Tag um 11.00 Uhr eine Unterredung mit Obergruppenführer K. vereinbart.

Am 22.7. fuhr der General mit Oberst i.G. Gartmayr und mir nach Berlin zu Obergruppenführer K. Ich wohnte der Unterredung ziemlich lange bei. Am Schluß bat Obergruppenführer K. den General einen Augenblick allein sprechen zu können, worauf Oberst i.G. Gartmayr und ich das Zimmer verließen. Nach der Besprechung fuhr der General auf Bitte des Oberst i.G. Gartmayr zum Stab Ost zu einer kurzen Besprechung und anschließend ins Lager zurück. Als wir in Zeppelin angekommen waren, gab mir der General die Hand und sagte:

»Eckert ich danke Ihnen für Ihren Rat. Sie haben gestern mit Ihrer energischen Rede doch das Richtige getan.«

Abends verabschiedete sich der General von den Generalstabs-Offizieren, wobei ich nicht anwesend war. Er kam im Laufe des Abends ins Kasino der Chefgruppe. Dabei übergab er mir die Abschrift einer Meldung des Oberstlt. i.G. Herber zum Lesen, wobei ich neuerdings feststellen musste, dass er ziemlich erregt war. Ich erfuhr auch, dass der Obergruppenführer im Laufe des Abends angerufen hatte, um den General für den 23.7. um 10.00 Uhr vormittags nochmals zu einer Unterredung zu bitten.

23.7.

Um 9.00 Uhr vormittags ging ich ins Vorzimmer, um dem General zu melden, dass der Wagen zur Fahrt nach Berlin vorgefahren sei. Ich erfuhr vom Ord.Offz., dass der General noch nicht da war. Ich hinterließ dem Ord.Offz., er solle mich verständigen, wenn der General wegfahren wolle. Ungefähr um 1/2 10.00 Uhr traf ich den General von seinem Arbeitszimmer kommend auf dem Gang und sprach ihn darauf an, dass es höchste Zeit wäre nach Berlin zu fahren um bis 10.00 Uhr da zu sein. Er antwortete mir sehr kurz:

»Das geht jetzt nicht, ich habe noch einen sehr wichtigen Gang zu machen.«

Ich: »Soll ich den Besuch für später ankündigen?«

Er: »Tun Sie das für 12.00 Uhr.«

Ich rief daraufhin das Vorzimmer des SS-Obergruppenführers K. an und vereinbarte den Besuch auf 12.00 Uhr.

Ungefähr um 11.00 Uhr kam Uffz. Luckow, die Ord. des Generals zu mir und überbrachte mir die Aktentasche des Generals. Ich fragte ihn, nach dem es Zeit wurde wegzufahren:

»Kommt der General schon?«

Darauf sagte der Uffz. L. der General ist schon aus dem Haus gegangen. Ich wartete eine Weile vor dem Haus, und als ich feststellte, dass die Zeit so weit fortgeschritten war, dass ein Eintreffen in Berlin um 12.00 Uhr wiederum nicht gewährleistet war, öffnete ich die Tasche in der Befürchtung, dass der General seinen Entschluß vom 21.7. doch wahrgemacht habe.

Ich fand in der Tasche verschiedene Briefe vor, zwei an seine Frau, einen an mich und ein Kuvert auf dem auch Major Eckert stand, in dem seine Zigarettendose und seine Manschettenknöpfe waren. Ich öffnete den Brief und erhielt dadurch die Gewißheit, dass der General Selbstmord begehen wolle. Ich meldete darauf sofort dem Chefgruppenleiter Major i.G. Rall den Vorfall und gab ihm den Brief zu lesen. Major i.G. Rall ging daraufhin zu Oberst i.G. Toppe, der den Brief ebenfalls las und am Schluß mich fragte:

»Was war das für ein mannhafter Rat, den Sie dem General gegeben haben?«

Worauf ich Oberst i.G. Toppe kurz über meine Unterredung vom 21.7. unterrichtete. Ich selbst befand mich in einer großen Erregung. Ich ließ den Brief dann noch den langjährigen Ord.Offz. des Generals, Oblt. Graf Kanitz lesen und zerriß ihn dann. Nachdem ich ihn weggeworfen harte, kam mir zum Bewußtsein, dass der Brief bestimmt zu evt. Erhebungen benötigt wurde, worauf ich sofort Major i.G. Rall und Oberst i.G. Toppe Meldung machte und beide, die den Brief unmittelbar vorher gelesen hatten, bat, den Text des Briefes nochmals zu rekapitulieren.

Ich bin seit 13.6.1940 im Gen.Qu. und seit 1.10.40 Sachbearbeiter IIa. Ich glaube den General Wagner in den vielen Jahren unseres Zusammenseins genügend kennengelernt zu haben, um ein Urteil über den Vorfall abgeben zu können. Er war eine stolze Herrennatur von großer Willensstärke und gesundem Ehrgeiz. Er hatte als Chef der 6. Abt. vor diesem Kriege den Quartiermeisterdienst aufgebaut und in diesem Kriege zuerst als Chef des Stabes und ab 1.10.1940 als Generalquartiermeister geleitet und ihm den Stempel seiner Persönlichkeit aufgedrückt. Er litt in letzter Zeit stark unter dem kriegerischen Geschehen, was bei ihm noch dadurch gesteigert wurde, dass er nach Feststellung von verschiedenen Ärzten unter sehr hohem Blutdruck litt. – Am meisten hat ihn wohl in seinem Stolz die Versetzung in die Führerreserve getroffen. Die Tatsache, dass man ihn als Unbeteiligten in die Angelegenheit Stauffenberg hineingezogen hat, war der letzte Anlaß zu einem Nervenzusammenbruch.

Oberst Dr. Sommerlad — Dresden, den 24. Juli 1944

Adjutant Stellv. Gen. Kdo. IV. A. K.

Sehr geehrter Herr Lindemann !

Sie werden gebeten, Herrn General der Art. Lindemann, der sich z.Zt. bei Ihnen aufhalten soll, zu übermitteln, daß Herr General sofort auf Veranlassung seines Chefs seine Berliner Dienststelle anrufen möchte. Das Gespräch kann über Vermittlung Gen.Kdo. angemeldet werden.

H e i l H i t l e r !

Herrn Oberst Sommerlad fernmündlich mitgeteilt, dass General Lindemann nicht bei mir ist. Er war vor 3 oder 4 Wochen in Dresden und hat mich für ein paar Stunden aufgesucht. Seit der Zeit habe ich keine Nachricht von ihm. Ich selber habe heute morgen diesen Brief erst vorgefunden, da ich 8 Tage in Urlaub war.

25.7.44. Li.

Dokument 6

Tag Uhrzeit Ort und Art der Unterkunft	Darstellung der Ereignisse (Dabei wichtig: Beurteilung der Lage (Feind und eigene) Eingangs- und Abgangszeiten von Meldungen und Befehlen)
	sollen. Hierzu werden befohlen: Major Schmidt, Hptm. Prümm und 1 Schreiber der Gr.III. Truppe ist am 16.7. 9,00 Uhr abrufbereit und wird am 18.7. 13,00 Uhr praktisch eingesetzt.
	Besprechung Chef mit Chef Org.Abt. über dringendste Auffrischungsforderungen der Artl. auf Grund der hochgespannten Lage. Vorschlag: Aus der Heimat alle verfügbaren Teile des Ersatzheeres aufzurufen. Es wird festgelegt, daß der Schwerpunkt aller Aufstellungen auf dem artl. Sektor liegen müsse und zugesichert, daß im besonderen die Zugmittel (8 to Zgkw und SWS) voll der Artl. zur Verfg. stehen sollen. Aus den zur Verfg. stehenden rund 100 sFH mot. soll 1 Heeres-Artl.Brigade zu 3 Abt. aus abgekämpften Heeres-Art.Abt. aufgestellt werden. Eine selbständige Heeres-Artl.Abt. sowie Geschütze mit Zugmittel und Bedienung zur Auffrischung der kämpfenden Front. Zusätzlich soll in den Ostwall, dessen Ausbau im besonderen in Ostpreußen mit der gesamten männlichen Bevölkerung im Gange ist, 7,5 und 8,8 Pak-Gesch. mit artl. Bedienung eingesetzt werden.
	Besprechung Chef mit Op.-Abt. über die grundsätzliche Forderung der Artl., alle Gesch.(Pak) ab 7,5 cm in die Artl. zu überführen bzw. an der Bekämpfung nicht gepanzerter Ziele zu beteiligen. Op.Abt. fordert eine entsprechende Vortragsnotiz für den Führervortrag. Gleichzeitig wurde besprochen, daß mit möglichster Beschleunigung die Erdgeschütze zur Bekämpfung von Tieffliegern mit eingesetzt werden müssen.
17.7.44	Abflug Chef und Ia und Abreise Rest der Offz. in das neue H.Qu. südlich Berlin.
	Besprechung Chef mit Insp.d.Artl. und Chef Ag Artl. über Menschenforderung für Neuaufstellungen, Einsatz der Artl. zum Flakschutz und vermehrtes Aufgreifen der Pak-Aufgaben in Lehrgängen und Vorschriften der Waffe.
18.7.44	Rückkehr General Lindemann.
19.7.44	Rücksprache mit Gen.Lt. Thoholte Kdr.18.Art.Div., über die durchzuführende Auflösung der Art.Div. in 2 Heeres-Artl.-Brigaden.
	Als Anlage ein Reisebericht des Hptm.Prümm, Ia/N, über Ergebnis der Besprechungen bei H.N.Schule I, H.N.Schule II, Art.Schule I, Ag Art., Ag.N. und Wa Prüf. Anlage 648 Nach Besprechung mit Org.Abt. und Op.-Abt. macht Gen.d.Art. vorläufigen Vorschlag für Auffrischung der Heeres-Art. im Bereich der H.Gr. Mitte (siehe Anlage 649.)
20.7.44	Stab Gen.d.Art. wird auf Grund eines Sonderbefehls mit dem Unterstab in Alarmeinheiten Stufe I und II eingeteilt, um für Spannungslagen jederzeit einsatzbereit zu sein. In der Nacht vom 20. zum 21. wird Offz.-Spähtrupp mit Sonderauftrag zur Überwachung der Straßen eingesetzt. Rücksprache Chef mit Gen.d.Pi.u.Fest. über Gestellung von Art.-Offz. für die Erkundungs - und Ausbauarbeiten der Grenzstellung Gen.Gouv. und Ostpreußen. Es werden auf Abruf durch PA rund 10 Stabsoffiziere bereitgestellt. Im

Tag Uhrzeit Ort und Art der Unterkunft	Darstellung der Ereignisse (Dabei wichtig: Beurteilung der Lage [Feind und eigene] Eingangs- und Abgangszeiten von Meldungen und Befehlen)
	übrigen sind bereits Art.-Offz. bei den Erkundungsstäben in Ostpreußen eingesetzt. Als Anlagen: Reisebericht Gen. Polack über Besuch der Sturmgeschützschule Burg (Anlage 650) und Übersicht über Sturmgeschützlage der Sturmartillerie Stand 1.6.44 (Anlage 651).
21.7.44	Im Laufe des Tages treffen Nachrichten ein über das Sprengstoffattentat auf den Führer. Da genaue Nachrichten über die Lage in Berlin nicht zu erreichen sind, fährt General der Artillerie Lindemann im Auftrage des Gen.Qu. zum Dienstgebäude des OKH in Berlin, trifft dort eine erhebliche Unruhe und Unklarheit an und stellt die Anwesenheit früher dem OKH angehöriger Offiziere dort fest. Das Ergebnis wird General Wagner gemeldet und später bestätigt Chef Gen.St.d.H. die Richtigkeit zur Entsendung nach Berlin. Im Laufe des Abends wird bekannt, daß Gen.-Oberst Guderian mit der Vertretung des erkrankten Chef Gen.St. beauftragt sei und Gen. Wenck zur Vertretung des verwundeten Gen. Heusinger.–
22.7.44	Vormittags Anruf durch Adjutant Chef Gen.St.d.H., Oberstleutnant i.G. Smend, daß Gen.d.Art. Lindemann in die Führer-Reserve des W.Krs.Kdo. X versetzt sei und Gen.Lt. Berlin zum Nachfolger des Gen.d.Art.b.Chef Gen.St.d.H. befohlen sei. Gen.Lt. Berlin teilt fernmündlich mit, daß er am 23.7. früh mit dem Zug in Berlin eintrifft. Gen. Lindemann verläßt am 22.7. nachmittags das H.Qu. 6 bereitgestellte Art.-Offz. des PA werden fernmündlich an Ihre Bestimmungsplätze im Raum Ostpreußen in Marsch gesetzt zur Bearbeitung der artl. Erkundungs- und Ausbauarbeiten an der Grenzbefestigung. Besprechung Chef mit allen Offizieren über beschleunigte Erfassung aller Art.-Teile an Gerät und Mensch für alarmartigen Einsatz auf Grund der hochgespannten Lage. Es ergibt sich, daß neben den laufenden Aufstellungen außer den Möglichkeiten des Ersatzheeres rund 150 leichte und schwere Geschütze zusätzlich erfaßt werden können, an Verbänden im ganzen 3 Brigadestäbe, 1 Rgts.-Stab, 19 2/3 Abteilungen und 4 FE der Sturmartillerie.
23.7.44	9.00 Uhr vormittags Eintreffen Gen.Lt. Berlin und Übernahme der Dienstgeschäfte. 10.30 Anruf Chef Gen.St.d.H. auf sofortiga Bereitstellung von Art.-Teilen zur Besetzung der Weichselbrücken. Nach Rücksprache mit Chef H Rüst und Zusammenstellung der vorbereiteten Maßnahmen ergeben sich die Verbände gemäß anliegendem Fernschreiben (Anlage 652). 16.30 Uhr Besprechung mit Gen.d.Pi.u.Fest. über den Verlauf der Oststellungen und Planung für artl. Verstärkung. Besprechung Oberst Hilliger, In 4 AV I, über Aufstellung einsatzfähiger Teile der im Heimatkriegsgebiet zur Auffrischung liegenden Beob.Abt. ohne Zuweisungen durch Org.Abt.
24.7.44	Hptm. Geerling, Kdr. Sturmgeschützbrigade 189, berichtet über den Zustnad seiner in den Kämpfen bei H.Gr. Mitte zerschlagenen Brigade, die mit Restteilen nach Verlust aller Kampfstaffeln bei Lomza zurückgezogen auf Auffrischung wartet. Als Anlage Gegenüberstellung le.F.H.(mot) Abt.- Pz.Haub.-Abt.(Anlage 653).

Dokument 7

99

Geheime Staatspolizei - Staatspolizeistelle Köln
Fernschreibstelle

Aufgenommen	Befördert	Raum für Eingangsstempel
Tagstempel: 26.7.44 Uhrzeit: 1535 von durch Le	Tagstempel: Uhrzeit: von durch	Aachen u. Bonn waren ausgeschlossen. Gehei… Staats… 26 JULI 1944 An: Leiter
Fernschreib-Nr.	Verbleib. (Abteilung)	
7283	Leiter	

DR. BERLIN NUE 73 145 26.7.44 1020 = MDKM =

AN ALLE STAPO(LEIT)STELLEN, ALLE GRENZSTELLEN UND FLUGPLATZ-GREKOS -

AN ALLE BEFEHELSHABER U. KOMMANDEURE D. SIPO U.D.SD. =

=== G E H E I M ===

BETR: GENERAL DER ARTILLERIE L I N D E M A N N -

S O F O R T FESTZUNEHMEN IST DER GENERAL DER ARTILLERIE L I N D E M A N N, NAEHERE PERS. NICHT BEKANNT, ZULZT. UNBEKANNTEN AUFENTHALTS. SOFORTIGE FS-NACHRICHT UND UEBERSTELLUNG DURCH SONDERTRANSPORT AN RSHA - SKDO. 20. JULI. SELBSTMORD MUSS AUSGESCHLOSSEN SEIN. ES GIBT NOCH EINEN WEITEREN GENERAL GLEICHEN NAMENS. UM VERWECHSLUNGEN ZU VERMEIDEN, WIRD DARAUF HINGEWIESEN, DASS ES SICH BEIM DEM FESTZUNEHMENDEN GENERAL D. ARTL.

Dokument 7

L I N D E M A N N UM DEN ''GENERAL DER ARTILLERIE BEIM CHEF DES GENERALSTABES DES HEERES'' HANDELT. = =

H A IV - SKDO. 20. JULI - III -

IM. A. GZ. PANZINGER , SS-OBERFUEHRER +

Vermerk: Köln, den 26.7.1944.

Aufgrund einer fernschr. Rückfrage wurde durch das GPK. Aachen - F e h l i n g - mitgeteilt, dass sämtliche GPK. vorstehendes FS. erhalten haben, die von sich aus die Weiterleitung an die GPP. veranlassen. Es wurde aufgegeben, besonders darauf zu achten, dass bei einem eventuellen Grenzübertritt des Generals die Kontrolle nicht durch die Wehrmacht ausgeübt wird, sondern durch Grenzpolizeibeamte sofort zuzugreifen ist. Außerdem wurde gebeten, den Zoll entsprechend in Kenntnis zu setzen, für den Fall, dass der General einen Grenzposten im kleinen Grenzverkehr zu benutzen beabsichtigt.

Krim. Sekr.

IV 3c3 Köln, den 26.7.44.

Urschriftlich
dem Referat - IV 1
im H a u s e
zur weiteren Veranlassung übersandt.

Im Auftrage:

Dokument 8

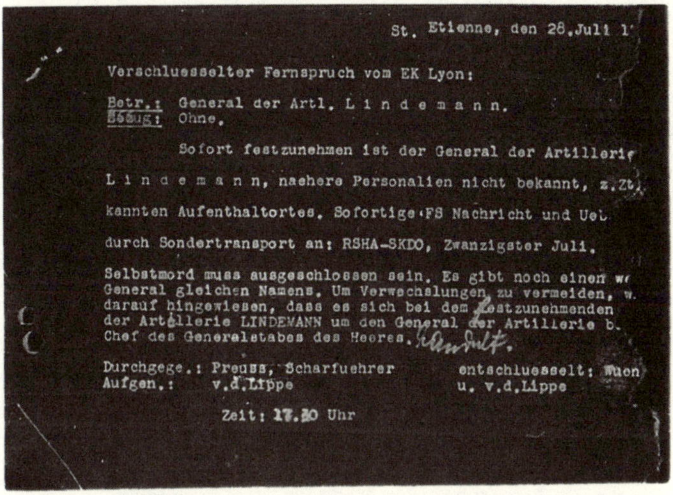

St. Etienne, den 28.Juli 1'

Verschluesselter Fernspruch vom EK Lyon:

Betr.: General der Artl. L i n d e m a n n.
Bezug: Ohne.

Sofort festzunehmen ist der General der Artillerie

L i n d e m a n n, naehere Personalien nicht bekannt, z.Zt.

kannten Aufenthaltortes. Sofortige FS Nachricht und Ueb

durch Sondertransport an: RSHA-SKDO, Zwanzigster Juli.

Selbstmord muss ausgeschlossen sein. Es gibt noch einen w
General gleichen Namens. Um Verwechslungen zu vermeiden, w.
darauf hingewiesen, dass es sich bei dem festzunehmenden
der Artillerie LINDEMANN um den General der Artillerie b.
Chef des Generalstabes des Heeres.

Durchgege.: Preuss, Scharfuehrer — entschluesselt: Wuon
Aufgen.: v.d.Lippe — u. v.d.Lippe

Zeit: 17.30 Uhr

Sonderausgabe
zum
Deutschen Kriminalpolizeiblatt

Herausgegeben vom Reichskriminalpolizeiamt in Berlin

Erscheint nach Bedarf	Zu beziehen durch die Geschäftsstelle Potsdam, Kaiserstraße 3

17. Jahrgang	Berlin, den 1. August 1944	Nummer 4944 a

Nur für deutsche Behörden bestimmt!
Die Sonderausgaben sind nach ihrer Auswertung sorgfältig zu sammeln und unter Verschluß zu halten.

A. Neuausschreibungen

I. Nach staatsfeindlicher Betätigung flüchtiger Wehrmachtoffizier

Seit 20. 7. 44 ist der General d. Art. Fritz Lindemann, 11. 4. 94 Charlottenburg, zuletzt Hamburg 39, Maria-Luisen-Str. 37 wohnh. gewesen, flüchtig. L. steht im Zusammenhang mit den Ereignissen am 20. 7. 44 und wird versuchen, in das feindliche oder neutrale Ausland zu gelangen. Fluchtrichtung möglicherweise Südosten oder Schweiz. Sein Entkommen muß durch Einsatz aller Fahndungsmöglichkeiten verhindert werden. L. trägt vermutl. Schußwaffe bei sich und wird auch versuchen, bei Festnahme Selbstmord zu verüben. Ob er Uniform oder Zivilkleidung trägt, steht nicht fest. **L. ist hierunter abgebildet.** Bei Festnahme sofortige FS.-Nachricht und Ueberstellung durch Sondertransport an RSHA IV — Sko.

Energische Fahndung! Festnahme! Vorsicht, Schußwaffe!

IV — Sko 20. 7. 1944/III. 29. 7. 44. **Reichssicherheitshauptamt**

General Fritz Lindemann.

Dokument 10

An Bord, den 7. August 1944.

Mein lieber BRANDT!

Vielen Dank für Ihren Brief Nummer 19/13/44 vom 27. Juli 1944 aus der Feldkommandostelle. Ich hoffe, Sie werden die Sache mit dem Oberstleutnant Rauch später schon in Ansehung der zur Zeit viel wichtigeren Probleme friedlich unter Dach und Fach bringen.

Mein heutiger Brief betrifft eine viel traurigere und einschneidendere Angelegenheit.

Sie wissen ja, daß der General der Art. Lindemann fahnenflüchtig geworden ist. Er hat eine entfernte Cousine von mir zur Frau (mit der ich einen gleichen Urgroßvater habe). Ein Sohn steht als Leutnant beim Heer in Lettland, der zweite Junge ist Oberfähnrich zur See in meinem Bereich und wird zur Zeit bei einer Heimat-U.-Flotille zum Wachoffizier ausgebildet. Die besagte Frau ist, soweit ich gehört habe, am 27. Juli – aber das Datum ist nicht verläßlich – in Namedy (auf dem Schloß ihrer Schwester, die einen Prinzen Hohenzollern geheiratet hatte) verhaftet worden. Sie führte dort für die abwesende Schwester den Haushalt. Die Frau ist nach Koblenz gebracht worden. Gestern war nun der Bruder dieser Frau (ein Oberstleutnant Wilhelm von Friedeburg, der zur Zeit die Fliegerschule in Neuruppin kommandiert) bei mir und bat mich um meine Vermittlung, daß er Sie mal in dieser Angelegenheit aufsuchen könnte, weil er der Ansicht ist, daß seine Schwester von dem unerhörten Verhalten ihres Mannes nichts gewußt habe. Er wollte anscheinend mit Ihnen sprechen, ob man die Schwester nicht wieder von Koblenz nach Namedy unter Bewachung überführen könne, um sie dort weiter unter Bewachung zu halten, da er glaubt, daß man seine Schwester nur in Haft hielte, um eventuelle Spuren des Fahnenflüchtigen bei ihr oder durch sie zu ermitteln.

Ich halte den Fall für außerordentlich traurig und verstehe auch den General Schmundt und den General Zeitzler nicht, die einen solchen Mann in eine so wichtige Stellung ins Führerhauptquartier berufen haben. Ich selbst kann mir kein Urteil anmaßen, da ich den Mann nur drei Mal in meinem Leben gesehen habe. Das letzte Mal liegt auch schon 5 Jahre zurück. Aber meiner Meinung nach muß der Chef des Personalamtes und der Chef des Generalstabes doch wissen, wen sie mit so wichtigen Ämtern betrauen.

Ich kann daher von meiner abgesetzten Lage aus gar nicht beurteilen, ob die Frau, die ich auch seit vielen Jahren nicht mehr sah, irgendwie mit der Sache verwickelt ist. Aber ich würde es doch für ratsam halten, den Wunsch des Bruders zu erfüllen, der jederzeit mit einer Schulmaschine auf einem Schulflug seiner Schüler zu Ihnen kommen könnte. In diesem Falle würde ich Sie bitten, unmittelbar nach dem Fliegerhorst Neuruppin durchtelefonieren zu lassen und die Zeit anzugeben, wann Sie den Kommandeur der Fliegerschule Neuruppin, Oberstleutnant von Friedeburg, empfangen können.

Aus Ihrer letzten Unterschrift vom 27. Juli ersah ich zu meiner Freude Ihren neuen Dienstrang als Standartenführer und möchte Ihnen hierzu noch meine herzlichsten Glückwünsche sagen.

Ich verbleibe mit sehr vielen Grüßen und in der Hoffnung, daß Ihnen die Arbeit jetzt nicht völlig über den Kopf wächst (aller Anlaß dazu ist ja durch die vielen schwierigen Ämter gegeben, in die der Reichsführer jetzt durch das Vertrauen des Führers berufen wurde) mit

Heil Hitler!
Stets Ihr v. FRIEDEBURG

Dokument 11

21. August 1944

Feld-Kommandostelle

Mein lieber Admiral von Friedeburg!

SS-Standartenführer Dr. Brandt hat mir von einem Teil Ihres Briefes, den Sie am 7.8.1944 an ihn geschrieben haben, Kenntnis gegeben.

Sie wissen, wie gern ich Ihnen helfen würde. In diesem Fall ist aber nichts zu machen. Es muß dazu übergegangen werden, daß die Familien aller nach Rußland desertierten und im National-Komitee »Freies Deutschland« tätigen ehemaligen Angehörigen der deutschen Wehrmacht als Geiseln festgesetzt werden.

Sicherlich ist Ihnen nicht bekannt, daß es sich bei dem General von LINDEMANN um einen Mischling II. Grades, also um einen Vierteljuden handelt.

Zu dem, was Sie über SCHMUNDT und ZEITZLER schreiben, ist zu sagen: Schmundt hatte auf den mächtigen Chef des Generalstabes keinen sehr großen Einfluß. Dieser war sicherlich ein guter Offizier, aber eben nur Offizier und primär Generalstäbler, der sich in dem blinden Wahn des Generalstabes nur mit solchen Intellektsubjekten umgab, die dann alle der Verschwörerclique angehörten. Ich grüße Sie herzlich und wünsche Ihnen für Ihre Arbeit alles Gute.

Heil Hitler!
Ihr
HIMMLER

Dokument 12

An Bord, den 31. August 1944.

Sehr verehrter Herr Reichsführer!

Ich wollte Ihnen schon lange nach den Ereignissen vom 20. Juli schreiben, um meiner besonderen Freude Ausdruck zu geben, daß das Vertrauen des Führers Sie nunmehr in die von mir schon lange erwünschte dienstliche Stellung gerückt hat. An Hand sehr großer dienstlicher Belastung und der zur Zeit auf Kiel stark konzentrierten Feindtätigkeit, die mancherlei Maßnahmen auf meinem Arbeitsgebiet erforderten, kam ich zunächst nicht dazu, und wurde besonders lebhaft an mein Vorhaben erinnert, als ich am 24. August Ihr freundliches Geburtstagsgeschenk in Gestalt des schönen Buches mit Widmung zum 15.7. erhielt. (Die Post braucht heute etwas länger, aber sie kommt immer noch zum Ziel!) Auch von Wölffchen erhielt ich heute ein rührendes Paket aus dem Süden und war froh, das ich unlängst Gelegenheit hatte, ihn durch den Vizeadmiral Löwisch, den ich in Berlin beim Ob.d.M. traf, besonders grüßen zu lassen.

Nehmen Sie, sehr verehrter Herr Reichsführer, zunächst meinen besonderen Dank für Ihr so unablässiges und treues Gedenken, das sich wieder mit dem Glückwunsch zu meinem Geburtstag gezeigt hat. Es sind nun schon über 11 Jahre her, daß diese enge Verbindung besteht, die ja im Jahre 1934 ihre Erprobung erfuhr, und seitdem immer fester geworden ist. Zeit und Raum haben an diesem Verhältnis nichts ändern und es eher noch vertiefen und festigen anstatt lockern können. Sie werden es daher nichr als leere Worte betrachten, wenn ich Ihnen meine große Freude zum Ausdruck bringe, daß Sie das Schicksal an die Stelle geführt hat, für die Sie meines Erachtens schon lange bestimmt waren. Ich persönlich nahm ja damals an, daß der Januar 1938 mit seinen traurigen Ereignissen den Platz für Sie freigemacht hätte, aber es sind dann noch einige Jahre vergangen, bis Sie vom Willen des Führers in diese entscheidende Srellung berufen worden sind. Ich bin gewiß, daß es Ihrer tatkräftigen Persönlichkeit gelingt, das Steuer herumzureißen und damit das Schiff wieder auf den vom Führer gewollten Kurs zu legen. Es wird großer Anstrengungen bedürfen, jene Fehler und darüberhinaus jene bewußte Böswilligkeit auszumerzen, die sich jene Lumpen zuschulden haben kommen lassen. Ein Teil von Ihnen war uns ja schon in den Jahren 1933-36 während meiner Berliner Zeit suspekt, – aber über andere war ich doch sehr erstaunt. Dem üblen Subjekt Höppner, das ich im Jahre 1929/30 als Ia in Königsberg genossen habe, habe ich soviel Verworfenheit nicht zugetraut, – indessen die Borniertheit, die er bewiesen hat, schon!

Ich will Ihre sicher mit Arbeit überreichlich gefüllte Zeit nicht länger in Anspruch nehmen, sehr verehrter Herr Reichsführer!

Meine Zeilen sollen nur Ihnen meinen besonders herzlichen Dank für das treue Gedenken zu meinem Geburtstag und meine große und herzliche Mitfreude zu Ihrer hohen Berufung ausdrücken.

In diesem Sinne verbleibe ich in alter und steter treuer Verbundenheit mit

Heil Hitler!
Stets Ihr
von Herzen ergebener
v. FRIEDEBURG

Dokument 13

An Bord, den 2. September 1944

Sehr verehrter Herr Reichsführer!

Heute erhielt ich Ihre Zeilen vom 21. August 1944.

Ich verstehe die Maßnahme der Regierung durchaus. Mir war, wie sie richtig vermutet haben, nicht bekannt, daß es sich bei dem Deserteur Lindemann um einen Vierteljuden handelt, und ich bedaure meine entfernte Cousine lebhaft, die mit diesem Mann nichts als Unglück erlebt hat.

Ihr Schlußsatz bezüglich Schmundt und Zeitzler war mir sehr interessant und aufschlußreich. Doch daß auch Zeitzler primär nur Generalstäbler gewesen ist! Ich hatte immer den Eindruck, daß er auf besonderen Wunsch des Führers ins Hauptquartier gekommen ist und dort so rasch Karriere gemacht hat. Ich hatte Zeitzler während meiner Blomberg-Zeit als Major unter dem General von Vitinghoff kurz kennengelernt und hatte den Eindruck, daß er bei seinem Abteilungschef wegen seines Kopfes und bei seinen Kameraden wegen seiner kameradschaftlichen Art geschätzt war. Schmundt kenne ich ja schon seit 1929, wo ich ihn als Oberleutnant in Königsberg während meiner Zeit als Verbindungsoffizier beim I.K.A. über Marinedinge unterrichtet habe.

Alles andere habe ich in meinem Brief vom 31.8. geschrieben und verbleibe in alter Anhänglichkeit mit

Heil Hitler!
Stets Ihr
treu ergebener
v. FRIEDEBURG

Dokument 14

Sonderkommando 20.7.44/III

Berlin, den 3. September 1944

Bericht

Am 3.9.1944 wurde durch die von der Staatspolizeileitstelle Dresden nach hier gekommenen Krim.Sekr. SCHNEIDER und KALUS mitgeteilt, daß der Deserteur LINDEMANN sich bei einem Architekten Erich GLOEDEN, Berlin, Kastanienallee 23, aufhalten soll. Weiter soll der Architekt SENZKY, Berlin, Mansfelder Str. 48, für die Unterbringung des LINDEMANN mitgesorgt haben. Weiterhin soll der Oberstleutnant Horst v. PETERSDORFF, Potsdam, Birkenstr. 1, über den Unterschlupf des Lindemann Bescheid wissen. Auch der Jude Rechtsanwalt Dr. KARPEN, Wohnung unbekannt, soll an der Unterbringung beteiligt gewesen sein. Die von hier aus sofort angestellten Ermittlungen ergaben, daß es sich um den Ingenieur Dr. Erich GLOEDEN, geb. am 23.8.1888 in Berlin, wohnhaft in Berlin-Charlottenburg 9, Kastanienallee 23, vorn 3 Treppen rechts, Telefon: 99 28 75, handelt. Derselbe ist verheiratet mit Dr. jur. Liselotte GLOEDEN, geb. Kuznitzky, geb. am 9.12.1903 in Köln a/Rh., Mischling 1. Grades.

Bei SENZKY handelt es sich um den Architekten Wilhelm SENZKY, geb. am 4.7.1904 in Rothsürben, Krs. Breslau, polizeilich gemeldet in Berlin-Südende, Seestr. 1. Das Haus soll angeblich unter Bombenschaden schwer gelitten haben; es besteht jedoch die Möglichkeit, daß S. sich ein Zimmer zum Aufenthalt zurecht gemacht hat. Über den Oberstleutnant Horst v. PETERSDORFF wurde der Dauerdienst der Staatspolizeisrelle Potsdam beauftragt, sofort festzustellen, ob dieser dort wohnt bzw. was über ihn bekannt ist. Über KARPEN konnten vorerst keine Feststellungen getroffen werden, da eine Wohnungsangabe fehlt.

Nachdem streng vertraulich festgestellt war, daß GLOEDEN sich in seiner Wohnung befand, wurde durch Krim.Rat SADER und die Krim.Sekretäre VOIGT, WOHLERS und SCHNEIDER, KALUS und ALBRECHT gegen 15.30 Uhr in die Wohnung eingefallen. GLOEDEN öffnete selbst die Tür, wurde sofort gefesselt und die Wohnung sofort nach Personen durchsucht. Im Wohnzimmer wurde die Auswerterin Josepha v. KOSKULL, geb. am 22.6.1898 in Tergeln, wohnhaft in Berlin-Wilmersdorf, Wetzlaer Str. 13, angetroffen. Im Schlafzimmer lag die Ehefrau des GLOEDEN im Bett und die Mutter der GLOEDEN, die Witwe Elisabeth KUZNITZKY, geb. v. Liliencron, geb. am 22.1.1878 in Straßburg, wohnhaft Berlin-Charlottenburg 9, Kastanienallee 24 bei Krause linker Aufg. 4. Stck. auf dem Ruhebett. Ein vor der Toilette befindlicher Raum war abgeschlossen. Jedoch machten sich darin Geräusche bemerkbar. Unterzeichneter trat sofort die Türfüllung ein und konnte sehen, wie eine Person versuchte, das Fenster zu öffnen und aus diesem herauszuklettern. Daraufhin wurden von mir sechs Schüsse abgegeben. Gleichzeitig gab der dazu gekommene Krim.Sekr. KALUS einen Schuß ab. Das Schießen wurde eingestellt, weil die betreffende Person vom Versuch des Aussteigens zurücktrat, vom Fenster herunterkletterte und zur Tür schritt, die inzwischen aufgerissen worden war. Da es in diesem Raum finster war, konnte man vorher nicht erkennen, daß es sich bei der Person um den Deserteur LINDEMANN handelte. Bei sofortiger Körperdurchsuchung wurde ihm aus der rechten Hosentasche eine Flasche mit Morphium genommen. In einer Aktentasche, die im Durchgangszimmer lag, befand sich eine ungeladene Pistole, die dem LINDEMANN gehörte. Da sich bei LINDEMANN am Hemd in der Bauchgegend Blutspuren zeigten, wurde er sofort durch Krim.Sekr. SADER und Krim.Sekr. VOIGT zum Staatskrankenhaus transportiert, wobei sich herausstellte, daß er einen Bauch- und zwei Beinschüsse erhalten hatte. Die in der Wohnung befindlichen Personen wurden sofort zur Dienststelle gebracht. Es stellte sich hierbei heraus, daß die Josepha v. KOSKULL zu Besuch bei GLOEDEN gewesen ist und LINDEMANN nur unter dem Namen EXNER kennengelernt hat. In welchem Verhältnis Exner zur Familie GLOEDEN stand, entzieht sich ihrer Kenntnis. Sie ist bei der Auslandbriefprüfstelle seit September 1939 beschäftigt. Ihre Dienststelle ist Berlin W 9, Schellingstr. 1-2, und arbeitet unter Rittmeister Müller.

ALBRECHT / Krim.Sekretär

Dokument 15

Sonderkommando 20.7.44/III

Berlin, den 4. September 1944

Betrifft: Festnahme des aus dem Heer ausgestoßenen
Generals det Artillerie Fritz LINDEMANN,
geb. am 11.4.1894 in Berlin

Die Kriminalsekretäre KALUS und SCHNEIDER von der Staatspolizeileitstelle Dresden überbrachten gestern vormittag die vorgeheftete, mit Hermann LINDEMANN, wohnhaft in Niederpoyritz bei Dresden, aufgenommene Vernehmungsniederschrift, wonach sich sein Vetter, der Deserteur, seit Ende Juli 1944 bei dem Architekten Erich GLOEDEN, wohnhaft Berlin-Charlottenburg 9, Kastanienallee 23, aufhält bzw. zumindest längere Zeit aufgehalten hat. Sofortige telefonische Rückfragen bei den zuständigen Polizeirevieren ergaben, daß die von Hermann LINDEMANN genannten Personen tatsächlich existieren, und daß auch seine Wohnungsangaben richtig sind.

Gegen 15 Uhr ist daraufhin Unterzeichneter zusammen mit

1.) Krim.Sekr. ALBRECHT, vom hiesigen Referat IV A 1b,
2.) Krim.Sekr. VOIGT, von der Staatspolizeileitstelle Stettin, zur Zeit zum Sonderkommando zugeordnet,
3.) Krim.Sekr. WOHLERS, von der Staatspolizeileitstelle Hamburg, zur Zeit zum Sonderkommando zugeordnet,
4.) Krim.Sekr. KALUS, von der Staatspolizeileitstelle Dresden, und
5.) Krim.Sekr. SCHNEIDER, von der Staatspolizeileitstelle Dresden,

in zwei PKW zur Wohnung des GLOEDEN gefahren. Nachdem die örtlichen Verhältnisse festgestellt waren, und nachdem ein fingierter Telefonanruf bei GLOEDEN ergeben hatte, daß dieser sich in der Wohnung aufhielt, wurde gegen 15.30 Uhr unter Beobachtung aller gebotenen Vorsichtsmaßregeln in die Wohnung eingefallen. GLOEDEN selbst öffnete und wurde sofort gefesselt. Bei der weiteren Durchsuchung der Wohnung stießen die Krim.Sekretäre Albrecht und Kalus auf eine verschlossene Tür, die auch bei Anruf nicht geöffnet wurde. Die Beamten schlossen aus Geräuschen hinter der geschlossenen Tür, daß sich jemand in dem Raum befand. Nachdem Krim.Sekr. ALBRECHT die Türfüllung eingetreten hatte, sah er, wie eine Person das Fenster zu öffnen und aus diesem herauszuklettern versuchte. Daraufhin haben der Krim.Sekr. ALBRECHT sechs Schüsse und der Krim.Sekr. KALUS einen Schuß abgegeben. Unterzeichneter, der sich während dieser Zeit in der Diele der Wohnung befand und von dort den größten Teil der Wohnung überblicken konnte, stürzte auf die Schüsse hin sofort an das offenstehende Küchenfenster. Dort sah ich, wie eine große schlanke Person, bei der es sich nur um LINDEMANN handeln konnte, in der Fensteröffnung des betreffenden Raumes stand und gerade im Begriff war herunterzuspringen. Ich riß sofort die Pistole hoch, rief LINDEMANN an und forderte ihn auf, wieder in das Zimmer hineinzugehen. Über mein plötzliches Auftauchen verwirrt, tat LINDEMANN dies auch und ließ sich dann, ohne Widerstand zu leisten, festnehmen und fesseln. In seiner rechten Hosentasche wurde eine noch nicht benutzte Flasche mit Morphium vorgefunden. Da LINDEMANN mindestens zwei Schüsse (einen im Oberbauch und einen am Oberschenkel) erhalten hatte, habe ich ihn sofort in das Staatskrankenhaus der Polizei verbracht, wo er kurz darauf operiert wurde.

Der die Operation durchführende Stabsarzt der Polizei
Dr. SEIFERT stellte fest:

1.) einen queren Durchschuß im Oberbauch (Einschuß an der linken Oberbauchgegend; das Geschoß wurde in der rechten Hüftgegend aus der Unterhaut entfernt),
2.) einen Streifschuß an der Hinterseite des rechten Oberschenkels,
3.) einen Weichteildurchschuß an der Unterseite des linken Oberschenkels.

Nach Mitteilung des Arztes besteht zwar zu 33% die Möglichkeit, daß LINDEMANN eine Bauchfellentzündung bekommt. Lebensgefahr ist jedoch, falls keine Komplikationen eintreten, nicht gegeben. Die Unterbringung des LINDEMANN im Staatskrankenhaus der Polizei bereitete gewisse Schwierigkeiten. In dem schwerbombengeschädigten Gebäude befindet sich nur noch eine mit Gittern versehene Krankenzelle, die jedoch 10 Betten enthält. Da LINDEMANN nicht mit anderen Häftlingen zusammengelegt werden konnte, mußte er in einem Einzelzimmer untergebracht werden, daß jedoch nicht vergittert ist und außerdem einen breiten Balkon hat. Um jede Fluchtmöglichkeit auszuschließen, wird LINDEMANN dauernd von zwei Beamten der Geheimen Staatspolizei bewacht. Er ist außerdem mit den Händen an das Bettgestell gefesselt.

Als LINDEMANN bei der Verabreichung der Narkose zählen mußte, hat er zwischendurch mit lauter kräftiger Stimme folgendes zu wiederholten Malen erklärt:

»Sie sollen es alle wissen, ich bin der General der Artillerie LINDEMANN vom Oberkommando des Heeres. ... Grüßen Sie meine Frau, denn mein Schicksal ist mir gewiß. ... Niemand hat ein reineres Gewissen als ich. ... Ich habe aus reinem Gewissen gehandelt. ... Ich sterbe für Deutschland.«

Stabsarzt Dr. SEIFERT und die weiteren an der Operation beteiligten Personen sind von mir zu strengstem Stillschweigen über die Äußerungen des LINDEMANN und den Fall selbst verpflichtet worden. In der Wohnung des GLOEDEN sind ferner festgenommen worden:

1.) der bereits genannte Architekt Erich GLOEDEN, geb. am 23.8.1888 in Berlin, Mischling 1. Grades, der nach anfänglichem Leugnen zugegeben hat, gewußt zu haben, daß es sich um LINDEMANN handelt, den er in seiner Wohnung beherbergt.
2.) Ehefrau Elisabeth Charlotte (Liselotte) GLOEDEN, geb. Kuznitzky, Dr. jur., Gerichtrefcrendarin a.D., Mischling 1. Grades, die bisher noch bestreitet, gewußt zu haben, daß es sich um LINDEMANN handelt,
3.) Elisabeth Kuznitzky, geb. v. Liliencron, geb. am 22.1.1878 in Straßburg/Els., wohnhaft in Berlin-Charlottenburg 9, Kastanienallee 24 bei Krause, die ebenfalls bisher noch bestreitet, gewußt zu haben, daß es sich um LINDEMANN handelt. Demgegenüber hat GLOEDEN inzwischen zugegeben, daß seine Frau und seine Schwiegermutter über LINDEMANN seit einer gewissen Zeit unterrichtet waren,

4.) Josepha v. Koskull, geb. am 22.6.1898 in Tergeln, Krs. Windau, wohnhaft in Berlin-Wilmersdorf, Wetzlaer Str. 13, Bibliothekarin, jetzt kriegsdienstverpflichtet für die Auslandbriefprüfstelle als Auswerterin, die bei der Familie GLOEDEN angeblich nur besuchsweise gewesen ist und nicht wissen will, daß es sich bei dem ihr von der Familie Gloeden als EXNER vorgestellten LINDEMANN um den geflüchteten früheren General handelt. Die Eheleute Gloeden sowie die KUZNITZKY behaupten bisher ebenfalls, daß die v. KOSKULL über LINDEMANN nicht unterrichtet war. Dagegen hat die v. KOSKULL zugeben müssen gewußt zu haben, daß das Ehepaar GLOEDEN jüdisch versippt ist.

Bei der Durchsuchung der Wohnung, die heute noch fortgesetzt wird, wurden verschiedene zunächst handschriftlich entworfene und dann in Maschinenschrift übertragene Aufzeichnungen des LINDEMANN über den 20. Juli und über seine Gedanken zur politischen und militärischen Lage gefunden und sichergestellt. Außerdem wurde eine Armeepistole des LINDEMANN, die er aber nicht bei sich trug, gefunden. LINDEMANN soll sich, wie durch Befragung der festgenommenen Personen festgestellt wurde, auch 2 Tage bei der Frau KRAUSE, bei der die KUZNITZKY wohnt, aufgehalten haben. Die Festnahme der Frau KRAUSE wird noch heute durchgeführt. Außerdem soll sich LINDEMANN, wie er selbst bei Befragung durch den Unterzeichneten und durch den Krim.Sekr. KALUS bestätigt hat, zwei Tage bei einem gewissen Oberstleutnant Horst v. PETERSDORFF, Potsdam, Birkenstr. 1, gewohnt haben. Nach den von der Staatspolizeistelle Potsdam getroffenen Feststellungen ist ein v. PETERSDORFF bei einer Frau v. SCHELIHA in Potsdam, Birkenstr. 1, wohnhaft, aber nicht polizeilich gemeldet. Wie soeben durch die beiden Überwachungsbeamten fernmündlich mitgeteilt wurde, soll sich dieser v. PETERSDORFF zur Zeit bei der Wirtschaftsabteilung in Preßburg befinden. Weitere Feststellungen sind eingeleitet. Die Rolle und derzeitige Wohnung des von dem Vetter Hermann LINDEMANN genannten Juden KARPEN sind noch nicht geklärt.

Zum Waffengebrauch bemerke ich noch: Durch Hermann LINDEMANN war bekannt, daß der Deserteur eine Armeepistole und außerdem eine Flasche mit Morphium bei sich hat. Es mußte also mit der Möglichkeit gerechnet werden, daß LINDEMANN entweder seiner Festnahme bewaffneten Widerstand entgegensetzt oder zu flüchten bzw. sich selbst das Leben zu nehmen versucht. Aus diesem Grunde hatten die Beamten von der Waffe Gebrauch zu machen, dabei aber nach Möglichkeit lebensgefährliche Schüsse zu vermeiden. Wenn die Beamten von der Schußwaffe nicht Gebrauch gemacht hätten, wäre LINDEMANN aus dem Fenster des im 3. Stock gelegenen Zimmers gesprungen und dabei zweifellos sofort ums Leben gekommen.

(unleserliche Schrift)
Kriminalrat

Dokument 16

Der Chef
der Sicherheitspolizei
und des SD
B Nr. 57536/44 g. Rs.[h]

Berlin SW 11, den 4. Sept. 1944
Prinz-Albrecht-Straße 8
Best. Nr. 450/19/46 [h]

An Reichsleiter
Pg. Martin BORMANN
Parteikanzlei
München

Geheime Reichssache
3 Ausfertigungen
1. Ausfertigung

Betr.: 20. Juli 1944

Vorg.: laufend Anlg.: 1

Sehr geehrter Parteigenosse BORMANN!
Anliegend übersende ich Ihnen einen weiteren Bericht über die letzten Untersuchungsergebnisse.

Heil Hitler!
Ihr ergebener
KALTENBRUNNER [h]
SS-Obergruppenführer
und General der Polizei

Betr. 20. Juli 1944

Berlin, den 4. September 1944

Festnahme des Generals der Artillerie
Hermann LINDEMANN*

Der flüchtige und öffentlich zur Fahndung ausgeschriebene General der Artillerie Hermann LINDEMANN* (nicht Generaloberst wie im Bericht vom 2. September 1944 angegeben) konnte am 3. September 1944 in Berlin festgenommen werden. LINDEMANN hat sich zunächst nach dem 20. Juli bei Verwandten in Dresden aufgehalten und hat nach vorübergehender Unterkunft in Potsdam durch die Vermittlung eines Juden bei einem Halbjuden in Berlin Unterschlupf gefunden. Auf der Fahrt hat sich LINDEMANN bei einer Zugkontrolle mit seinem alten Schriftleiterausweis ausgewiesen.

LINDEMANN machte, nachdem er in seiner Unterkunft aufgestöbert worden war, den Versuch, aus dem 3. Stock durch das Fenster zu springen. Er wurde durch die Beamten der Sicherheitspolizei durch drei Schüsse (zwei Beinschüsse, ein Bauchschuß) daran gehindert. LINDEMANN wurde sofort operiert.

In seinem Versteck war LINDEMANN dabei, seine Memoiren zum 20. Juli zu schreiben, und zwar zum Gedächtnis seiner bereits hingerichteten Kameraden ...

*richtig: Fritz Lindemann, Gen. d. Art.

Dokument 17

IV-Sonderkommando 20.7.44/III

Berlin, den 25. September 1944

Schlußbericht

1.) Der Major a. D. Max LINDEMANN,
Personalien Blatt 44 d.A.,
2.) die Ehefrau Elsa LINDEMANN, Geb. Nyholm,
Personalien Bl. 48 dA,
3.) der Kaufmann Hermann LINDEMANN,
Personalien Bl. 36 dA,
4.) der Stadtamtsbaurat i.R. Hans SIERKS,
Personalien Bl. 57 dA,
5.) der Geschäftsführer Karl MARKS,
Personalien Bl. 8 dA,
6.) die Sekretärin Frida PILAT,
Personalien Bl. 51 dA,
7.) der Architekt Wilhelm SENZKY,
Personalien Bl. 111 dA,
8.) der ehem. Oberstleutnant Horst v. PETERSDORFF,
Personalien Bl. 120 dA,
9.) der Halbjude Architekt Erich GLOEDEN,
Personalien Bl. 63 dA,
10.) die Halbjüdin Dr. jur. Elisabeth Charlotte Gloeden,
geb. KUZNITZKY, Personalien Bl. 86 dA,
11.) die Witwe eines Juden Elisabeth KUZNITZKY,
geb. Freiin v. Liliencron, Personalien Bl. 93 dA,

sind überführt und – bis auf v. PETERSDORFF – geständig, die Flucht des am 3.9.1944 festgenommenen und am 22.9.1944 infolge einer bei der Festnahme erlittenen Schußverletzung verstorbenen Deserteurs (ehem. General d. Art.) Fritz LINDEMANN, geb. am 11.4.1894 in Berlin, begünstigt zu haben.

Sämtliche Beschuldigte sind entweder an der Unterbringung des polizeilich gesuchten Deserteurs beteiligt gewesen oder haben Angaben machen können, die zur Festnahme des Verräters führen mußten. Sie haben – trotz der ergangenen Presseveröffentlichungen (Bl. 141 d.A.) – keine Anzeige erstattet, um LINDEMANN dem Zugriff des Staates zu entziehen. Sie haben dadurch ihr Einverständnis mit dem Verrat am 20. Juli 1944 bekundet und ihre staatsfeindliche Gesinnung eindeutig bewiesen.

Die zu 1.), 4.), und 6.) genannten Personen sitzen im Polizeigefängnis Dresden, der zu 8.) genannte Horst v. PETERSDORFF im Hausgefängnis des Geheimen Staatspolizeiamtes, Berlin SW 11, Prinz-Albrecht-Str. 8, die zu 10.) und 11.) genannten Personen im Polizeigefängnis Berlin C 2, Alexanderplatz, und die zu 3.), 5.), 7.) und 9.) genannten Personen im Zellengefängnis Berlin, Lehrter Str., ein. Die zu 2.) genannte Elsa LIN-

DEMANN hat sich in der Nachr vom 11. zum 12.9.1944 im Polizeigefängnis Dresden erhängt.

Zu 1.) Max LINDEMANN hat

a) seinen Neffen, den Deserteur LINDEMANN, in der Zeit vom 22.-26.7.1944 in seiner Wohnung, Dresden A 19, Hänelstr. 15, aufgenommen, obwohl er aus den ganzen Umständen und den Angaben seines Neffen sofort schloß, daß dieser mit dem Verrat am 20.7.1944 in Zusammenhang zu bringen sei (Bl. 46R d.A.),

b) am 26.7.1944 unmittelbar nach der Abreise seines Neffen, dem Obersten SCHÜSSEL, Generalkommando IV, auf eine telefonische Anfrage erklärt, daß Fritz LINDEMANN nicht in seiner Wohnung sei, und die Tatsache, daß dieser die Wohnung erst eben verlassen hatte, bewußt verschwiegen (Bl. 46 R, 47 d.A.),

c) später, wahrscheinlich nach dem Erscheinen der Fahndungsnotiz in der Presse am 5.8.1944, von seiner Ehefrau erfahren, daß diese dem Deserteur Lindemann während des Aufenthaltes in ihrer gemeinsamen Wohnung eine kleine Flasche Morphium überlassen hat (Bl. 47 d.A.).

Max LINDEMANN war nach kurzem Leugnen geständig.

Zu 2.) Elsa LINDEMANN hat

a) zusammen mit ihrem unter 1.) genannten Ehemann den Deserteur LINDEMANN in der Zeit vom 22.7.1944, 22 Uhr 30, bis zum 26.7.1944 in ihrer gemeinsamen Wohnung beherbergt, obwohl sie bald erkannte, daß LINDEMANN mit dem Verrat vom 20. Juli 1944 oder dem Verräterkreis etwas zu tun hatte (Bl. 53R d.A.),

b) nach dem 23.7.1944 wiederholt den zu 3.) genannten Hermann LINDEMANN gebeten, ihr bei der anderweitigen Unterbringung des Deserteurs behilflich zu sein (Bl. 53 u.55 d.A.).

c) dem Deserteur LINDEMANN eine kleine Flasche Morphium überlassen, damit er sich notfalls der Festnahme entziehen konnte (Bl. 55 d.A.).

Elsa Lindemann war nach anfänglichem Leugnen geständig.

Zu 3.) Hermann LINDEMANN hat

a) sich nach anfänglichem Weigern auf wiederholtes Bitten der unter 2.) genannten Elsa LINDEMANN bereit erklärt, ihr bei der anderweitigen Unterbringung des Deserteurs LINDEMANN behilflich zu sein, obwohl ihm von Anfang an klar war, welche Gefahr er damit einging, denn sonst wären seine Aufforderungen an Elsa LINDEMANN, den Deserteur zum Selbstmord zu bewegen, (Bl. 38 d.A.), seine Aussage hinsichtlich des Gesprächs mit MARKS (Bl. 38R d.A.) und sein langes Leugnen während der Durchführung der Fluchtvorbereitungen unverständlich,

b) am 25.7.1944 mit dem zu 4.) genannten SIERKS über eine Unterbringungsmöglichkeit für den Deserteur LINDEMANN verhandelt, von dem er an den Halbjuden GLOEDEN erinnert und auf den Juden KARPEN aufmerksam gemacht wurde (Bl. 39R d.A.),

c) am 26.7.1944, gegen 8 Uhr, den zu 5.) genannten MARKS gebeten, den Deserteur LINDEMANN nach Berlin zu begleiten und ihn dort zu GLOEDEN zu bringen (Bl. 38R, 39 d.A.),

d) am 25.7.1944 dem Obersren SOMMERLAD auf eine schriftliche Anfrage, fernmündlich versichert, über den Aufenthalt des Deserteurs nicht unterrichtet zu sein (Bl. 54 d.A).

Hermann LINDEMANN, ein ehemaliger sozialdemokratischer Bürgermeister, ist wegen Kriegswirtschaftsvergehen vorbestraft, aus der NSDAP vorläufig ausgeschlossen und hat als Mensch und Geschäftsmann einen schlechten Ruf (Bl. 32-34 138 d.A.). In seinen wiederholten staatspolizeilichen Vernehmungen und Befragungen log er (Bl. 1-3R, 5, 5R d.A.), bis ihm ganz eindeutig das Gegenteil bewiesen werden konnte.

Zu 4.) Hans SIERKS gab ohne Vorhalt zu,

a) am 25.7.1944 von dem zu 3.) genannten Hermann LINDEMANN erfahren zu haben, daß sich der General d. Art. Fritz LINDEMANN in Dresden aufhalte und eine sichere Unterkunft suche, weil er sich hinsichtlich der Vorgänge am 20.7.1944 unsicher fühle und sich zunächst verbergen wolle (Bl. 59R d.A.),

b) auf eine Unterbringung des Deserteurs bei dem Halbjuden GLOEDEN oder dem Volljuden KARPEN aufmerksam gemacht zu haben (Bl. 59R d.A.).

SIERKS bestreitet, sich durch einen späteren fernmündlichen Anruf bei Hermann LINDEMANN erkundigt zu haben, ob alles in Ordnung sei (Bl. 39R u. 60 d.A.).

Gegen SIERKS läuft zur Zeit bei der Staatspolizeileitstelle Dresden ein Ermittlungsverfahren wegen Vorbereitung zum Hochverrat.

Zu 5.) Karl MARKS hat nach anfänglichem Leugnen (Bl. 11 u. 11R d.A.) unter Vorhalt zugegeben, daß er am 26.7.1944 auf Bitten des Hermann LINDEMANN den Deserteur Fritz LINDEMANN nach Berlin begleitete und dort – entgegen den mit Hermann Lindemann getroffenen Abmachungen – bei seinem Geschäftsfreund, dem zu 7.) genannten SENZKY, unterbrachte (Bl. 25ff u. 56 d.A.). Marks ist weiterhin geständig.

a) seine Sekrerärin, die zu 6.) genannte PILAT, darüber informiert zu haben, daß er den polizeilich gesuchten General d.Art. LINDEMANN in Potsdam sicher untergebracht hat (Bl.28, 28R,5i u. 51R d.A.),

b) einer Bitte des Deserteurs nachkommend, den zu 8.) genannten v. PETERSDORFF gebeten zu haben, den General d. Art. Fritz LINDEMANN, der zur Führerreserve versetzt sei und in Berlin untergebracht werden möchte, bei sich aufzunehmen (Bl. 134 d.A.).

MARKS war sich der Tragweite seines Handelns von Anfang an bewußt. Das ergibt sich insbesondere aus den Aussagen des Ehepaars SCHÄFFNER (Bl. 14, 16, 16R u. 18R d.A.), der PILAT (Bl. 51, 51R d.A.), des Hermann LINDEMANN (Bl. 38R d.A.) sowie aus seinem eigenen Geständnis (Bl. 25ff, 56, 56R d.A.).

Zu 6.) Frida PILAT ist nach langem Leugnen (Bl. 6-7, 20-24 d.A.) geständig, seit dem 13.8.1944 davon gewußt zu haben, daß ihr Betriebsführer, der zu 5.) genannte MARKS, den Deserteur LINDEMANN am 26.7.1944 nach Potsdam gebracht hat, um ihn dort »untertauchen« zu lassen (Bl. 51, 51R d.A.).

zu 7.) Wilhelm SENZKY hat den Deserteur LINDEMANN, der ihm am 26.7.1944 durch seinen Geschäftsfreund, den zu 5.) genannten MARKS, zugeführt wurde,

a) in den Nächten vom 26. zum 28.7.1944 in seinen Geschäftsräumen in Berlin W, Mansfelder Str. 17, untergebracht (Bl. 26R, 115 d.A.),

b) am 28.7.1944 seinen Geschäftsfreund, dem zu 8.) genannten v. PETERSDORFF, zugeführt, damit dieser ihn weiterhin unterbringe (Bl. 118 d.A.).

SENZKY war unter dem Druck der gegen ihn zusammengetragenen Beweismittel geständig. Er hat bereits am 26.7.1944 gewußt, wen er in Berlin unterbringen sollte und untergebracht hat. Dieses ergibt sich aus den Aussagen des MARKS (Bl. 26R, 27 d.A.) und aus seinem eigenen Geständnis (Bl. 118, 119, 130-133 d.A.).

Zu 8.) Horst v. PETERSDORFF hat

a) sich am 27.7.1944 in seinem Gespräch mit dem zu 5.) genannten MARKS bereit erklärt, den »zur Führerreserve versetzten General d. Art. Fritz LINDEMANN« in seinem möblierten Zimmer bei Frau v. SCHELIHA, Potsdam, Birkenstr. 1, unterzubringen (Bl. 134, 135, 136, 137 d.A.),

b) sich diesen LINDEMANN am 28.7.1944 durch den zu 7.) genannten SENZKY auf seinem Grundstück in Berlin-Grunewald, Oberhardter Weg 45, zuführen lassen (Bl. 118, 119, 130, 131 d.A.),

c) sich telefonisch mit der unter a) genannten v. SCHELIHA in Verbindung gesetzt, deren Einverständnis zur Unterbringung des Lindemann in dem von ihm (Petersdorff) gemieteten Zimmer erwirkt, LINDEMANN, den er als seinen Vetter bezeichnet hatte, dann an Frau v. SCHELIHA verwiesen und ihn dort am Tage danach aufgesucht und längere Zeit gesprochen (Bl. 103, 104, 107, 108 u. 109 d.A.).

Diese Tatsachen – insbesondere, daß v. PETERSDORFF über die Person des unterzubringenden Deserteurs genau informiert war – ergeben sich ganz eindeutig aus den angeführten Aussagen der Beschuldigten MARKS und SENZKY sowie der Zeugen SCHELIHA und Nikolajewska. Sie werden bestätigt und erhärtet durch

a) die Mitteilung des SENZKY an Hermann LINDEMANN am 28.7.1944, daß Fritz LINDEMANN von ihm bei v. PETERSDORFF untergebracht sei (Bl. 39 d.A.),

b) durch die Mitteilung des MARKS an Hermann LINDEMANN am 2.8.1944, daß sich v. PETERSDORFF freiwillig erboten habe, Fritz LINDEMANN unterzubringen (Bl. 39 d.A.),

c) durch die Aussagen des Deserteurs LINDEMANN in verschiedenen informatorischen Befragungen (Bl. 66, 68R, 69, 70, 70R d.A.),

d) durch die Aussage der Zeugin SCHÄFFNER, MARKS habe ihr nach seiner Rückkehr aus Berlin erzählt, daß er dort seinen Geschäftsfreund v. PETERSDORFF aufgesucht habe (Bl. 17R d.A.),

e) durch die Aussage der beschuldigten PILAT, MARKS habe ihr am 13.8.1944 auf eine Frage mitgeteilt, daß er den General LINDEMANN am 26.7.1944 nach Potsdam gebracht habe und »dort untertauchen« ließ (Bl. 51 d.A.) und im weiteren »Lindemann habe ich so gut in Berlin-Potsdam untergebracht, daß er nicht gefunden wird« (Bl. 51R d.A.). Damit kann nur die Wohnung des v. PETERSDORFF gemeint sein, der in seiner Eigenschaft als SA-Brigadeführer und Träger des Ehrenzeichens der NSDAP und des Ritterkreuzes als eine gewisse Garantie gegen Nachforschungen durch die Geheime Staatspolizei von MARKS angesehen wurde,

f) durch die Aussage des beschuldigten GLOEDEN, daß der Deserteur LINDEMANN nach dem 30.7.1944 von seinem Freund, dem Oberstleutnant und Kaufmann PETERSDORFF, gesprochen habe, bei dem er vorher gewohnt haben wollte und mit dem er sich am 30.7.1944 in dessen Grunewaldvilla erneut getroffen habe, um weitere Quartiermöglichkeiten mir ihm zu verabreden (Bl. 78 d.A.),

g) durch die Aussage der beschuldigten Elisabeth GLOEDEN, LINDEMANN habe am Tage nach seiner Ankunft – 30.7.1944 – sein Gepäck ihrer Erinnerung aus Potsdam geholt (Bl. 87 d.A.),

h) durch die Tatsache, daß v. PETERSDORFF den zu 3.) genannten Hermann LINDEMANN kannte und von ihm Geld bekam (Bl. 116 dA.).

v. PETERSDORFF ist der einzige Beschuldigte dieses Vorganges, der bis zum heutigen Tage mit einer bodenlosen Unverschämtheit lügt. Er ist offenbar der Ansicht, daß sein ehemaliger Dienstrang als SA-Brigadeführer und die Tatsache, daß er Träger des Ehrenzeichens der NSDAP und des Ritterkreuzes ist, die Glaubwürdigkeit seiner Aussagen ersetzen.

Mit einer unglaublichen Frechheit und in der albernsten Form behauptet er in seinen Vernehmungen und zahlreichen informatorischen Befragungen, daß er den ihm von SENZKY zugeführten Deserteur Lindemann für einen seiner eigenen Vettern gehalten habe, und bestreitet trotz eingehender Vorhalte und einer Gegenüberstellung mit MARKS, von diesem, SENZKY und LINDEMANN selbst über die Person des Deserteurs informiert worden zu sein (Bl. 120R-122 d.A, 123, 124-129, 137 und 140 d.A.).

Eine weitere Widerlegung dieser kindischen Angaben durch umfangreiche Ermittlungen nach den durch v. PETERSDORFF bewußt ungenau bezeichneten Vettern (Bl. 121, 126, 128 d.A.) wäre eine im 6. Kriegsjahr nicht zurechtfertigende Zeitverschwendung, da dem v. PETERSDORFF auch dann weitere alberne Ausflüchte offen bleiben würden.

Dieses Verhalten des v. PETERSDORFF, der zu den hartnäckigsten Lügnern gehört, die im Zusammenhang mit den Ereignissen des 20. Juli 1944 festgenommen wurden, läßt nur den einen Schluß zu, daß er nämlich nicht nur von Anfang an über die Person und die Tat des Deserteurs LINDEMANN genau unterrichtet, sondern darüber hinaus selbst als Mittäter am Verrat beteiligt war. Ein Beweis hat sich dafür nicht erbringen lassen, da der Deserteur LINDEMANN am 22.9.1944 vor einer eingehenden Vernehmung verstorben ist.

Auf die Beurteilung, die der Reichsstatthalter in Sachsen über v. PETERSDORFF abgibt (Bl. 138 d.A.) wird besonders hingewiesen.

Zu 9.) Erich GLOEDEN hat – gemeinsam mit seiner zu 10.) genannten Ehefrau und seiner zu 11.) genannten Schwiegermutter – den Deserteur LINDEMANN

a) in der Zeit vom 29.7.1944 bis 2.8.1944 im möblierten Zimmer seiner Schwiegermutter bei Frau KRAUSE, Berlin-Charlottenburg 9, Kastanien Allee 24, (Bl. 75 d.A.),

b) in der Zeit vom 2.8.1944 bis 5.8.1944 in einer leerstehenden Wohnung im Hause Kastanien Allee 23, zu der er aus luftschutztechnischen Gründen den Schlüssel besaß (Bl. 82 d.A.),

c) in der Zeit vom 5.8.1944 bis zur Festnahme am 3.9.1944 in seiner Wohnung, Kastanien Allee 23, (Bl. 82 d.A.) untergebracht und während der ganzen Zeit beköstigt (Bl. 76 d.A.).

GLOEDEN, der nach anfänglichem Leugnen unter dem Druck der Beweismittel geständig war, gibt an, daß er LINDEMANN bei seiner Ankunft zunächst für einen Juden gehalten habe (Bl. 74 d.A.), dann aber sofort erfahren habe, daß es sich um einen General LINDEMANN handelte, der in politische Angelegenheiten verwickelt sei (Bl. 75, 83 d.A.), und daß er mit dem polizeilich gesuchten Deserteur Lindemann identisch sei (Bl. 75, 83 d.A.).

Zu 10.) Elisabeth Charlotte GLOEDEN gab nach anfänglichem Leugnen (Bl. 64, 72 d.A.) auf Vorbehalt zu, an der unter 9.) geschilderten Straftat ihres Ehemannes beteiligt zu sein und – zwar nicht gleich, aber bald – erfahren zu haben, daß der bei ihnen wohnhafte Mann der wegen Beteiligung am Verrat des 20. Juli 1944 polizeilich gesuchte LINDEMANN war (Bl. 86 d.A.).

Zu 11.) Elisabeth KUZNITZKY war auch erst durch Vorhalt zu einem Geständnis zu bewegen (Bl. 64, 93 d.A.). Sie gibt zu, an der unter 9.) geschilderten Straftat ihres Schwiegersohnes beteiligt gewesen zu sein, obwohl sie von Anfang an annahm, daß der von ihnen beherbergte und beköstigte Mann mit dem Attentat auf den Führer in irgendeinem Zusammenhang stehen müsse, und bald darauf erfahren hatte, daß es sich um den polizeilich gesuchten Deserteur LINDEMANN handelte (Bl. 94 d.A.).

Die in Blatt 65, 98, 103 und 107 der Akte genannten v. KOSKULL, KRAUSE, v. SCHELIHA und NIKOLAJEWSKA wurden nach der Vernehmung entlassen, da sie offenbar über die Person Lindemann nicht informiert gewesen sind. Gegen den im Vorgang wiederholt genannten Volljuden KARPEN ist Sondervorgang gefertigt und der Staatspolizeileitstelle Berlin zuständigkeitshalber übersandt worden. Die Ermittlungen hinsichtlich der von GLOEDEN begangenen Kriegswirtschaftsvergehen (Bl. 81ff d.A.) werden von der Kriminalpolizeileitstelle Berlin geführt.

HAMANN
SS-Hauptsturmführer
Regierungsassessor

Dokument 18

Der Ermittlungsrichter
des Volksgerichtshofes

Berlin W 9, den 24. Okt. 1944

Geschäftsnummer
0 J 43/44 g
204/44
556

Haftbefehl

1.) Der am 14.7.1872 in Soest geborene Major a.D. Max Lindemann aus Dresden
2.) Der am 22.5.1897 in Görsbach geborene Kaufmann Hermann Lindemann aus Dresden
3.) Der am 24.7.1877 in Seeth geborene Stadtamtsbaurat i.R. Hans Sierks aus Dresden
4.) Der am 14.2.1894 in Berlin geborene Geschäftsführer Karl Marks aus Bärenstein
5.) Die am 24.8.1912 in Leipzig geborene Sekretärin Frida Pilat aus Dresden
6.) Der am 4.7.1904 in Rothsürben geborene Architekt Wilhelm Senzky aus Berlin
7.) Der am 30.12.1892 in Posen geborene ehem. Oberstleutnant Horst von Petersdorff aus Berlin
8.) Der am 23.8.1888 in Berlin geborene Architekt Dr. Ing. Erich Gloeden aus Berlin
9.) Die am 9.12.1903 in Köln geborene Dr. jur. Elisabeth-Charlotte Gloeden geb. Kuznitzky aus Berlin
10.) Die am 22.1.1878 in Straßburg geborene Elisabeth Kuznitzky, geb. Freiin von Liliencron aus Berlin

sind zur Untersuchungshaft zu bringen. Sie sind dringend verdächtigt, im Inland es unternommen zu haben, während eines Krieges gegen das Reich, der feindlichen Macht Vorschub zu leisten.

Verbrechen nach § 91 b StGB, in dem sie nach dem Attentat auf den Führer die Flucht des am hochverräterischen Unternehmen beteiligten ehem. General der Artillerie Fritz Lindemann in Kenntnis seiner Beteiligung in folgender Weise begünstigten.

1.) MAX LINDEMANN nahm seinen Neffen Fritz Lindemann in der Zeit vom 22. bis 26.7.1944 in seiner Wohnung in Dresden auf und erklärte am 26.7. unmittelbar nach der Abreise Lindemanns auf telefonische Nachfrage des Generalkommandos IV, daß Lindemann nicht in seiner Wohnung sei, ohne seine unmittelbare vorangegangene Anwesenheit zu erwähnen;

2.) HERMANN LINDEMANN hat sich gegenüber der Frau Max Lindemanns, nachdem er am 25.7. von der Anwesenheit Fritz Lindemanns in Dresden Kenntnis erlangt hatte, zur anderweiten Unterbringung Fritz Lindemanns bereit erklärt, zu diesem Zweck am 25. und 26.7. mit den Beschuldigten Sierks und Marks verhandelt und Marks gebeten, Lindemann zu den Eheleuten Gloeden zu bringen;

3.) SIERKS hat am 25.7. den Beschuldigten Hermann Lindemann auf die Möglichkeit hingewiesen, Fritz Lindemann bei den Eheleuten Gloeden zum Zwecke des Untertauchens in Berlin unterzubringen;

4.) MARKS hat am 26.7. Fritz Lindemann nach Berlin begleitet; dort bei seinem Geschäftsfreund Senzky untergebracht und am folgenden Tage auf Veranlassung Lindemanns sich mit der Bitte um weitere Unterbringung an v. Petersdorff gewandt;

5.) PILAT hat am 13.8. von ihrem Betriebsführer Marks erfahren, daß dieser am 26.7. Fritz Lindemann nach Potsdam gebracht hat, um ihn untertauchen zu lassen, aber trotzdem der öffentlichen Fahndung auf Lindemann und der Aussetzung einer hohen Belohnung auf sein Ergreifen eine Anzeige unterlassen;

6.) SENZKY hat den ihm von Marks zugeführten Lindemann in den Nächten vom 26. bis 28. Juli in seinen Geschäftsräumen in Berlin untergebracht und ihm am 28.7. zur weiteren Unterbringung seinem Geschäftsfreund von Petersdorff zugeführt;

7.) VON PETERSDORFF hat sich am 27.7. Marks gegenüber zur weiteren Unterbringung Lindemanns in einem Zimmer, das er als Untermieter in Potsdam von Frau von Scheliha gemietet hatte, bereit erklärt, ist am 28.7. mit Lindemann auf seinem Berliner Grundstück zusammengetroffen und hat telefonisch Frau v. Scheliha die Einwilligung zur Unterbringung Lindemanns im erwähnten Zimmer beigezogen, worauf Lindemann vom 28. bis 29. Juli dort unterkam und am 29.7. von von Petersdorff dort besucht wurde;

8.-10.) GLOEDEN, die vereh. Gloeden und die verw. Kuznitzky haben gemeinschaftlich Lindemann vom 29.7. bis 2.8. im Zimmer der Kuznitzky in Berlin-Charlottenburg vom 2.8. bis 5.8. in einer leerstehenden Wohnung ebenda und vom 5.8. bis 3.9. in der Wohnung der Eheleute Gloeden untergebracht und beköstigt.

Die Untersuchungshaft wird verhängt wegen Fluchtverdachtes, weil Verbrechen den Gegenstand der Untersuchung bilden. Gegen den Haftbefehl kann Beschwerde erhoben werden, die besonderer Zulassung bedarf.

gez. Dr. Ehrlich
Landgerichtsdirektor

Dokument 19

Der Oberstaatsanwalt
beim Volksgerichtshof
O J 43/44 g.

Berlin, den 27. Oktober 1944.

Geheim! Haft!

Anklageschrift

gegen

1.) den Major a.D. Max Lindemann aus Dresden A16, Hänelstraße 15, geboren am 14. Juli 1872 in Soest, verwitwet,

2.) den Kaufmann Hermann Lindemann aus Niederpoyritz, Bezirk Dresden, Staffelsteinstraße 16 c, geboren 22. März 1897 in Görsbach, verheiratet,

3.) den Bauingenieur Hans Sierks aus Dresden A 24, Bayreutherstraße 16, geboren am 24. Juli 1877 in Senth, verwitwet,

4.) den Geschäftsführer Carl Marx aus Bärenstein (Erzgebirge), Geisinggrund 10, geboren am 14. Februar 1894 in Berlin, geschieden,

5.) die Büroangestellte Frieda Pilat aus Dresden A1, Freibergerstraße 33, geboren am 24. Januar 1912 in Leipzig, ledig, Protektoratsangehörige,

6.) den Architekten Wilhelm Senzky aus Berlin-Halensee, Mansfelderstraße 48, geboren am 4. Juli 1904 in Rothsürben, Kreis Breslau, verheiratet,

7.) den ehemaligen Oberstleutnant Horst von Petersdorff aus Berlin-Grunewald, Oberhardterweg 45, geboren am 30. Dezember 1892 in Posen, geschieden,

8.) den Architekten Erich Gloeden aus Berlin-Charlottenburg 9, Kastanienallee 23, geboren am 23. August 1888 in Berlin, verheiratet, jüdischen Mischling I. Grades,

9.) die Ehefrau Dr. jur. und Gerichtsreferendarin a.D. Elisabeth-Charlotte Gloeden, geborene Kuznitzky, aus Berlin-Charlottenburg 9, Kastanienallee 23, geboren am 9. Dezember 1903 in Köln, verheiratet, jüdischen Mischling I. Grades,

10.) die Witwe Elisabeth Kuznitzky, geborene von Liliencron, aus Berlin-Charlottenburg 9, Kastanienallee 24, geboren am 22. Januar 1878 in Straßburg, sämtlich auf Grund des Haftbefehls des Ermittlungsrichters des Volksgerichtshofs in Berlin vom 24. Oktober 1944 (204/44-556) im Strafgefängnis in Berlin-Tegel (Marks, Erich Gloeden), im Gefängnis Berlin-Lehrterstraße (Max und Hermann Lindemann, Sierks, Senzky, von Petersdorff) und in der Untersuchungshaftanstalt beim Kriminalgericht Berlin-Moabit (Pilat, Charlotte Gloeden, Kuznitzky) in Untersuchungshaft.

Gegen diese Angeschuldigten erhebe ich Anklage wegen folgender Tat:

Sie haben in der Zeit vom 22. Juli bis zum 3. September 1944 in Dresden und Berlin dem wegen seiner Beteiligung an dem Attentat auf den Führer vom 20. Juli 1944 aus der Wehrmacht ausgestoßenen und flüchtigen General der Artillerie Fritz Lindemann ungeachtet der Bekanntmachungen in der Presse Hilfe geleistet, um ihn vor den Nachforschungen der Polizei zu verbergen, und dadurch die endgültige Niederschlagung des Verbrechens zum Nachteil des Reiches und zum Vorteil der Reichsfeinde erschwert. Verbrechen nach §§ 91 b, 47 StGB.

Dokument 19

Wesentliches Ergebnis der Ermittlungen.
Der ehemalige General der Artillerie Fritz Lindemann war an den Vorbereitungen des Attentats und der Revolte vom 20. Juli 1944 beteiligt. Der Umfang seiner Beteiligung ergibt sich aus der aus Blatt 12/22 Hauptband II ersichtlichen Zusammenstellung. In der Tagespresse vom 5. August 1944 wurde der Öffentlichkeit das Ergebnis der Beschlüsse des Ehrenhofes des Heeres vom 4. August 1944 bekanntgegeben und unter den aus der Wehrmacht wegen ihrer Beteiligung an dem Anschlag auf den Führer ausgestoßenen Offizieren auch der fahnenflüchtige General der Artillerie Lindemann genannt. In der Tagespresse vom 19. August 1944 wurde dann für die Ergreifung des Deserteurs Lindemann eine Belohnung von 500.000 RM ausgesetzt und die Bevölkerung zur Mithilfe bei der Fahndung mit folgenden Worten aufgefordert:

> »Angaben jedweder Art, die zur Ergreifung des Täters dienlich sind, nimmt jede Polizeibehörde entgegen. Wer den Flüchtigen irgendwie unterstützt oder von seinem jetzigen Aufenthalt Kenntnis hat und sich nunmehr nicht unverzüglich bei der Polizei meldet, hat schwerste Strafe zu erwarten.«

Trotz dieser Aufforderung haben die Angeschuldigten in dem aus dem Abschnitt A der Anklageschrift ersichtlichen Umfang dem Deserteur Lindemann Hilfe geleistet.

A. Die Straftaten der Angeschuldigten:

1.) Max Lindemann
Der Angeschuldigte Max Lindemann nahm am ersten Weltkrieg als aktiver Offizier teil und wurde Anfang des Jahres 1919 als Major entlassen. Max Lindemann, der sich 1938 der Wehrmacht erneut zur Verfügung gestellt hat, ohne allerdings eingezogen zu werden, ist Mitglied der NSKOV., der NSV., der RLB. und des DRK. Sein einziger Sohn aus erster Ehe und sein Stiefsohn aus zweiter Ehe sind in diesem Kriege gefallen.

Am 22. Juli 1944 gegen 22 Uhr 30 erschien der ehemalige General Lindemann in Zivil in der Wohnung seines Onkels Max Lindemann, bat um ein Nachtquartier und erklärte auf die Frage, was denn los sei, er komme aus Berlin, habe mit der Sache nichts zu tun, sei jedoch nach Mitteilung eines ihm bekannten Offiziers zur Führerreserve versetzt worden. Obgleich Max Lindemann, wie er selbst zugegeben hat, »aus den ganzen Umständen des 20. Juli 1944 und dem Erscheinen in Zivil schließen mußte, daß sein Neffe mit diesen Zusammenhängen in Verbindung zu bringen sei«, nahm er ihn nach einigem Hin und Her gleichwohl bis zum 26. Juli 1944 in seiner Wohnung auf. Nachdem sein Neffe die Wohnung verlassen hatte, rief Oberst Schüssel vom Wehrkreiskommando Dresden an, teilte Max Lindemann mit, daß in der Familie Lindemann eine »große Schweinerei« passiert sei, und fragte nach dem ehemaligen General Lindemann. Max Lindemann erklärte darauf, sein Neffe sei nicht in seiner Wohnung. Durch diesen Anruf kam Max Lindemann der Gedanke, daß sein Neffe vermutlich desertiert sein müsse. Diese Vermutung wurde dann durch die Bekanntmachung in der Tagespresse am 5. August 1944 zur Gewißheit. Aus der Höhe der für die Ergreifung des Deserteurs Lindemann in der Tagespresse am 19. August 1944 ausgesetzten Belohnung entnahm

Max Lindemann ferner, daß »die Sache nicht so einfach war«, wie sie sein Neffe ihm geschildert hatte. Er sah gleichwohl »aus falschem Mitleid und verwandschaftlichen Gefühlen« davon ab, den Behörden vom Aufenthalt seines Neffen bei ihm Mitteilung zu machen, da er der Auffassung gewesen sein will, sein Neffe werde sich zur Rettung seiner und seiner Sippe Ehre selbst richten. Andererseits hoffte Max Lindemann, wie er zugegeben hat, daß sich sein Neffe nicht mehr in Deutschland befand und ihn somit nicht belasten konnte.

2.) Hermann Lindemann

Der Angeschuldigte Hermann Lindemann, ein weitläufiger Vetter des ehemaligen Generals Lindemann, nahm von 1914 bis 1918 am Weltkriege teil und wurde als Unteroffizier entlassen. Er war von 1922 bis 1932 Mitglied der SPD. und in dieser Eigenschaft zeitweise auch Bürgermeister. Später schloß er sich der DNVP. an. Seit April 1937 gehörte er der NSDAP., an, aus der er jedoch im Jahre 1943 wegen einer kriegswirtschaftlichen Verurteilung vorläufig ausgeschlossen worden ist, und war ferner Mitglied der DAF., des DRK., der NSV. und des RLB. Hermann Lindemann hat aus seiner ersten und zweiten Ehe vier Kinder im Alter von 5 bis 24 Jahren.

Am 25. Juli 1944 erfuhr Hermann Lindemann bei einer Begegnung in der Stadt von der Ehefrau des Max Lindemann, daß Fritz Lindemann zu ihr gekommen und von ihr anderweit untergebracht worden sei. Auf Hermann Lindemanns wiederholte Frage, wo sie ihn untergebracht habe, gab sie keine Auskunft und brachte nur immer wieder zum Ausdruck, sie wisse sich nicht zu helfen, da Fritz Lindemann doch nicht bei ihren Bekannten bleiben könne. Fritz Lindemann habe ihr mitgeteilt, er sei zwar nicht unmittelbar an dem Attentat auf den Führer beteiligt, habe aber davon gewußt. Er sei zur Führerreserve versetzt worden, und ein Bekannter habe ihm angedeutet, daß das der sichere Tod sei. Nachdem Hermann Lindemann die Ehefrau Lindemann zunächst gebeten hatte, ihn aus dem Spiel zu lassen, bestellte er sie auf eindringliches Bitten für einige Stunden später in sein Büro. Dort fand er das bereits am Vortage durch einen Kurier abgegebene Schreiben des Oberst Dr. Sommerlad, des Adjutanten im Stellvertretenden Generalkommando in Dresden, vom 24. Juli 1944 vor, das folgenden Wortlaut hat:

»Sehr geehrtet Herr Lindemann!
Sie werden gebeten, Herrn General der Art. Lindemann, der sich z.Zt. bei Ihnen aufhalten soll, zu übermitteln, daß Herr General sofort auf Veranlassung seines Chefs seine Berliner Dienststelle anrufen möchte. Das Gespräch kann über Vermittlung Gen.Kdo. angemeldet werden.
Heil Hitler!
Ihr sehr ergebener
Sommerlad.«

Hermann Lindemann teilte auf dieses Schreiben fernmündlich mit, daß General Lindemann nicht bei ihm sei. Er sei allerdings vor drei oder vier Wochen in Dresden gewesen und habe ihn für ein paar Stunden aufgesucht. Seit dieser Zeit habe er jedoch keine Nachricht von ihm. Als die Ehefrau Lindemann nun auf seinem Büro erschien, setzte er sie von dem Inhalt des ebigen Schreibens in Kenntnis und bat sie, auf Fritz Lindemann einzuwirken, daß er sich der Dienststelle hier oder in Berlin zur Verfügung stellen oder jedenfalls seine Anwesenheit in Dresden fernmündlich mitteilen sollte. Bei einer weiteren Zusammenkunft am Nachmittag teilte die Ehefrau Lindemann Hermann Lindemann mit, Fritz Lindemann könne auf seinen Vorschlag nicht eingehen, da er zu große Gefahr laufe; er sehe den Brief nämlich als eine Warnung für ihn von Seiten der militärischen Dienststelle an. Er könne auch ohne falschen Paß nicht nach Berlin fahren. Als die Ehefrau Lindemann in Fritz Lindemanns Namen um Beschaffung eines falschen Passes bat, lehnte Hermann Lindemann dies zwar ab. Er erklärte auch, er könne Fritz Lindemann nicht helfen; man solle ihn in Ruhe lassen, da er Familie und Kinder habe; die einzige Konsequenz, die es für Fritz Lindemann gebe, sei die Pistole. Da die Ehefrau Lindemann aber immer weiter in ihn drang, bestellte er sie für den folgenden Morgen in das Büro der Firma »Druckmaschinen Ritter G.m.b.H.«, an der er geschäftlich beteiligt ist. Bevor die Ehefrau Lindemann sich dort am 26. Juli 1944 einfand, sprach Hermann Lindemann mit dem Geschäftsführer der genannten Firma, dem Angeschuldigten Marks, über die Angelegenheit, zeigte ihm das Schreiben des Oberst Sommerlad und erklärte, er könne sich entweder »desinteressieren« oder Fritz Lindemann anzeigen. Als er Marks um Rat bat, erwiderte dieser, Hermann Lindemann müsse Fritz Lindemann helfen. Da Hermann Lindemann es aber nicht tun könne, wolle er es übernehmen; er habe ja keine Familie und riskiere nichts. Sie vereinbarten sodann mit der Ehefrau Lindemann, daß Marks den ehemaligen General Lindemann noch an demselben Abend nach Berlin begleiten und dort zu den Angeschuldigten Gloeden bringen sollte. Hierbei war Hermann Lindemann durch eine Mitteilung des Angeschuldigten Sierks bekannt, daß Gloeden einen Bekannten namens Karpen hatte, der aus politischen Gründen in Berlin untergetaucht sein sollte und auch Fritz Lindemann werde unterbringen können. Als Marks einwandte, er komme erst gegen Mitternacht in Berlin an, und könne Gloeden dann nicht mehr aufsuchen, ordnete Hermann Lindemann an, Marks solle sich mit Fritz Lindemann zunächst bei seinem Geschäftsfreund, dem Angeschuldigten Senzky, melden. Er schlug ferner vor, Fritz Lindemann während der Fahrt und in Berlin bei Senzky als Geschäftsfreund der Ritter G.m.b.H. vorzustellen und anzusprechen, um »irgendwelche Verdachtsmomente in dieser Hinsicht vorerst zu zerstreuen.« Nachdem Marks dann, wie noch auszuführen sein wird, Fritz Lindemann nach Berlin begleitet hatte, wurde Hermann Lindemann am 28. Juli 1944 von Senzky aufgesucht. Dieser machte ihm heftige Vorwürfe, daß er ihm seinen Vetter zugeschickt hat, und bat ihn, mit nach Berlin zu kommen und dafür zu sorgen, daß Fritz Lindemann, der inzwischen durch von Petersdorff in Potsdam untergebracht worden sei, an einem anderen Ort ein Unterkommen finde. Hermann Lindemann erklärte sich zwar dazu bereit, blieb dann aber unter einem Vorwand in Dresden zurück und bat Senzky, zu veranlassen, daß Fritz Lindemann sich alsbald zu Gloeden begeben solle. Als Senzky darauf erklärte, Fritz Lindemann müsse auch finanziell unterstützt werden, lehnte Hermann Lindemann dies mit dem Bemerken ab, wenn Fritz Lindemann so etwas tue, müsse er sich auch selbst helfen. Am 2. August 1944 berichtete Marks Hermann

Lindemann ausführlich über die Reise nach Berlin und teilte ihm insbesondere mit, von Petersdorff habe sich freiwillig erbeten, Fritz Lindemann unterzubringen. In der Folgezeit hatte Hermann Lindemann mit Senzky noch wiederholte geschäftliche Zusammenkünfte, bei denen sie sich mehrfach über Fritz Lindemann unterhielten. Senzky forderte Hermann Lindemann auf, nach Berlin zu kommen, und vereinbarte auch eine Zusammenkunft zwischen Hermann und Fritz Lindemann, die Hermann Lindemann indes nicht wahrnahm.

Der Angeschuldigte Hermann Lindemann, der dies alles zugegeben hat, hat erklärt, er habe bei seiner polizeilichen Vernehmung am 26. Juli 1944 und ebenso bei seinen weiteren Vernehmungen am 9. und 22. August 1944 deshalb seine Besprechungen mit Marks und der Ehefrau Lindemann verschwiegen, weil ihm daran gelegen gewesen sei, Fritz Lindemann sicher unterzubringen und seinen Aufenthalt der Staatspolizei solange als irgend möglich zu verheimlichen. Er habe aus Rücksicht auf die Familie Lindemann so gehandelt.

3.) SIERKS

Der Angeschuldigte Sierks, der am ersten Weltkrieg mit Auszeichnung zuletzt als Leutnant der Landwehr teilgenommen hat, war von 1919 bis 1930 Mitglied der SPD und anschließend der SAP. 1936 und 1940 stellte er sich der Wehrmacht zur Verfügung, ohne allerdings eingezogen zu werden.

Am 25. oder 26. Juli 1944 erfuhr Sierks von dem ihm seit langen Jahren bekannten Hermann Lindemann, daß sein Vetter Fritz Lindemann unsinnigerweise von Berlin nach Dresden gefahren sei und sich nun hier aufhalte. Wenn sein Vetter auch mit den Vorgängen des 20. Juli 1944 nichts zu tun habe, so fühle er sich doch unsicher und wolle sich zunächst verbergen. Sie waren übereinstimmend der Auffassung, daß dies allenfalls in Berlin möglich sein werde. Sierks nannte Hermann Lindemann darauf, wie bereits erwähnt, die Namen von Gloeden und Karpen, die Fritz Lindemann würden in Berlin behilflich sein können. Nach Hermann Lindemanns Darstellung rief Sierks etwa zwei Wochen später bei ihm an und fragte, ob alles in Ordnung sei, was Hermann Lindemann bejahte. Als Sierks durch den Runfunk und die Presse erfuhr, daß auf die Ergreifung des Deserteurs Fritz Lindemann eine Belohnung von 500.000 RM ausgesetzt war, rief er angeblich wiederholt vergeblich bei Hermann Lindemann an, um ihn zu veranlassen, dafür zu sorgen, daß sich sein Vetter entweder stellen oder selbst richten solle, da er nun doch verloren sei. Von einer Anzeige will Sierks deshalb abgesehen haben, weil er dies von seinem »Ehrenstandpunkt« aus nicht für richtig gehalten habe, da er dadurch andere Personen mit hineingezogen und auch den Eindruck erweckt haben würde, als ob es ihm auf die Belohnung ankäme. Der Angeschuldigte Sierks hat anschließend erklärt, er könne auch heute noch nicht einsehen, daß er Anzeige mit dem Hinweis hätte erstatten müssen, daß sich Fritz Lindemann in Berlin befinden könne.

4) Marks

Der Angeschuldite MARKS nahm am ersten Weltkrieg an verschiedenen Fronten zuletzt als Leutnant der Reserve reil. Er ist Mitglied der NSV. und DAF.

Dokument 19

Nachdem Marks sich am 26. Juli 1944 bereit erklärt hatte, den ehemaligen General Lindemann nach Berlin zu begleiten, vereinbarte er mit Hermann Lindemann, daß dessen Vetter, den er bisher noch nicht kannte, ihn kurz vor Abgang des Zuges im Büro abholen solle. Gegen 18 Uhr erschien der ehemalige General Lindemann im Büro des Marks und stellte sich unter seinem richtigen Namen vor, bat aber darum, ihn bei Gesprächen mit dem Namen »Exner« anzureden, da er einen Sonderauftrag zu erledigen habe. Auf der Fahrt nach Berlin zeigte Lindemann bei einer Kontrolle durch die Kriminalpolizei einen aus dem Jahre 1938 oder 1939 stammenden Schriftleiterausweis vor, der auf den Namen Fritz Lindemann ausgestellt war und ihn im Lichtbild in Zivil zeigte. Nach der Ankunft in Berlin bat Marks den Angeschuldigten Senzky fernmündlich um ein Nachtquartier für sich und einen Geschäftsfreund. Senzky war dazu bereit und nahm beide bei sich auf. Noch am Abend stellte Marks dem Senzky den Lindemann unter dem richtigen Namen vor, bemerkte allerdings dazu, Lindemann reise unter dem Namen »Exner« in einem Sonderauftrag. Als am nächsten Morgen bei Senzky der Angeschuldigte von Petersdorff aus geschäftlichen Gründen anrief, ging Marks nach Senzky an den Apparat, da er von Petersdorff kannte, und wurde von diesem gebeten, ihn in einer Bauangelegenheit aufzusuchen. Marks fuhr darauf zu von Petersdorff nach Berlin-Grunewald und kam auf Lindemanns Bitte auch auf diesen zu sprechen. Er fragte von Petersdorff, ob er einen General der Artillerie kenne. Als von Petersdorff sich erkundigte, ob das der Führer der Nordarmee sei, verneinte Marks dies und klärte von Petersdorff auf, daß es sich bei dem von ihm gemeinten Lindemann um den Vetter ihres gemeinsamen Geschäftsfreundes Hermann Lindemann handele. Von Petersdorff erklärte darauf, daß er Fritz Lindemann sicher kennen werde. Als Marks nun von Petersdorff mitteilte, Lindemann sei zur Führerreserve versetzt worden, befinde sich zur Zeit bei Senzky und möchte für einige Zeit in Berlin untergebracht werden, erwiderte von Petersdorff, das werde sich einrichten lassen, da er sich in Potsdam, Birkenstraße 1, bei einer ihm bekannten Familie vorsorglich ein möbliertes Zimmer gesichert, bisher aber noch nicht benutzt habe. Marks verständigte Lindemann alsbald von dem Ergebnis seiner Unterredung mit von Petersdorff, bat ihn, sich mit diesem in Verbindung zu setzen, und kehrte am Abend des 27. Juli 1944 nach Dresden zurück. Als er am 2. August 1944 Hermann Lindemann über die Reise berichtete, erklärte dieser: »Wenn er (Fritz Lindemann) jetzt noch einmal kommt, dann weisen Sie ihm die Tür. Mehr wollen wir für ihn nicht tun.« Nachdem Marks dann aus der Presse die Beteiligung des ehemaligen Generals Lindemann an den Vorgängen vom 20. Juli 1944 erfahren hatte, rief er Senzky an und fragte ihn, wie lange Lindemann bei ihm geblieben sei. Senzky teilte ihm darauf mit, Lindemann sei nur noch eine Nacht bei ihm gewesen, und er habe seitdem nichts mehr von ihm gehört.

Am 19. August 1944 fuhr Marks mit dem Ingenieur Schäffner und dessen Ehefrau sowie der Mitangeschuldigten Pilat auf sein ländliches Anwesen Hartmannmühle. Während eines Aufenthalts auf der Fahrt bat Marks die Ehefrau Schäffner unter vier Augen, sie möge das Gespräch nicht auf die an diesem Tage in der Zeitung erschienene Mitteilung des Falles Lindemann bringen. Der Ehefrau Schäffner fiel bei dieser Bemerkung ein, daß Marks, in dessen Geschäft sie als Buchhalterin tätig ist, Ende Juli

1944 nach Berlin gefahren war und auf ihre Frage, was er dort gewollt habe, erklärt hatte, er spiele »va banque« und würde dabei etwas riskieren. Am 20. August 1944 äußerte Marks dann zu der Ehefrau Schäffner während ihres gemeinsamen Aufenthalts in Hartmannmühle, heute werde wahrscheinlich sein letzter schöner Sonntag gewesen sein. Auf ihre Frage, was er damit meine, erldärte er: »Ich will einen deutschen Offizier über die Grenze bringen.« Auf ihren Einwand, das sei doch Blödsinn und werde sich kaum durchführen lassen, und ihre weitere Frage, ob er den Offizier nach der Schweiz bringen wolle, erwiderte Marks, er wolle ihn mit dem Kraftwagen auf dem normalen Grenzwege in die Slowakei bringen, wo alles Weitere geregelt sei. Er müsse nur noch einmal nach Berlin, dann sei seine Mission erledigt. Am 21. August 1944 bemerkte Marks zu der Ehefrau Schäffner, die inzwischen von der Angeschuldigten Pilat erfahren hatte, daß sie »wegen Lindemann« von der Geheimen Staatspolizei vernommen worden sei, wenn sie gleichfalls zur Geheimen Staatspolizei bestellt werde und die Sache Lindemann angeschnitten werde, dann dürfe sie von nichts wissen. Am 20. August 1944 fragte Marks in Hartmannmühle den Ehemann Schäffner unvermittelt: »Weißt Du, wo Lindemann ist?« Auf Schäffners Frage, der an Hermann Lindemann dachte, was er damit meine, erwiderte Marks, er meine den General Lindemann; den habe er untertauchen lassen, der sei in Potsdam gut untergebracht. Als Schäffner dem Marks darauf Vorwürfe machte, bemerkte dieser sinngemäß, bisher sei das noch gegangen, aber durch die Belohnung werde die Sache gefährlicher. Nachdem die Eheleute Schäffner die ihnen von Marks gemachten Äußerungen nach ihrer Rückkehr nach Dresden ausgetauscht hatten, kamen sie zu der Überzeugung, daß sie die Angelegenheit trotz ihrer freundschaftlichen Beziehungen zu Marks sofort der Polizei mitteilen müßten. Schäffner erstattete daher noch am Abend des 20. August 1944 Anzeige.

Der Angeschuldigte Marks will sich zwar an die gegenüber den Eheleuten Schäffner gemachten Äußerungen nicht mehr erinnern. Er hat auch bestritten, den Plan gehabt zu haben, Lindemann über die Grenze in die Slowakei zu bringen. Im übrigen hat er jedoch den Sachverhalt zugegeben und erklärt, er habe keine Anzeige erstattet, um Hermann Lindemann zu schonen. Aus diesem Grunde habe er auch bei seiner ersten Vernehmung am 22. August 1944 jedes Wissen über Lindemanns Aufenthalt in Abrede gestellt.

5.) PILAT

Die Angeschuldigte Pilat, die Protektoratsangehörige ist, arbeitet seit längerer Zeit bei der Firma Druckmaschinen Ritter G.m.b.H. als Schreibkraft und ist mit Marks gut bekannt. Sie ist Mitglied der DAF.

Am 10. August 1944 teilte Marks der Angeschuldigten Pilat, die eine Woche auf Urlaub gewesen war, mit, er sei in Berlin gewesen und habe jemand dort hingebracht. Am 11. August 1944 äußerte er zu der Pilat, er müsse am Sonntag (13. August 1944) nach Leipzig und Berlin fahren und werde wohl erst am Montag zurückkommen. Als Marks dann schon am 13. August 1944 zurückkehrte, teilte er der Pilat, die sich auf seinem Anwesen in Hartmannmühle aufhielt, auf ihre Frage folgendes mit: »Ich bin nach Berlin gefahren. Hast Du von dem General gehört? Mit diesem bin ich am 26. Juli 1944 nach Potsdam gefahren und habe ihn dort untertauchen lassen.« Auf die Bemerkung der Pilat, er solle keine Witze machen, so etwas könne er doch nicht tun, erwiderte Marks: »Hast Du Angst um mich? Das brauchst Du nicht. Lindemann habe ich so gut in Berlin-Potsdam untergebracht, daß er nicht gefunden wird.« Marks erklärte weiter, er müsse noch einmal wegfahren und einen Paß besorgen, um Lindemann in die Slowakei zu bringen.

Obgleich die Pilat wußte, daß es sich bei dem von Marks erwähnten Lindemann um den aus der Wehrmacht ausgestoßenen und polizeilich gesuchten Deserteur Lindemann handelte, auf dessen Ergreifung eine sehr hohe Summe ausgesetzt war, und obwohl sie am 20. August 1944 auch zugegen war, als Marks die eigenartige Bemerkung machte: »Das war ein schöner Sonntag, vielleicht mein letzter«, gab sie der Polizei bei ihren Vernehmungen am 21. und 29. August 1944 keine Kenntnis von ihrem Wissen. Sie will dies aus Angst davor unterlassen haben, »was sie als Mitwisserin nun treffen würde.« Sie will aber andererseits deshalb keine Anzeige erstattet haben, weil sie Marks die Tat nicht zugetraut und seine Äußerungen für Redensarten gehalten haben will, die er gemacht habe, um ihr zu imponieren.

6.) SENZKY

Der Angeschuldigte Senzky ist von Beruf Architekt und Geschäftsführer einer Wohnungsbaugesellschaft, durch die er mit dem ihm seit 1936 bekannten Hermann Lindemann in Geschäftsbeziehungen stand. Er ist seit 1933 Mitglied der NSBO., der DAF und NSV. sowie förderndes Mitglied des NSKK.

Wie bereits im Abschnitt 4 der Anklageschrift ausgeführt worden ist, nahm Senzky in der Nacht zum 27. Juli 1944 den ihm flüchtig bekannten Marks und dessen Begleiter Lindemann bei sich auf, in dem er nach seiner Darstellung zunächst nur einen Geschäftsfreund des Marks namens Exner vermutete. Nachdem Marks dann am 27. Juli 1944 von seinem Besuch bei von Petersdorff zurückgekehrt war, erfuhr Senzky durch ein Gespräch zwischen Marks und Lindemann, daß es sich bei »Exner« um einen Vetter von Hermann Lindemann – wie Senzky annahm – den Generaloberst Lindemann handelte. Senzky erklärt darauf Lindemann und Marks, er wolle mit ihnen nichts zu tun haben, wenn etwas nicht stimme, und fragte Lindemann ausdrücklich, ob er mit dem Attentat auf den Führer in Verbindung zu bringen sei, was Lindemann verneinte. Auf der Fahrt mit Senzky zu von Petersdorff brachte Lindemann, der »immer noch so tat, als ob er mit der ganzen Angelegenheit nichts zu tun habe und sich nur auf Urlaub in Berlin befinde«, zum Ausdruck, daß bei der ganzen Aktion nach dem 20. Juli 1944 viele Unschuldige festgenommen worden seien. Dies veranlaßte Senzky zu der Bemerkung, ein anständiger Kerl würde sich in solcher Lage erschießen. Bei der Ankunft bei von Petersdorff hatte Senzky den Eindruck, daß von Petersdorff über die Angelegenheit Lindemann genau unterrichtet war, da er sich längere Zeit mit diesem unterhielt. Senzky teilte von Petersdorff mit, Lindemann befinde sich auf Urlaub, und von Petersdorff erklärte dazu, ein General könne ohne weiteres mit Wissen seiner Truppe einige Tage auf Urlaub gehen. Lindemann blieb dann noch die folgende Nacht bei Senzky. Am 28. Juli 1944 suchte Senzky, wie bereits erwähnt, Hermann Lindemann auf und machte ihm Vorwürfe, daß er ihm seinen Vetter ins Haus geschickt habe. Er erkundigte sich auch, was überhaupt mit dem Vetter los sei, und bat ihn, zur Klärung der Angelegenheit selbst nach Berlin zu kommen. Senzky will hierbei immer noch angenommen haben, daß sich Lindemann auf Urlaub befand. Am 31. August 1944 erfuhr Senzky dann bei einer erneuten geschäftlichen Besprechung mit Hermann Lindemann in Köthen, sein Vetter sei nicht Generaloberst, sondern General, und es handele sich bei ihm um den von der Polizei gesuchten Lindemann.

Der Angeschuldigte Senzky, der diesen Sachverhalt zugegeben hat, hat erklärt, er habe schon am 27. Juli 1944 innerlich das Gefühl gehabt, daß die Sache mit Lindemann, alias Exner, irgendwie nicht stimme, und habe daher an Lindemann einige Fragen über den 20. Juli 1944 gerichtet, deren Beantwortung seine Bedenken zerstreut habe. Gleichwohl sei ihm die Sache unangenehm gewesen, und er habe darauf gedrungen, aus der Angelegenheit herausgelassen zu werden. Nachdem er am 31. August 1944 erfahren habe, daß es sich um den von der Polizei gesuchten General Lindemann gehandelt habe, habe er keine Anzeige erstattet, um sich nicht selbst zu belasten. Er habe im übrigen aber auch nicht gewußt, wo Lindemann sich in der Folgezeit aufgehalten habe.

7.) VON PETERSDORFF

Der Angeschuldigte von Petersdorff trat 1911 als Fahnenjunker in das Preußische Heer ein, um Offizier zu werden. Nachdem er am ersten Weltkrieg zuletzt als Bataillonsführer teilgenommen und sodann bis 1921 als Hauptmann ein Freikorps geführt hatte, schied er 1922 aus der Reichswehr aus, weil er die Eidesleistung auf die Republik verweigerte. Bei Beginn dieses Krieges wurde er als Hauptmann z.V. einberufen und am 1. September 1942 zum Oberstleutnant befördert. Von Petersdorff, der während seiner Teilnahme am Westfeldzug 1940 mit dem Ritterkreuz ausgezeichnet worden ist, wurde später wegen seiner Verwundungen zum Rüstungsministerium abkommandiert und war zuletzt Chef der deutschen Industriekommission in der Slowakei. Er trat 1922 in die NSDAP., ein, ist Ehrenzeichenträger und außerdem SA-Brigadeführer. Von Petersdorff ist wegen der ihm in diesem Verfahren zur Last gelegten Straftat aus der Wehrmacht entlassen worden. Seine Ausstoßung aus der NSDAP., und der SA. ist am 30. September 1944 beantragt worden.

Die Belastungen des Angeschuldigten von Petersdorff und seine Straftat ergeben sich bereits im wesentlichen aus den Abschnitten 2, 4 und 6 der Anklageschrift. Von Petersdorff hat bei seinen polizeilichen Vernehmungen am 9., 12. und 23. September 1944 lediglich zugegeben, bei der ihm bekannten Familie von Scheliha in Potsdam, Birkenstr. 1, für einen Tag eine Person untergebracht zu haben. Er hat jedoch bestritten, daß dies der Deserteur Lindemann gewesen sei, vielmehr behauptet, es habe sich um einen Vetter von Petersdorff gehandelt, der wahrscheinlich mit Vornamen Dietrich heiße, wohl aus Karlsruhe stamme, und den er zuletzt vor 20 Jahren gesehen habe, oder aber um einen anderen ihm unbekannten Vetter von Petersdorff, der Offizier und Ritterkreuzträger sei und früher lange in Hannover bei der Reichswehr gestanden habe.

Nach den Angaben der technischen Assistentin von Scheliha steht zwar fest, daß von Petersdorff sie Ende Juli 1944 darum gebeten hat, seinen Vetter in dem ihm bei der

Familie von Scheliha zur Verfügung stehenden Zimmer unterzubringen. Es steht weiter fest, daß der angebliche Vetter von Freitag Vormittag (28. Juli 1944) bis Sonnabend Mittag das Zimmer in Potsdam bewohnt, Fräulein von Scheliha begrüßt und auf ihre Frage erklärt hat, er heiße auch von Petersdorff. Nach der Bekundung der Hausangestellten steht ferner fest, daß sich von Petersdorff am Sonnabend längere Zeit mit dem angeblichen Vetter in dessen Zimmer in der Wohnung von Scheliha unterhalten hat. Aus den Bekundungen dieser Personen kann jedoch nur entnommen werden, daß von Petersdorff die von ihm untergebrachte Person als seinen Vetter bezeichnet hat, um offenbar auf diese Weise jeden Verdacht auszuschließen. Denn nach den Angaben des Angeschuldigten Marks ist erwiesen, daß es sich bei der von Petersdorff untergebrachten Person tatsächlich um den Deserteur Lindemann gehandelt hat. Dies ergibt sich zwingend auch aus der Darstellung des Angeschuldigten Senzky, wonach es keinem Zweifel unterliegen kann, daß es sich um Lindemann und nicht um irgendeinen Vetter des Angeschuldigten von Petersdorff gehandelt hat, über den dieser selbst keine genauen Angaben machen kann. Es ist auch unerfindlich, auf welche Weise Senzky, der zwei Vettern des Angeschuldigten von Petersdorff ganz flüchtig kennt, einen von diesen von Petersdorff zugeführt haben sollte. Die Richtigkeit der Darstellung der Angeschuldigten Marks und Senzky wird aber auch dadurch bestätigt, daß diese dem Angeschuldigten Hermann Lindemann mitgeteilt haben, Lindemann sei von Petersdorff untergebracht, und daß ferner Marks der Angeschuldigten Pilat erklärt hat, er habe Lindemann in Potsdam eine Unterkunft vermittelt. Endlich hat der Deserteur Lindemann aber auch selbst vor seinem Ableben erklärt, er habe kurze Zeit durch Vermittlung des Angeschuldigten von Petersdorff bei der Familie von Scheliha gewohnt. Er habe sich zwar Fräulein von Scheliha unter dem Namen von Petersdorff als Vetter vorgestellt, von Petersdorff selbst habe aber genau über ihn Bescheid gewußt. Endlich hat der Deserteur Lindemann gegenüber dem Angeschuldigten Gloeden, bei dem er anschließend bis zu seiner Festnahme gewohnt hat, erklärt, er habe vorher kurze Zeit in Potsdam gewohnt und habe am 30. Juli 1944 eine Verabredung in der Wohnung seines Freundes von Petersdorff in Berlin-Grunewald gehabt, der Oberstleutnant und im Zivilberuf Kaufmann sei und gerade in einer wirtschaftlichen Angelegenheit in die Slowakei habe reisen wollen. Im übrigen war der Angeschuldigte von Petersdorff aber auch mit Hermann Lindemann bekannt und stand mit ihm in geschäftlichen Beziehungen, wie sich aus seiner Bemerkung gegenüber Senzky bei ihrem Telefongespräch am 27. Juli 1944 ergibt, Senzky möge Hermann Lindemann mitteilen, daß er das ihm bereits zugesagte Geld brauche.

Danach ist trotz des hartnäckigen Leugnens des Angeschuldigten von Petersdorff mit Sicherheit festzustellen, daß er nicht irgendeinen, ihm nicht einmal näher bekannten Vetter, sondern bewußt den ehemaligen General Lindemann bei der Familie Scheliha in Potsdam untergebracht hat.

8.) EHEPAAR GLOEDEN, KUZNITZKY

Bei dem Angeschuldigten Gloeden, der jüdischer Mischling I. Grades ist, erschien am 29. Juli 1944 gegen 16 Uhr ein ihm unbekannter Mann, stellte sich als Oberst oder Major

Lindemann vor und fragte, ob sein Besuch wohl angekündigt worden sei. Als sich Gloeden erkundigte, von wem er angemeldet sein wolle, erwiderte Lindemann, er sei von Senzky an ihn verwiesen worden, damit Gloeden ihn weiterleiten könne. Da Gloeden sich zunächst ablehnend verhielt, nannte Lindemann den Namen Karpen und erklärte, dieser habe doch die Möglichkeit, Personen, die in ähnlicher Lage wie er seien, in Berlin untertauchen zu lassen. Darauf ließ Gloeden Lindemann eintreten und nahm wegen des Namens Karpen zunächst an, daß es sich bei Lindemann um einen Juden handelte. Gloeden ist nämlich seit mehreren Jahren mit dem ehemaligen Rechtsanwalt, dem Volljuden Alfred Karpen bekannt und weiß, daß dieser sich seit Oktober 1942 seiner Evakuierung als Jude entzogen hat und in verschiedenen Wohnungen in Berlin und seinen Vororten illegal lebt. Nachdem Gloeden Lindemann eingelassen und ihm erklärt hatte, er solle vorläufig einmal dableiben, er wolle sehen, was weiter werde, müsse aber erst seine Frau und seine Schwiegermutter fragen, bat Lindemann darum, ihn den Frauen als Major und Journalist Exner vorzustellen, da er in eine polizeiliche Angelegenheit verwickelt sei. Lindemann wurde dann im Nebenhaus in dem möblierten Zimmer der Schwiegermutter Gloedens, der Angeschuldigten Kuznitzky, die seit einiger Zeit bei Gloeden wohnt, untergebracht und übernachtete dort bis zum 2. August 1944, während er sich am Tage in Gloedens Wohnung aufhielt und dort auch beköstigt wurde. Vom 2. bis 5. August 1944 übernachtete Lindemann in einer Leerwohng im Nebenhaus, zu der die Ehefrau Gloeden während der Abwesenheit des Wohnungsinhabers die Schlüssel besaß, und wohnte dann bis zu seiner am 3. September 1944 erfolgten Festnahme völlig bei Gloeden.

Erich Gloeden schöpfte alsbald Verdacht, daß Lindemann mit den Vorgängen des 20. Juli 1944 in Verbindung stand. Lindemann sprach nämlich gelegentlich über dieses Ereignis und erwähnte sogar einmal aus Versehen, daß er der General Lindemann sei. Völlig sichere Kenntnis davon, daß der in seiner Wohnung beherbergte Lindemann mit dem gesuchten Deserteur Lindemann personengleich war, bekam Gloeden dann durch die Mitteilung des Rundfunks und der Presse, insbesondere durch die in der Tagespresse am 19. August 1944 für Lindemanns Ergreifung ausgesetzte hohe Belohnung. Nachdem Erich Gloeden seiner Frau und seiner Schwiegermutter zunächst nur erklärt hatte, Exner sei in eine politische Angelegenheit verwickelt und müsse deshalb bei ihnen Unterschlupf finden, klärte er sie allmählich darüber auf, daß es sich bei Exner um den gesuchten Lindemann handelte.

Die Ehefrau Gloeden, die bei ihren polizeilichen Vernehmungen am 3. und 4. September 1944 zunächst behauptet hatte, sie habe in Exner einen Juden vermutet, hat dann bei ihrer Vernehmung am 5. September 1944 eingestanden, aus der Unterhaltung mit Lindemann nach und nach entnommen und von ihrem Mann erfahren zu haben, daß es sich bei Exner um den gesuchten General Lindemann gehandelt habe. Ihr Mann habe sie und ihre Mutter auf die Gefahr aufmerksam gemacht, die sie durch Lindemanns Aufnahme eingegangen seien. Von einer Anzeigeerstattung habe sie aus »rein menschlichem Mitleid« abgesehen, wenn ihnen auch allen klar gewesen sei, daß sie durch die weitere Beherbergung Lindemanns nach genauer Kenntnis seiner Person eine sehr schwere Bestrafung zu erwarten hätten. Sie hätten allerdings auch gehofft, daß es weiter so gut gehen könne wie bisher.

Die Ehefrau Kuznitzky hat nach anfänglichem Leugnen bei ihrer polizeilichen Vernehmung am 6. September 1944 ein Geständnis abgelegt. Sie hat insbesondere zugegeben, sich von Anfang an gedacht zu haben, daß Exner wegen seines militärischen Auftretens und Aussehens Offizier sein und in irgendeinem Zusammenhang mit dem Attentat auf den Führer stehen müsse. Sie hat ferner eingeräumt, Exner habe im Laufe seines Aufenthalts bei ihnen erklärt, er kenne einen Teil der in der Zeitung genannten Verräter und habe auch an Besprechungen mit ihnen teilgenommen. Exner habe sich auch einmal bei der Erzählung eines Kriegserlebnisses »verplappert«, sodaß sie zuverlässig gewußt habe, daß es sich bei Exner um den polizeilich gesuchten Deserteur Lindemann gehandelt habe.

B. Die Würdigung des Sachverhalts:

Wie sich aus dem vorstehend geschilderten Sachverhalt ergibt, hat keiner der Angeschuldigten nach dem Erscheinen der Presseveröffentlichungen vom 5. und 19. August 1944 von seinen Wahrnehmungen über das Auftauchen und den Verbleib des Deserteurs Lindemann der Polizei Mitteilung gemacht. Die Angeschuldigten Max Lindemann, Hermann Lindemann, Sierks, Marks, Senzky, das Ehepaar Gloeden und die Angeschuldigte Kuznitzky haben darüber hinaus sogar schon vor den Veröffentlichungen in der Presse Verdacht geschöpft, daß der von ihnen unterstützte Lindemann irgendwie mit den Vorgängen des 20. Juli 1944 in Verbindung zu bringen sei. Das gleiche ist auch bei dem Angeschuldigten von Petersdorff trotz seines Bestreitens anzunehmen. Die genannten Angeschuldigten haben also bereits im Augenblick ihres Tätigwerdens für Lindemann damit gerechnet, daß sie eine Person unterstützen, die mit den Ereignissen des 20. Juli 1944 in Zusammenhang stand. Die Eheleute Gloeden und die Kuznitzky haben sogar Lindemann selbst dann noch in ihrer Wohnung behalten und beköstigt, als sie durch die Presseveröffentlichungen völlig sichere Kenntnis über die Sachlage erhalten hatten.

Danach haben sämtliche Angeschuldigten, sei es durch eine unmittelbare Unterstützung des Deserteurs Lindemann, sei es auch nur durch die Unterlassung einer Anzeige (Pilat), dazu beigetragen, daß er sich den Nachforschungen durch die Polizei mit Erfolg entziehen konnte. Spätestens auf Grund des Inhaltes der Pressemitteilungen vom 5. und 19. August 1944 war jedem von ihnen dabei klar, daß es sich bei Lindemann um einen hohen Offizier handelte, der an den Attentats- und Putschbestrebungen des 20. Juli 1944 unmittelbar beteiligt und deshalb fahnenflüchtig geworden war. Die amtlichen Mitteilungen begründeten für jeden der Angeschuldigten die Pflicht zur Mitteilung aller Vorgänge, die irgendwie im Zusammenhang mit der Person des Deserteurs Lindemann standen. Hierauf war es ohne Einfluß, ob etwa nach Auffassung des einen oder anderen Angeschuldigten die von ihnen zu machenden Angaben von besonderer Bedeutung für die Fahndung nach Lindemann waren, oder ob die pflichtgemäße Meldung etwa eine durch Bekanntschaft, Freundschaft oder Verwandschaft begründete persönliche Belastung für sie bedeutete.

Das Verhalten der Angeschuldigten erfüllt über eine strafbare persönliche Begünstigung des Deserteurs Lindemann hinaus den Tatbestand eines Verbrechens der Feindbegünstigung, weil die Angeschuldigten eine in den größten und gefährlichsten Verrat der Deutschen Geschichte verwickelte Person durch unmittelbare Unterstützung oder durch die pflichtwidrige Unterlassung einer Anzeige gefördert, und damit die für die innere Sicherheit des Reiches wesentliche endgültige Niederschlagung des Verbrechens gehemmt haben.

Beweismittel

I. Die Einlassungen der Angeschuldigten

1.) Max LINDEMANN:
Bl. 44/47,
2.) Hermann LINDEMANN:
Bl. 1/3, 5, 34/40,
3.) SIERKS:
Bl. 57/60,
4.) Carl MARKS:
Bl. 8/11, 24/28, 56, 134/136,
5.) Frieda PILAT:
Bl. 6/7, 20/24, 51/52,
6.) Wilhelm SENZKY:
Bl. 111/119, 130/133,
7.) Horst von PETERSDORFF:
Bl. 120/122, 124/129, 140,
8.) Erich GLOEDEN:
Bl. 63, 74/83,
9.) Charlotte GLOEDEN:
Bl. 63 R/64, 72/73, 84, 86/92,
10.) Elisabeth KUZNITZKY:
Bl. 64/R, 93/97.

II. Der Polizeibeamte, der die Ermittlungen geführt hat: Bl. 69, 71, 83, 85.

III. Der Brief in Hülle Bl. 54, die Presseveröffentlichungen in Hülle Bl. 141.

Ich beantrage,
gegen die Angeschuldigten die Hauptverhandlung vor dem Volksgerichtshof anzuordnen, die Fortdauer der Untersuchungshaft zu beschließen und den Angeschuldigten Verteidiger zu bestellen.

Fernschreiben, durchgegeben von der Dienststelle Potsdam. 62

Spapoleit.Dresden Nr. 13308. 7.11.44. 2,14 Uhr WS.

An die Spapoleit.Berlin mit der Bitte um Weitergabe an Herrn Oberreichsanwalt beim Volksgerichtshof in Berlin.

Betrifft: S i e r k s, Ernst, Ludwig, Stadtbaurat a.D. geb. am 24.7.1877 in Seeth, wohnhaft in Dresden A, Bayreutherstraße 16.

Vorgang: O. Js.43/44g.

S i e r k s ist hier in anderer Sache noch wegen Vorbereitung zum Hochverrat anhängig. Er ist geständig, in seiner Wohnung an einer Besprechung mit Funktionären des „Natinonalkomite freies Deutschland" teilgenommen und dort Umsturzpläne besprochen zu haben. Sierks hat seine Mitarbeit, wenn auch für einen späteren Zeitpunkt, zugesagt. Die bei Sierks angelaufenen Funktionäre sind mit dem von der Stapo Leipzig festgenommenen vormal.kommunistischen Landtagsabgeordneten in Thüringen Otto Max E n g e r t, geboren am 24.7.1895 in Broesdorf und dem vormal. SPD-Bürgermeiste von Wurzen, B o o c k, Franz, Georg, geb. am 6.9.1891 in Berlin, sowie dem wegen Vorbereitung zum Hochverrat beim OLGericht Dresden Aktenz.: IVa O.Js.6/44g anhängigen Wilhelm G r o t h a u s, geb. am 17.11.1893 in Herden(Westf.) personengleich.

Spapoleit. Dresden
IV 1 a (9354/44)
gez.S c h n e i d r,
Krim.-Obersekretär.

Entgegengenommen:Mewes, 7.11.44, 14,30 Uhr.

[illegible] 8.[illegible].44.

O J 43/44

Dokument 21

Best. Nr. 450/13/291 [h]

Anliegendes Fernschreiben zurück an Abt. III -
Pg. Dr. KLOPFER

Da sich der Reichsleiter ja in Berlin befindet, dürfte sich eine Durchgabe des anliegenden Berichts über Fs von hier aus erübrigen.

Ich konnte Herrn Dr. BIRK von hier aus nicht mehr erreichen, darum muß ich Sie bitten, das Fs umschreiben zu lassen*, wenn Sie das mit Rücksicht auf die Korrekturen für notwendig halten.

Berlin, den 28.11.1944
Fernschreiber/Rlbo LECHNER [h]

Pg. Dr. BIRK, z. Zt. Dienststelle Berlin Fernschreiben

An Herrn Reichsleiter BORMANN
Betr.: Prozeß um den Verrat vom 20. Juli 1944

In der Sitzung am 27. November 1944 verhandelte der Volksgerichtshof unter dem Vorsitz des Präsidenten Dr. FREISLER gegen 10 Angeklagte, die in der Zeit vom 22. Juli bis 3. September 1944 in Dresden und Berlin dem aus der Wehrmacht ausgestoßenen flüchtigen ehemaligen General der Artillerie Fritz LINDEMANN Hilfe geleistet haben, sich vor den Nachforschungen der Polizei zu verbergen, und dadurch die endgültige Niederschlagung des Verbrechens erschwert haben. Beisitzer war Landgerichtsdirektor Dr. STIER. Ehrenamtlicher Beisitzer waren WINTER, KAISER und ADLER. Die Anklage wurde durch Oberreichsanwalt LAUTZ vertreten.

Angeklagt waren:
1.) Der Major a. D. Max LINDEMANN (Onkel des Fritz LINDEMANN),
2.) der Kaufmann Hermann LINDEMANN (weitläufiger Vetter des Fritz LINDEMANN),
3.) Der Bauingenieur Hans SIERKS,
4.) der Geschäftsführer Karl MARKS,
5.) die Büroangestellte Frieda PILAT,
6.) der Architekt Wilhelm SENZKY,
7.) der ehemalige Oberstleutnant Horst von PETERSDORFF,
8.) der Architekt Erich GlOEDEN,
9.) die Ehefrau Dr. jur. und Gerichtsreferendarin a. D. Elisabeth GlOEDEN, geborene KUZNITZKY,
10.) die Witwe Elisabeth KUZNITZKY, geborene von LILIENCRON.

* Hier wiedergegeben ist das Bormann vorgelegte umgeschriebene Fernschreiben, das die Korrekturen enthält.

Der Volksgerichtshof verhandelte zunächst gegen die Angeklagten zu 8-10, die Eheleute GLOEDEN und die Witwe Elisabeth KUZNITZKY, in deren Wohnung Fritz LINDEMANN am 3.9.1944 ergriffen wurde. Das Gericht trennte das Verfahren insoweit ab und verkündete um 12.45 Uhr gegen diese drei Angeklagten die Todesstrafe. Danach trennte der Volksgerichtshof auch das Verfahren gegen Major a. D. Max LINDEMANN ab, der von der Anklage freigesprochen wurde. Die Verhandlung gegen die übrigen Angeklagten konnte am 27.11.44 nicht zum Abschluß gebracht werden. Die Verhandlung geht heute am 28.11.44 weiter; sie wird sich nach einer Ankündigung des Präsidenten FREISLER möglicherweise bis zum 30. November erstrecken.

Durch Vermittlung der Angeklagten Hermann LINDEMANN und Karl MARKS war dem flüchtigen Fritz LINDEMANN die Anschrift des Angeklagten Erich GLOEDEN bekannt geworden. Erich GLOEDEN ist ebenso wie seine Ehefrau Elisabeth GLOEDEN jüdischer Mischling ersten Grades. In ihrem Haushalt wohnte gleichzeitig die Mutter der Ehefrau GLOEDEN, Elisabeth KUZNITZKY, die deutscher Abstammung ist, jedoch mit einem Juden verheiratet war. Fritz LINDEMANN suchte am 29. Juli 1944 Erich GLOEDEN in seiner Wohnung auf, stellte sich ihm als Oberst LINDEMANN vor und berief sich dabei auf den ehemaligen jüdischen Rechtsanwalt KARPEN, der illegal in Berlin lebt und mit GLOEDEN befreundet war. Erich GLOEDEN nahm Fritz LINDEMANN auf und stellte ihn auf dessen Bitte seiner Frau und seiner Schwiegermutter als Major und Journalist EXNER vor. Die Verhandlung ergab eindeutig, daß sowohl die Eheleute GLOEDEN als auch die Witwe KUZNITZKY spätestens durch die Veröffentlichungen in der Zeitung, durch welche Fritz Lindemann unter Auslobung einer Belohnung von 500 000.- RM gesucht wurde, genaue Kenntnis über die Person LINDEMANNS erlangen. Der Angeklagte Erich GLOEDEN gab dieses in der Verhaftung offen zu, auch die Angeklagte Elisabeth KUZNITZKY bestritt nicht, gewußt zu haben, um wen es sich bei Fritz LINDEMANN handelte. Lediglich die Ehefrau GLOEDEN versuchte entgegen ihren Aussagen in den polizeilichen Vernehmungsprotokollen, ihre Kenntnis von dem wirklichen Sachverhalt abzustreiten. Sie konnte jedoch durch Vorhalt ihrer Aussagen, die sie vor der Polizei gemacht hatte, sowie durch die Bekundungen des Ehemannes GLOEDEN überführt werden. Der Ehemann GLOEDEN erklärte auf eine Frage des Präsidenten FREISLER, er habe seine Frau und seine Schwiegermutter über die Person Fritz LINDEMANNS unterrichtet.

Der Angeklagte Max LINDEMANN, ein Onkel des Fritz LINDEMANN, ist aktiver Offizier gewesen. Er wurde 1919 als Major entlassen. Der 72jährige Max LINDEMANN macht körperlich und geistig einen sehr hinfälligen Eindruck. Am 22. Juli 1944 erschien bei ihm sein Neffe Fritz LINDEMANN in Zivil und bat um Unterkunft. Er beherbergte den flüchtigen ehemaligen General bis zum 26. Juli 1944. Nachdem Fritz LINDEMANN die Wohnung bereits verlassen hatte, rief das Wehrkreiskommando Dresden bei dem Angeklagten Max LINDEMANN an. Dieser antwortete, sein Neffe sei nicht in seiner Wohnung, wobei er auf die zurückliegende Zeit vom 22. bis 26. Juli 1944 nicht einging. Auch die Bekanntmachungen in der Tagespresse am 5. und 19. August 1944 veranlaßten ihn nicht, den zuständigen Behörden davon Mitteilung zu machen, daß Fritz LINDEMANN nach dem 20. Juli 1944 von ihm beherbergt worden sei. Der Freispruch ist aus subjektiven Gründen erfolgt. Präsident FREISLER betonte in der Urteilsbegründung, lediglich die bereits vor dem 20. 7.1944 bestehende körperliche und geistige Hinfälligkeit des Angeklagten Max LINDEMANN habe zum Freispruch geführt. Max LINDEMANN habe am 22.Juli 1944 die Zusammenhänge anscheinend nicht übersehen. Es sei ihm zu glauben, daß er auf den Anruf des Wehrkreiskommandos Dresden sich lediglich für verpflichtet gehalten habe, die ausdrücklich gestellten Fragen zu beantworten. Auch bei Bekanntmachung der Auslobung in der Presse habe er anscheinend nicht erkannt, welche Bedeutung die vorhergehende Aufnahme des Fritz LINDEMANN in seiner Wohnung habe.

Dr. FREISLER führte die Verhandlung auch diesmal bei genauester Aktenkenntnis. Er ließ den Angeklagten hinreichend Zeit, sich zu rechtfertigen. Die überlegene Verhandlungsführung Dr. FREISLERS zeigte sich besonders bei der Vernehmung der Ehefrau Elisabeth GLOEDEN, die nicht nur den Sachverhalt bestritt, sondern auch rechtliche Einwendungen zu machen versuchte.

Über die heute fortgesetzte Verhandlung gegen die übrigen Angeklagten werde ich Ihnen, Reichsleiter, nach Verkündung des Urteils berichten.

Berlin, den 28.11.1944 BIRK [h]
Dr. Bi/So.

Dokument 22

Abschrift.
1 L 432/44
O J 43/44g

IM NAMEN DES DEUTSCHEN VOLKES!

In der Strafsache gegen

1.) den Architekten Erich GLOEDEN aus Berlin-Charlottenburg, geboren am 23. August 1888 in Berlin,
2.) die Ehefrau Dr. jur. und Gerichtsreferendarin a.D. Elisabeth-Charlotte GLOEDEN, geborene Kuznitzky aus Berlin-Charlottenburg, geboren am 9. Dezember 1903 in Köln,
3.) die Witwe Elisabeth KUZNITZKY, geborene von Liliencron, aus Berlin-Charlottenburg, geboren am 22. Januar 1873 in Straßburg,

sämtlich zur Zeit in Haft, wegen Landesverrats, hat der Volksgerichtshof, 1. Senat, auf die am 6. November 1944 eingegangene Anklage des Herrn Oberreichsanwalts in der Hauptverhandlung vom 27. November 1944, an welcher teilgenommen haben als Richter:

Präsident des Volksgerichtshofs Dr. FREISLER, Vorsitzender,
Landgerichtsdirektor STIER,
Wirtschaftsinspektor WINTER,
Bürgermeister AHMELS,
Gartentechniker und Kleingärtner KAISER,
als Vertreter der Anklage:
Oberreichsanwalt LAUTZ,
Erster Staatsanwalt HARZMANN,

für Recht erkannt:

Erich GLOEDEN und Frau Elisabeth-Charlotte GLOEDEN zwei Halbjuden, sowie Frau Elisabeth KUZNITZKY haben den Verräter Fritz Lindemann fünf Wochen lang bei sich versteckt gehalten.

Dadurch haben sie mitten in unserem schweren Lebenskampf einen Unsicherheitsfaktor höchster Gefährlichkeit in unserer Mitte aufrechterhalten und so unseren Kriegsfeinden geholfen.

Für immer ehrlos werden sie mit dem Tode bestraft.

Ihr Vermögen verfällt dem Reich.

Gründe.

In der Wohnung von Erich GLOEDEN und seiner Frau Elisabeth-Charlotte GLOEDEN, beide Halbjuden, wohnt auch GLOEDEN Schwiegermutter, Frau Elisabeth KUZNITZKY.

Erich GLOEDEN hat uns wie schon im Vorverfahren so auch im wesentlichen vor der Polizei gesagt, am 29. Juli sei ein Unbekannter zu ihm gekommen; er habe sich auf einen früheren jüdischen Rechtsanwalt KARPEN, der illegal lebte, berufen. Diesen KAR-

PEN habe er, GLOEDEN, näher gekannt. Der Unbekannte habe ihn gebeten, ihn mit Karpen zusammenzuführen. Er, GLOEDEN, habe das zugesagt und den Unbekannten zunächst einmal auf dessen Wunsch bei sich aufgenommen. Er habe ihn seiner Frau und seiner Schwiegermutter als Exner vorgestellt; freilich habe der Unbekannte ihm, GLOEDEN, gesagt, daß er LINDEMANN heiße und jetzt als Exner auftrete.

Frau KUZNITZKY stellte zum Unterbringen ihr möbliertes Zimmer zur Verfügung, das sie seit einiger Zeit wegen der Bombengefahr nicht mehr bewohnte. Dort war der Unbekannte einige Nächte. Tagüber kam er zu GLOEDENS. Später brachte man ihn in einer im selben Hause wie GLOEDENS Wohnung befindlichen Leerwohnung unter, zu der GLOEDENS den Schlüssel hatten. Wieder einige Tage später stellte Erich GlO-EDEN, ohne irgendeinen wirkungsvollen Widerspruch einer der beiden Frauen, das Liegesofa in seinem Arbeitszimmer dem Unbekannten zur Verfügung. Hier blieb er, bis er am 3. September festgenommen wurde.

Der Unterschlupf suchende LINDEMANN alias EXNER hatte gleich zu Beginn Erich GLOEDEN gesagt, er sei in eine politische Angelegenheit verwickelt und GLO-EDEN kamen auch bald Gedanken, daß das wohl der Verrat des 20. Juli sei. Er stellte ihn deshalb auch zur Rede. Erich GLOEDEN behauptet, LINDEMANN habe entschieden und noch bis zum Schluß in Abrede gestellt, daß er mit dem Attentat irgend etwas zu tun habe.

Erich GLOEDEN ahnte jedoch trotz aller Beteuerungen, daß er etwas mit dem 20. Juli zu tun habe.

Diese Ahnung verdichtete sich, als nach einigen Wochen – wie die beiden mitangeklagten Frauen sagen, am 24. August, – LINDEMANN ein Erlebnis aus dem Kriege schilderte, bei dem er sich so verplapperte, daß alle drei Angeklagten merkten, daß er in Wirklichkeit General ist. Von dem Augenblick ab, in dem die Angeklagten von der öffentlichen Auslobung der Belohnung von 500 000.- RM für Ergreifen des flüchtigen Deserteurs, früheren General LINDEMANN, erfuhren, – sie sagen, das hätten sie am 19. August erfahren, – hatte Erich GLOEDENS Ahnung, wie er selbst zugibt, sich bis zur Gewißheit gesteigert.

Trotzdem behielt Erich GLOEDEN ihn weiter in seiner Wohnung, bis er dort am 3. September verhaftet wurde.

Wir haben keinen Zweifel, daß GLOEDEN sich selbst durch sein Geständnis vor der Polizei und sein heutiges vor uns, sicher nicht zu Unrecht über Gebühr belastet hat. Höchstens besteht die Möglichkeit, daß ihm LINDEMANN schon viel früher reinen Wein eingeschenkt hat.

Frau Elisabeth-Charlotte GLOEDEN hat zwar, wie sie behauptet, nicht gleich am ersten Tage erfahren, daß der Unbekannte LINDEMANN heiße, sie will ihn vielmehr lediglich als EXNER vorgestellt bekommen haben. Aber auch sie wurde sich, wie sie nicht leugnet, bald darüber klar, daß hier kein Geschäftsfreund oder Bombengeschädigter, den man als Gast aufnimmt, bei ihr wohne, sondern daß es sich um jemanden handele, der illegal lebe. Von dem Augenblick ab, wo herauskam, daß der Unbekannte General war, kam ihr auch der Gedanke, daß er mit dem 20. Juli etwas zu tun haben könne. Sie stellte ihn deshalb zur Rede. LINDEMANN antwortete ihr nach ihrer Angabe, mit dem 20. Juli habe er nichts zu tun, er müsse aber ein kriegsgerichtliches Verfahren fürchten, weil er gegen den Befehl eine Stellung nicht gehalten habe. Von nun ab wußte Frau GLOEDEN also mindestens, daß er ein desertierter General war. Nach einem desertierten General LINDEMANN aber wurde damals, wie ihr aus der Zeitung bekannt geworden war, gesucht; unter Aussetzung einer außerordentlich hohen Belohnung. So enstand in ihr spätestens jetzt, wie sie zugibt, der Verdacht, daß der desertierte General, den sie in ihrer Wohnung schon seit Wochen beherbergte und der ein kriegsgerichtliches Verfahren fürchtete, der gesuchte General LINDEMANN sein könne. Sie will zwar aus Sorge mit ihrem Mann darüber gesprochen haben, um EXNER - LINDEMANN irgendwie loszuwerden. Etwas Entscheidendes unternahm sie aber nicht. Vor der Polizei hat sie auch zugestanden, daß sie vom 24. August ab die Gewißheit hatte, LINDEMANN in ihrem Hause zu beherbergen. Heute will sie das nur als eine Ahnung oder »Befürchtung« wahrhaben. Wir haben jedoch keinen Zweifel, daß sie auch insofern vor der Polizei sich nicht zu Unrecht belastet hat, zumal ihr Mann soeben vor uns erklärt hat, seine Frau und ihre Mutter hätten von ihm reinen Wein eingeschenkt bekommen. Selbst wenn es aber so wäre, wie Frau GLOEDEN jetzt darstellt, würde das an unserer Beurteilung nichts ändern.

GLOEDENS Schwiegermutter, Frau Elisabeth KUZNITZKY, erfuhr bei der Vorstellung des Unbekannten durch ihren Schwiegersohn genau dasselbe wie ihre Tochter Elisabeth-Charlotte GLOEDEN. Auch sie begriff, wie sie sagt, schon nach wenigen Tagen, daß das kein Geschäftsfreund war, sondern jemand, der »in Not war, weil er verfolgt wurde«. Ihr kam auch der Gedanke, daß er vielleicht eine Beziehung zum 20. Juli haben könne. Und an dem Tage, als er sich verplapperte, daß er General sei, wurde das in ihr zur Gewißheit, wie sie vor der Polizei bekundet hat. Heute hat sie sich hierzu genauso eingelassen, wie ihre Tochter; aber auch bei ihr sind wir überzeugt, daß sie sich vor der Polizei auch insofern nicht zu Unrecht belastet hat, und daß auch ihr Schwiegersohn sie nicht zu Unrecht mit der Erklärung belastet, sie habe ebenso wie seine Frau Bescheid gewußt.

Alle drei haben so entweder von Anfang an gewußt oder bald geahnt und schließlich die Gewißheit bekommen, daß sie einen der Verräter vom 20. Juli beherbergten; und zwar einen, auf dessen Ergreifen unser Reich ganz besonderen Wert legte; also jemanden, der in dem Verdacht stehen mußte, einer der Haupttäter zu sein; dessen Ergreifung zur restlosen Aufklärung des Gesamtverrates und damit zur Beseitigung eines reichsgefährlichen Unsicherheitsfaktors von höchster Bedeutung war. Trotzdem haben sie ihn versteckt.

Das ist viel mehr als nur das Unrecht, eine Meldung, die man machen muß, nicht zu machen; oder als das Unrecht, einem gesuchten Verbrecher behilflich zu sein (§ 257 StGB). Wer so etwas tut, der handelt damit so, wie es unsere Kriegsfeinde sich wünschen. Denn er trägt dazu bei, daß eine schwere Unsicherheit in unserem kämpfenden Reich weiterbesteht. Wer so handelt, hilft also unseren Feinden. Das weiß auch jeder, der das tut, das wußten auch diese drei Angeklagten (§ 91b StGB). Davon sind wir überzeugt, obgleich sie behaupten, so etwas wäre ihnen nicht in den Sinn gekommen; und obgleich vor allem Erich GLOEDEN sagt, er könne garnicht begreifen, wie man nach dem 20. Juli überhaupt noch die Gefahr des 20. Juli erhöhen oder aufrecht erhalten könne. Das ist ein Ablenken vom Kern der Frage, die höchst einfach gestellt und zu beantworten ist: ist demjenigen, der einen Verräter vom 20. Juli versteckt hielt, klar, daß damit die Aufklärung erschwert, vielleicht Querverbindungen des noch nicht aufgefundenen Verräters nicht aufgedeckt werden können? Und diese Frage stellen, heißt sie bejahen!

Wer so hilft, daß eine solch gefährliche Eiterbeule, wie es der Verrat vom 20. Juli war, nichr sofort restlos, – noch dazu trotz ernstester öffentlicher Aufforderung – völlig aus unserem Volkskörper geschnitten werden kann, wer im Gegenteil ihr Weiterbestehen durch Verstecken eines Verräters ermöglicht, hat damit ehrlos gegenüber unserem kämpfenden Großdeutschen Reich, gegenüber unserem deutschen Volk und gegenüber unseren Soldaten gehandelt, hat seine Ehre für immer verloren.

Wir würden unserem Reiche nicht diejenige Sicherheit gewährleisten, die es in unserem jetzigen Kampfe haben muß, wenn wir auf solche Tat anders als mit der Todesstrafe antworten würden.

Weil Erich GLOEDEN, Frau Elisabeth-Charlotte GLOEDEN und Frau Elisabeth KUZNITZKY verurteilt sind, müssen sie auch die Kosten tragen.

gez.: Dr. FREISLER gez.: STIER

Ausgefertigt:
Berlin den 2. Dezember 1944

ULBRICHT/Justizinspektor
als Urkundsbeamter der Geschäftsstelle

An den Herrn Oberreichsanwalt
mit 50 Abschriften und den Akten

Dokument 23

Abschrift.
1 L 473/44
O J 43/44g

IM NAMEN DES DEUTSCHEN VOLKES!

In der Strafsache gegen den Major a. D. Max LINDEMANN aus Dresden – A16, geboren am 14. Juli 1872 in Soest, zur Zeit in dieser Sache in Haft, wegen Landesverrats, hat der Volksgerichtshof, 1. Senat, auf die am 6. November 1944 eingegangene Anklage des Herrn Oberreichsanwalts in der Hauptverhandlung vom 27. November 1944, an welcher teilgenommen haben als Richter:

Präsident des Volksgerichtshofs Dr. FREISLER,
Vorsitzer,
Landgerichtsdirektor STIER,
Wirtschaftsinspektor WINTER,
Bürgermeister AHMELS,
Gartentechniker und Kleingärtner KAISER,

als Vertreter der Anklage:

Oberreichsanwalt LAUTZ,
Erster Staatsanwalt HARZMANN,

für Recht erkannt:

Daß Max LINDEMANN den Verräter Fritz Lindemann bei sich zu Unrecht beherbergt hätte, oder daß er später schuldhaft nicht meldete, daß Fritz Lindemann bei ihm genächtigt hat, können wir nicht feststellen.

Wir sprachen ihn deshalb von diesem Vorwurf frei.

Gründe:

Max LINDEMANN, seit langem pensionierter, einst aktiver Offizier, der sich im Weltkrieg ausgezeichnet hat, ist der jetzt über 72 Jahre alte Onkel des Verräters Fritz LINDEMANN.

Dieser besuchte ihn am 22. Juli in seiner Wohnung in Dresden und erzählte ihm, daß er zur Führerreserve versetzt sei, sprach dazu den früheren Reservespruch, war über die Zurverfügungstellung verärgert und blieb, wie Max LINDEMANN meint, eine Nacht bei ihm.

Max LINDEMANN sagt, dabei habe er gar nichts gefunden, er sei nicht auf den Gedanken gekommen, daß Fritz LINDEMANN etwas mit dem 20. Juli zu tun haben könnte.

Am 26. Juli rief der Oberst SCHÜSSEL vom Generalkommando bei Max LINDEMANN an, sagte, in seiner Familie sei eine große Schweinerei vorgekommen, ob Fritz LINDEMANN bei ihm sei. Max LINDEMANN erwiderte: nein. Er sagte nicht, daß er 4 Tage vorher bei ihm gewesen sei. Max LINDEMANN meint sich zu erinnern, daß Oberst SCHÜSSEL dabei gesagt habe; Fritz sei desertiert; und daß er das als die tollste Schweinerei bezeichnet habe.

Als später, etwa am 6. August, Max LINDEMANN bekannt wurde, daß Fritz ausgestoßen sei und gesucht werde, meldete er nicht, daß er am 22. Juli bei ihm genächtigt hatte.

Mit Recht hat der Herr Oberreichsanwalt, der beantragt hat, Max LINDEMANN freizusprechen, hervorgehoben, daß das entscheidende Beweismittel zur Beurteilung des Sachverhalts der Eindruck der Person des Angeklagten in der heutigen Hauptverhandlung war.

Er machte den Eindruck eines körperlich und geistig außerordentlich zerfallenen Greises, weit über sein Alter hinaus verfallen. Er kann nur noch sehr wenig auseinanderhalten, sagt, offenbar ohne zu simulieren, immer wieder, er wisse noch zweierlei, nämlich den 20. und den 26. Juli, bemüht sich aber offenbar, die Wahrheit zu sagen, vermag jedoch Wichtiges und Unwichtiges nicht auseinanderzuhalten. Dabei ist ein Abglanz, ein Spiegel einer offenbar einst ehrliebenden und offenen Persönlichkeit in ihm noch vorhanden.

Er hat nun freilich im Vorverfahren vor der Polizei gestanden, er habe aus den Umständen des Besuches seines Neffen vom 22. Juli Verdacht schöpfen müssen. Ja, er hat das schärfer ausgedrückt. Er sagt aber heute, er möge das ja gesagt haben, er wisse es aber nicht. Er habe unter einem furchtbaren Schock gestanden, und jedenfalls könne er als wahr nur das sagen, was er heute erklärte. Nur das »könne er beeiden«. Bei seinem Alter und seinem Zustand ist diese Schockwirkung möglich.

Aus dem, was er heute als sein Erlebnis mit seinem Neffen vom 22. Juli geschildert hat, brauchte er aber keinen Verdacht zu schöpfen. Daß er ihn am 22. Juli bei sich nächtigen ließ, kann man ihm also nicht zum Vorwurf machen. Daß er die Anruffrage des Obersten SCHÜSSEL lediglich mit nein beantwortete, kann man auch damit erklären, daß er gewohnt gewesen sei, eine militärische Frage militärisch knapp zu beantworten. Man braucht darin, daß er nicht sagte, vor vier Tagen sei der Neffe aber eine Nacht in seiner Wohnung gewesen, nicht bösen Willen zu sehen.

Freilich hat Max LINDEMANN dann später, nach öffentlichem Aufruf, die Anwesenheit seines Neffen am 22. Juli nicht gemeldet. Er sagt, darauf sei er nicht gekommen. Bei ihm ist das durchaus möglich. Er ist eben bereits zu weit rückentwickelt, als daß man bei ihm feststellen könnte, was normalerweise selbstverständlich wäre: das er sich klar war, daß das auch nach dazwischen liegenden 14 Tagen noch meldenswert war. Deshalb konnten wir auch nicht feststellen, daß er schuldhaft davon keine Meldung gemacht hat.

Weil Max LINDEMANN freigesprochen ist, trägt das Reich die Kosten.

gez.: Dr. FREISLER gez.: STIER

Ausgefertigt:
Berlin, den 2. Dezember 1944

ULBRICHT
Justizinspektor als Urkundenbeamter der Geschäftsstelle

An den Herrn Oberreichsanwalt beim Volksgerichtshof
mit 50 Abschriften und den Akten

Dokument 24

Partei-Kanzlei München, FS-Nr. 16481 g., 2.12. 44, 22.50
Pg. Dr. BIRK IIIC Best. Nr. 450/13/293 [h]

An Herrn
Reichsleiter BORMANN
Führerhauptquartier Geheim!

Betr.: Prozeß um den Verrat vom 20. Juli 1944

Am 28. November und 1. Dezember 1944 wurde vor dem Volksgerichtshof die am 27. November begonnene Verhandlung gegen

1. Hermann LINDEMANN,
2. Hans SIERKS,
3. Wilhelm SENZKY,
4. Frieda PILAT,
5. Karl MARKS,
6. Horst v. PETERSDORFF

fortgesetzt. Am 27.11.1944, dem ersten Verhandlungstag, war das Verfahren gegen vier weitere Angeklagre abgetrennt und durch Urteil zum Abschluß gebracht worden, worüber Ihnen, Reichsleiter, bereits berichtet worden ist. Den Vorsitz führte weiter Dr. FREISLER. Beisitzender Richter war Landgerichtsdirektor STIER. Die Anklage wurde auch am 28. November und 1. Dezember 1944 durch Oberreichsanwalt LAUTZ vertreten.

Der 47jährige Angeklagte Kaufmann Hermann LINDEMANN aus Niederpoyritz b. Dresden ist ein weitläufiger Vetter des ehemaligen Generals Fritz LINDEMANN.

Er war von 1929 bis 1932 Mitglied der SPD und in dieser Zeit vorübergehend Bürgermeister eines kleineren Ortes. Später schloß er sich der DNVP an. Seit April 1937 gehörte er der NSDAP an, aus der er jedoch im Jahre 1943 wegen einer kriegswirtschaftlichen Verurteilung vorläufig ausgeschlossen worden ist.

Am 25. Juli 1944 bat eine Tante des Hermann LINDEMANN diesen ihr zu helfen, den General Fritz LINDEMANN unterzubringen, da Fritz LINDEMANN zur Führerreserve versetzt worden sei, »was den sicheren Tod bedeute«. Nachdem Hermann LINDEMANN seine Tante zunächst gebeten hatte, ihn aus dem Spiel zu lassen, erklärte er sich schließlich doch bereit, Fritz LINDEMANN zu helfen. Durch eine Mitteilung des Angeklagten SIERKS war Hermann LINDEMANN der Name des bereits verurteilten Angeklagten GLOEDEN bekannt geworden. GLOEDEN kannte den ehemaligen jüdischen Rechtsanwalt KARPEN, der in Berlin untergetaucht war. Hermann LINDEMANN hoffte auch Fritz LINDEMANN auf dem gleichen Wege untertauchen lassen zu können. Er besprach die Angelegenheit am 26. Juli 1944 mit dem Angeklagten Marks, der sich bereit erklärte, den flüchtigen Fritz Lindemann noch an demselben Abend nach Berlin zu begleiten und dort zu dem Angeklagten GLOEDEN zu bringen. Da der Zug erst nachts in Berlin eintraf, sollte MARKS mit Fritz LINDEMANN zunächst zu dem Angeklagten SENZKY, einem Geschäftsfreund des Hermann LINDEMANN, gehen. SENZKY machte später deswegen Hermann LINDEMANN heftige Vorwürfe und bat ihn, nach Berlin zu kommen, um die Angelegenheit zu bereinigen. Hermann LINDEMANN leistete dieser Aufforderung keine Folge. Nach der Rückkehr aus Berlin berichtete MARKS ausführlich Hermann LINDEMANN über das Ergebnis der Berliner Reise.

Der Angeklagte Hermann LINDEMANN ist nur zum Teil geständig. Er verteidigt sich damit, er habe anfangs die Beteiligung des Fritz LINDEMANN an dem Attentat vom 20. Juli 1944 nicht gekannt. Er habe geglaubt, Fritz LINDEMANN sei in ein Disziplinarverfahren verwickelt und habe deshalb für einige Zeit aus der Öffentlichkeit verschwinden wollen. Dabei habe er ihm aus Rücksicht auf die Familie LINDEMANN geholfen. Präsident Dr. FREISLER wies den Angeklagten Hermann LINDEMANN auf die Unglaubwürdigkeit dieser Verteidigung hin.

Der 67jährige Angeklagte Bauingenieur Hans SIERKS aus Dresden war von 1919 bis 1930 Mitglied der SPD. Er [Bl.4] hat am ersten Weltkrieg mit Auszeichnungen teilgenommen und ist als Leutnant der Landwehr entlassen worden.

SIERKS hat Hermann LINDEMANN die Berliner Adresse des Angeklagten GLOEDEN gegeben und ihm auch den Namen des ehemaligen jüdischen Rechtsanwalts KARPEN genannt, der Fritz LINDEMANN in Berlin behilflich sein sollte. SIERKS führte zu seiner Verteidigung an, er habe nach der Bekanntmachung der Auslobung der 500 000.- RM wiederholt vergeblich versucht, Hermann LINDEMANN anzurufen, damit dieser veranlasse, daß sein Vetter Fritz LINDEMANN entweder sich der Polizei stellen oder selbst richten solle.

Der 40-jährige Angeklagte Architekt Wilhelm SENZKY aus Berlin-Halensee ist der Geschäftsführer einer Wohnungsbaugesellschaft, durch die er seit 1936 mit Hermann LINDEMANN in Geschäftsbeziehungen stand. SENZKY nahm in der Nacht zum 27. Juli 1944 den ihm flüchtig bekannten Angeklagten MARKS und dessen Begleiter Fritz LINDEMANN, der ihm als Geschäftsfreund EXNER vorgestellt wurde, bei sich auf. In der gleichen Nacht noch teilte jedoch MARKS dem Angeklagten SENZKY mit, bei EXNER handele es sich um einen Vetter von Hermann LINDEMANN. SENZKY behauptet, er habe angenommen, Fritz LINDEMANN sei der Generaloberst LINDEMANN. Trotzdem sei es ihm jedoch unangenehm gewesen, LINDEMANN unter falschem Namen in seiner Wohnung zu beherbergen. Am 28. Juli 1944 begleitete SENZKY LINDEMANN zu dem Angeklagten von PETERSDORFF. LINDEMANN blieb auch noch diese Nacht bei SENZKY. Am 31. August 1944 erfuhr SENZKY von Hermann LINDEMANN, sein Vetter sei nicht Generaloberst, sondern General und werde von der Polizei gesucht.

Der Angeklagte SENZKY gibt den Sachverhalt zu. Er behauptet jedoch, erst nachträglich erfahren zu haben, wen er in seiner Wohnung aufgenommen habe. Die Anzeige will er unterlassen haben, um sich nicht selbst zu belasten. Außerdem habe er auch nicht gewußt, wo LINDEMANN sich in der folgenden Zeit aufgehalten habe. Er habe Hermann LINDEMANN gebeten, die Angelegenheit in Ordnung zu bringen, der jedoch seinem Verlangen nicht nachgekommen sei.

Die 32jährige Angeklagte Frieda PILAT aus Dresden war Büroangestellte bei der Firma Druckmaschinen RITTER GmbH, deren Geschäftsführer der Angeklagte MARKS war. Die Angeklagte PILAT hat am 13. August 1944 von MARKS erfahren, daß er den flüchtigen Fritz LINDEMANN nach Berlin gebracht hat. Das hat sie bei ihren

Verhandlungen vor der Polizei am 21. und 29. August 1944 verschwiegen. Da sich die Angeklagte PILAT am 13. August 1944 in einer starken seelischen Depression befand, wurde ein Psychiater als Sachverständiger vernommen, dessen Gutachten dahin ging, die Angeklagte PILAT habe die Mitteilung des MARKS nicht in ihr Bewußtsein aufgenommen.

Der 50jährige Geschäftsführer Karl MARKS aus Bärenstein/Erzgeb. hat am ersten Weltkrieg zuletzt als Leutnant der Reserve teilgenommen. Wie bereits erwähnt, hat er am 26. Juli 1944 den ehemaligen General LINDEMANN nach Berlin begleitet, um ihn dort untertauchen zu lassen. Bei seiner ersten polizeilichen Vernehmung am 29. August 1944 hat er jedes Wissen über den Aufenthalt des Fritz LINDEMANN in Abrede gestellt. In der Hauptverhandlung verteidigte er sich, er habe nicht gewußt, daß Fritz LINDEMANN polizeilich gesucht werde. Er habe geglaubt, Fritz LINDEMANN habe Urlaub und suche ein ruhiges Unterkommen, um sich zu erholen. Im Widerspruch hiermit behauptet er gleichzeitig, er habe angenommen, Fritz LINDEMANN habe einen Sonderauftrag gehabt. Eine Anzeige will er später nach der Veröffentlichung der Auslobung von 500 000.- RM nicht mehr erstattet haben, weil er seinen Geschäftsfreund Hermann LINDEMANN schonen wollte. Auf die Frage des Vorsitzenden, warum er LINDEMANN ausgerechnet nach Berlin gebracht habe, erklärte er, es wäre dort für LINDEMANN leichter gewesen, ohne Lebensmittelkarten mit Hilfe des Schwarzen Marktes zu leben.

Der 51jährige Horst v. PETERSDORFF trat 1911 als Fahnenjunker in das Preußische Heer ein, um Offizier zu werden. Am ersten Weltkrieg nahm er zuletzt als Bataillonsführer teil. Er erhielt den Hohenzollernorden mit Krone und Schwertern. Bereits im ersten Weltkrieg verlor er infolge einer Verwundung den rechten Arm. Bis zum Jahre 1921 führte er als Hauptmann das Freikorps v. PETERSDORFF, mit dem er an den Kämpfen im Baltikum und in Oberschlesien teilnahm. Im Jahre 1922 schied er aus der Reichswehr aus, weil er die Eidesleistung auf die Republik verweigerte. Gleichzeitig trat er im Jahre 1922 der NSDAP bei. Bei Beginn dieses Krieges wurde er zur Wehrmacht einberufen und am 1. September 1942 zum Oberstleutnant befördert. Im Westfeldzug wurde er als 40. deutscher Soldat mit dem Ritterkreuz ausgezeichnet. Später wurde er wegen seiner mehrfachen Verwundungen zum Rüstungsministerium abkommandiert. Zuletzt war PETERSDORFF Chef der deutschen Industriekommission in Ungarn und in der Slowakei. PETERSDORFF war* Ehrenzeichenträger der NSDAP. Er war ferner SA.-Brigadeführer. Im Jahre 1932 war er an der Niederschlagung des Stennes-Putsches (maßgeblich)** beteiligt. Wegen der Vorwürfe, die Gegenstand dieses Verfahrens sind, ist er aus der Wehrmacht entlassen worden. Seine Ausstoßung aus der NSDAP und der SA ist am 30. September 1944 beantragt worden, (längst geschehen!)***

PETERSDORFF hat den flüchtigen General Fritz LINDEMANN für eine Nacht bei der ihm bekannten Familie v. SCHELIHA in Potsdam, Birkenstraße 1, untergebracht. PETERSDORPF behauptet, er habe nicht gewußt, daß es sich um den flüchtigen Fritz LINDEMANN dabei gehandelt habe. Er habe geglaubt, es habe sich um einen Vetter v. PETERSDORFF gehandelt, den er 20 Jahre nicht mehr gesehen habe. Wenn auch PETERSDORFF, vor allem durch seine eigenen widerspruchsvollen Angaben, erheblich belastet ist, konnte ihm in der Hauptverhandlung seine Einlassung dennoch nicht widerlegt werden. PETERSDORFF bat in seinem Schlußwort, ihm die Möglichkeit zu geben, an der Front seine Einsatzbereitschaft unter Beweis zu stellen.

Der Oberreichsanwalt beantragte gegen Hermann LINDEMANN, Hans SIERKS und Karl MARKS die Todesstrafe, gegen Wilhelm SENZKY 3 Jahre Zuchthaus, gegen Frieda PILAT 1 Jahr Gefängnis und gegen Horst v. PETERSDORFF Freispruch mangels genügenden Beweises. In seinem Plädoyer führte er aus, daß Horst v. PETERSDORFF zwar sehr stark belastet sei, der Nachweis seiner Schuld durch die Hauptverhandlung aber nicht in vollem Umfange erbracht worden sei.

Das Gericht verkündete datauf folgendes Urteil:

Die Angeklagten SIERKS und MARKS wurden zum Tode verurteilt. Der Angeklagte Hermann LINDEMANN wurde zu 10 Jahren Zuchthaus und 10 Jahren Ehrenverlust verurteilt. Der Angeklagte SENZKY wurde zu 3 Jahren Zuchthaus und 3 Jahren Ehrenverlust verurteilt. Die Angeklagte PILAT wurde freigesprochen. Auch der Angeklagte v. PETERSDORFF wurde gemäß dem Antrag des Oberreichsanwalts freigesprochen.

roem 3c 5 - hz -
gez. BIRK

* Im Original: »ist«. Handschriftlich in »war« abgeändert, vermutlich von Bormann.
** Im Original von Hand gestrichen, vermutlich von Bormann.
*** Handschriftlicher Zusatz, vermutlich von Bormann.

Dokument 25

Der Chef
der Sicherheitspolizei
und des SD
IV Sonderkommission
20.7.44 v.K./Gr.

Geheim!

An alle
Befehlshaber der Sicherheitspolizei und des SD
Inspekteure der Sicherheitspolizei und des SD
Staatspolizei-(Leit-)stellen
Kriminalpolizei-(Leit-)stellen
SD-(Leit-)Abschnitte und selbständigen
SD-Hauptaußenstellen

Betr.: 20.7. - Sippenhäftlinge.

Anliegend übersende ich Ihnen eine informatorische Notiz über den gegenwärtigen Stand der Sippenhaftung. Ich halte es für erforderlich, den verschiedentlich auftretenden, von blutrünstigen Phantasien getragenen Gerüchten über »liquidierte Kinder und ausgerottete alte Frauen« sachlich entgegenzutreten.

gez. Dr. KALTENBRUNNER
SS-Obergruppenführer
und General der Polizei.

Betr.: 20.7. - Sippenhäftlinge.

Im Zuge der Untersuchungen zum 20.7. mußte eine größere Anzahl von Frauen in Haft genommen werden. Gleichzeitig mit der Inhaftnahme wurden die Kinder unter 16 Jahren Heimen der NSV überstellt. Um sie nicht unnötigen Anfeindungen seitens ihrer Umgebung auszusetzen, wurde ihnen für die Dauer des Aufenthaltes in den betr. Heimen ein neutraler Name gegeben. Der wirkliche Name wurde lediglich dem zuständigen Gauamtsleiter der NSV und der zuständigen Heimleiterin bekannt. Die Kinder wurden in den Heimen normal betreut. Sie kamen, sobald eine der Frauen aus der Haft entlassen werden konnte, wieder zur Mutter zurück. Mit einer längeren Inhaftnahme ist im wesentlichen bei den Frauen des ehemaligen Generalquartiermeisters WAGNER, des ehemaligen Generalobersten HÖPPNER und des ehemaligen Generals der Artillerie LINDEMANN zu rechnen. Sie sind wegen ihrer reaktionären Einstellung in einem Konzentrationslager untergebracht und haben ein Verfahren wegen Mitwisserschaft und Beihilfe vor dem Volksgerichtshof zu erwarten.

Zur Betreuung der Frauen, die nach der Verurteilung und Hinrichtung ihrer aktiv am 20.7. beteiligten Männer auf sich allein gestellt sind, hat der Reichsführer-SS den SS-Obergruppenführer BREITHAUPT eingesetzt. Den Frauen wird, insbesondere wenn sie mit Kindern mittellos dastehen, auf Antrag eine Unterstützung gewährt, die den jeweiligen persönlichen Verhältnissen entspricht.

Eine Inhaftnahme der ganzen Sippe wurde für die Familie STAUFFENBERG (gräfliche Linie) durchgeführt. (Die freiherrliche Linie wurde wieder entlassen, da sie mit der gräflichen Linie keinerlei Zusammenhang hat.) Die Sippe des Attentäters STAUFFENBERG ist räumlich geschlossen in einem Heim untergebracht.

Weitere Maßnahmen der Sippenhaftung erstrecken sich auf die Familie GOERDELER sowie auf die näheren Angehörigen der flüchtigen GISEVIUS und KUHN sowie des zum Tode verurteilten Oberst von HOFACKER.

Dokument 26

Abschrift 1 L 474/44
O J 43/44g

IM NAMEN DES DEUTSCHEN VOLKES!

In der Strafsache gegen

1.) den Kaufmann Hermann LINDEMANN aus Niederpoyritz, Bezirk Dresden, geb. am 22. Mai 1897 in Görsbach,
2.) den Bauingenieur Hans SIERKS aus Dresden, geb. am 24. Juli 1877 in Senth,
3.) den Geschäftsführer Carl MARKS aus Bärenstein (Erzgebirge), geb. am 14. Februar 1894 in Berlin,
4.) die Büroangestellte Frida PILAT aus Dresden, geb. am 24. Januar 1912 in Leipzig, -Protektoratsangehörige-,
5.) den Architekten Wilhelm SENZKY aus Berlin-Halensee, geb. am 4. Juli 1904 in Rothsürben, Kreis Breslau,
6.) den ehemaligen Oberstleutnant Horst von PETERSDORFF aus Berlin-Grunewald, geb. am 30. Dezember 1892 in Posen,

sämtlich zur Zeit in Haft,
wegen Landesverrats,
hat der Volksgerichtshof, 1. Senat, auf die am 27. November 1944 eingegangene Anklage des Herrn Oberreichsanwalts in den Hauptverhandlungen vom 27. und 28. November sowie 1. Dezember 1944, an welchen teilgenommen haben
als Richter:
Präsident des Volksgerichtshofs Dr. FREISLER,
Vorsitzer,
Landsgerichtsdirektor STIER,
Bäcker WINTER,
Bürgermeister AHMELS,
Gartentechniker und Kleingärtner KAISER,
als Vertreter der Anklage:
Oberreichsanwalt LAUTZ,
Erster Staatsanwalt HARZMANN,
für Recht erkannt:

Carl MARKS, Hans SIERKS und Hermann LINDEMANN haben einem der Verräter vom 20. Juli, Fritz LINDEMANN, geholfen, sich versteckt zu halten und haben auch später, selbst als sie merkten, welche Bedeutung unser Reich seiner Festnahme beimaß, ihr Wissen um ihn nicht gemeldet.

Carl MARKS war dabei der Treibende. Hans SIERKS handelte aus Staatsfeindschaft.

Sie beide sind dadurch für immer ehrlos geworden und werden dafür mit dem Tode bestraft.

Hermann LINDEMANN mag es getan haben, weil er glaubte, Fritz LINDEMANN werde sich selbst richten, und weil er die Schande der Hinrichtung der Familie ersparen wollte.

Er bekommt für seine Tat 10 – zehn – Jahre Zuchthaus. 10 – zehn – weitere Jahre ist er ehrlos.

Wilhelm SENZKY half mit, Fritz LINDEMANN zu verstecken. Er mag nicht erkannt haben, daß dieser Verräter vom zwanzigsten Juli war.

Doch als er das erfuhr, meldete er es nicht.

Dafür bekommt er 3 – drei – Jahre Zuchthaus. 3 – drei – weitere Jahre ist er ehrlos.

Hermann LINDEMANN und Wilhelm SENZKY wird ihre ganze Haft auf ihre Strafe angerechnet.

Daß Frida PILAT schuldhaft ihr Wissen um Fritz LINDEMANN nicht gemeldet hätte, steht nicht fest. Sie wird von diesem Vorwurf freigesprochen.

Daß Horst von PETERSDORFF dem Verräter Fritz LINDEMANN wissentlich Unterschlupf verschafft oder daß er schuldhaft Wissen um ihn nicht gemeldet hätte, konnten wir nicht feststellen. Wir trauen ihm das auch nicht zu. Er wird deshalb freigesprochen.

Gründe:

Am 27.5. kam zu Hermann LINDEMANN Frau Elsa LINDEMANN; von Geburt Finnin, Ehefrau des Max LINDEMANN, eines Onkels des Verräters Fritz LINDEMANN.

Sehr aufgeregt erzählte sie: In Zivil sei Fritz LINDEMANN – zur Führerreserve gestellt und auf 14 Tage beurlaubt – zu ihr gekommen; sie habe ihn »untergebracht«; doch weigerte sie sich zu sagen, wo. Zur Führerreserve versetzt zu werden, bedeute den sicheren Tod. Mit dem 20.7. habe Fritz LINDEMANN nichts zu tun, doch habe er Bekannte unter den Beteiligten und fürchte, in die Sache verwickelt zu werden. Er brauche einen Paß. Hermann LINDEMANN möge ihn besorgen. Hermann LINDEMANN lehnte das ab, bestellte Frau Elsa LINDEMANN aber auf ihre Bitte für später noch einmal zu sich. Danach bekam am selben Tage Hermann LINDEMANN einen Brief folgenden Inhalts:

> »Sie werden gebeten, Herrn General der Artillerie LINDEMANN, der sich z. Z. bei Ihnen aufhalten soll, zu übermitteln, daß Herr General sofort auf Veranlassung seines Chefs seine Berliner Dienststelle anrufen möchte. Das Gespräch kann durch Vermittlung des Generalkommandos geführt werden.
> Heil Hitler! Ihr sehr ergebener
> (handschriftlich unterschrieben)
> Sommerlad.«

Dieser Brief beruhigte ihn. Er meinte, angesichts dieses Briefes könne mit Fritz LINDEMANN doch nichts Schlimmes los sein. Er rief auch Sommerlad an, daß Fritz LINDEMANN nicht bei ihm sei.

Als Frau Elsa LINDEMANN wiederkam, teilte ihr Herr Hermann LINDEMANN den Brief mit und sagte, Fritz solle sich doch einfach seiner Dienststelle zur Verfügung stellen. Frau Elsa LINDEMANN aber erwiderte, das mit der Führerreserve und dem sicheren Tode, den sie bedeute, stimme nicht. Tatsächlich fürchte er ein Disziplinarverfahren, benehme sich aber wie ein Kind; er wolle nach Berlin, aber nicht zu Verwandten, sondern zu Fremden.

Nun bestellte Hermann LINDEMANN Frau Elsa LINDEMANN für den Nachmittag noch einmal zu sich.

Er verabredete sich mit einem Bekannten, Hans SIERKS, der gerade an diesem Tage bei ihm gewesen war, um sich für eine Geburtstagsgratulation zu bedanken.

SIERKS, ein Mann, der sich durch Selbststudium hochgebracht hat, hat sich im Weltkrieg ausgezeichnet, war im Weimarer Zwischenstaat Sozialdemokrat und ist mit dem Nationalsozialismus verfallen, wie er sagt, weil er einen Prozeß gegen den sächsischen Staat verloren hat!

Hermann LINDEMANN und Hans SIERKS sind langjährige Geschäftsfreunde.

Ihm zeigte Hermann LINDEMANN den Sommerladschen Brief und erzählte, der General Fritz LINDEMANN, von dem SIERKS schon gehört hatte, daß er ein weitentfernter Vetter Hermann LINDEMANNS war, habe mit dem 20. Juli nichts zu tun, fühle sich aber unsicher und wolle sich verbergen. Beide wurden sich eins, daß das nicht in Dresden, sondern nur in Berlin gehe. Und nun nannte Hans SIERKS ein Halbjudenpaar GLOEDEN – bei dem Fritz LINDEMANN fünf Wochen später festgenommen wurde –, das behilflich sein könne, »da es Berlin gut kenne«; und außerdem einen illegal lebenden Juden, früheren Rechtsanwalt, Karpen, »der sich wohl auch mit so etwas befasse«. Hermann LINDEMANN sagte, zu ihm werde er Fritz LINDEMANN schicken.

Am Nachmittag sagte Frau Elsa LINDEMANN, Fritz LINDEMANN erkläre, in Wirklichkeit sei der Sommerladsche Brief eine Warnung; ihm sei es zu gefährlich, sich zu melden. Nun antwortete Hermann LINDEMANN, man möge ihn in Ruhe lassen, bestellte aber Frau LINDEMANN für den nächsten Morgen zu einem Geschäftsfreund, Carl Marks.

Hermann LINDEMANN ging eine halbe Stunde früher zu Marks, schilderte ihm die Lage und sagte, er sei in einem Konflikt, wisse nicht, was er tun solle, ob er um des Namens LINDEMANN willen etwas unternehmen oder ob er den Dingen ihren Lauf lassen solle; Marks erwiderte: dem Manne muß geholfen werden, und erbot sich, ihn nach Berlin zu bringen; mit Hilfe seiner persönlichen und einer Blankofahrerlaubnis seiner Firma werde er Fahrkarten besorgen und auch Fritz LINDEMANN selbst nach Berlin begleiten.

Danach besprachen Hermann LINDEMANN und Marks das Entsprechende mit Frau Elsa LINDEMANN; Hermann LINDEMANN empfahl, zu GLOEDEN zu gehen.

Die Fahrt war für den 26.7. verabredet. Marks und Fritz LINDEMANN trafen sich, LINDEMANN war in Zivil. MARKS hatte die Fahrscheine besorgt. Er nannte LINDEMANN auf dessen Bitte »Exner«. Als unterwegs die Zugkontrolle die Ausweise forderte, zeigte LINDEMANN, wie MARKS sah, einen Ausweis von früher auf den Namen eines Journalisten LINDEMANN vor (tatsächlich war Fritz LINDEMANN früher eine Zeit lang militärschriftstellerisch tätig gewesen).

Gegen Mitternacht in Berlin angekommen, wandte sich MARKS nicht an den ihm bis dahin unbekannten GLOEDEN. Er sagt, ihm sei es unangemessen erschienen, sich zur Nacht mit dem Wunsch um Aufnahme zweier Männer an einen Unbekannten zu wenden. Er rief vielmehr seinen Geschäftsfreund, den Mitangeklagten SENZKY, an, sagte, er und ein Geschäftsfreund könnten kein Unterkommen finden und bat um Aufnahme für die Nacht, SENZKY erklärte sich bereit.

Dort angekommen, stellte MARKS nach seiner Angabe seinen Begleiter als LINDEMANN, der als Geschäftsmann Exner reise, nach SENZKYS Angaben als Vetter Hermann LINDEMANNS (den auch SENZKY geschäftlich gut kannte), und zwar als den Generalobersten LINDEMANN vor. Wenigstens will SENZKY dabei an den Generalobersten gedacht haben, zumal er bis dahin von einem anderen General LINDEMANN nichts gehört habe.

SENZKY schildert nun den weiteren Gang der Ereignisse soweit er daran beteiligt war, wie folgt:

Er habe gleich MARKS gefragt, ob dieser LINDEMANN auch nichts mit dem Attentat zu tun habe. MARKS habe ihn auf das Bestimmteste beruhigt.

In der Nacht sei er sich dann schlüssig geworden, auf jeden Fall einen Mann, der unter falschem Namen reise, nicht bei sich behalten zu wollen.

Als deshalb am Morgen beide gefragt hätten, ob LINDEMANN nicht einige Tage bleiben könne, habe er das mit Ausreden abgelehnt. Am Mittag sei ein geschäftlicher Anruf des ihm bekannten Horst von PETERSDORFF gekommen, der ihn gebeten habe, mit dem Instandsetzen seines stark angebombten Hauses zu beginnen. Während des Gespräches habe Marks zu verstehen gegeben, er möchte auch mit von PETERSDORFF sprechen. MARKS habe sich dann mit von PETERSDORFF verabredet und sei zu ihm gegangen. Als MARKS fortgewesen sei, habe Fritz LINDEMANN gesagt, MARKS werde mit von PETERSDORFF reden, vielleicht könne er dort bleiben. Tatsächlich habe Marks nach seiner Rückkehr erklärt, von PETERSDORFF sei einverstanden, daß LINDEMANN komme. Am Abend sei MARKS dann nach Dresden zurückgefahren.

MARKS schildert diesen Sachverhalt in den wesentlichen Punkten ebenso. Sein Gespräch mit von PETERSDORFF, das sich im übrigen um die Beratung über die Sicherung seines angebombten Hauses gedreht habe, schildert er so, daß er auf Bitten Fritz LINDEMANNS von PETERSDORFF gefragt habe, ob er den General der Artillerie LINDEMANN einige Zeit unterbringen könne. PETERSDORFF habe geantwortet, das sei vielleicht für einige Wochen möglich und zwar in einem möblierten Zimmer in Potsdam. Daß LINDEMANN flüchtig sei oder sich verbergen wolle, habe er von PETERSDORFF nicht gesagt. MARKS erklärte weiter, am 2.8. habe er Herbert LINDEMANN von der Reise berichtet und da habe ihm dieser gesagt: Wenn er (Fritz LINDEMANN) noch einmal kommt, weisen sie ihm die Tür, mehr kann für ihn nicht getan werden.

SENZKY schildert den weiteren Gang der Ereignisse wie folgt. Er sei abends zu von PETERSDORFF gefahren, weil er sich mit diesem verabredet habe, die bombenbeschädigte Villa im Grunewald zu besichtigen und Ratschläge für deren Herrichtung oder Sicherung zu erteilen. Er habe nun Fritz LINDEMANN mitgenommen und ihm unterwegs gesagt, ein anständiger Kerl müsse sich erschießen, wenn er am 20.7. beteiligt gewesen sei. Es sei ihm nämlich immer wieder mit diesem LINDEMANN ungemütlich gewesen. LINDEMANN habe aber Antworten erteilt, aus denen er wieder entnommen habe, daß er an dem Attentat nicht beteiligt gewesen sei.

Auf von PETERSDORFFS Grundstück angekommen, habe er aus der Art der Begrüßung von PETERSDORFFS und LINDEMANNS entnommen, daß sie einander bekannt waren. Er habe jedenfalls nicht vorzustellen brauchen. Möglich sei, daß der eine von ihnen ein paar Schritte vor dem anderen angekommen sei. Das liege dann an der Eigenart des Privatweges, den man durchschreiten müsse, um zu von PETERSDORFFS Grundstück zu kommen.

Im weiteren Verlauf sei dann von PETERSDORFF mal mit ihm, mal mit LINDEMANN zusammen gewesen. Das erkläre sich daraus, daß sie die Haustrümmer besichtigten und so auseinander kamen, sich aber natürlich immer wieder trafen. Von PETERSDORFF habe offenbar in erster Linie an der Hausangelegenheit gelegen. Die Sache mit LINDEMANN habe er leicht genommen.

Verfolgen wir nun den weiteren Gang der Dinge, ohne zunächst auf die Beteiligung von PETERSDORFFS und die Unterbringung LINDEMANNS in Potsdam einzugehen. SENZKY sagt, nachdem er mit Fritz LINDEMANN zusammen von von PETERSDORFFS Grundstück wieder fortgegangen sei, habe er ihn noch eine Nacht bei sich behalten. Bis dahin habe er aus Zeitungsnachrichten noch nicht gewußt, daß man einen General LINDEMANN suche, was wohl stimmen mag.

Am nächsten Tage habe er Hermann LINDEMANN Vorwürfe gemacht, wie er dazu komme, ihm seinen Vetter zu schicken. Daß das Fritz LINDEMANN sei, hatte ihm nämlich MARKS gesagt (SENZKY und Hermann LINDEMANN sind ebenfalls Geschäftsfreunde). Zumal er unter dem falschen Namen EXNER reise! Hermann LINDEMANN, der das bestätigt, sagt, jetzt habe er erst erfahren, daß LINDEMANN unter falschem Namen aufgetreten sei. Er erwiderte SENZKY, daß das ein Irrtum sei, er habe gar nicht gewollt, daß MARKS den LINDEMANN zu SENZKY bringe.

Viel später, als LINDEMANN öffentlich und hoher Auslobung gesucht wurde und SENZKY nun, wie er erklärt, erkannte, daß er nicht den Generaloberst sondern den nun gesuchten Mitverräter des 20.7. Fritz LINDEMANN beherbergt hatte, fragte SENZKY Hermann LINDEMANN, ob das der Gesuchte gewesen sei. Hermann LINDEMANN bestätigte ihm das. SENZKY meint, das sei am 31.8. gewesen.

SENZKY aber meldete sein Wissen auch jetzt nicht.

SIERKS erklärt, ihm sei die Sache klar geworden, als er am 6.8. die Zeitungsnachricht über Fritz LINDEMANN gelesen habe. Er habe nun immer Hermann LINDEMANN veranlassen wollen, auf Fritz LINDEMANN einzuwirken, daß er sich stelle oder selbst richte, da er ja doch verloren sei. Er habe Hermann LINDEMANN aber nicht treffen können. Schließlich habe er, als er an der hohen Auslobung die Wichtigkeit erkannt habe, Hermann LINDEMANN vorschlagen wollen, jeder von ihnen solle den Sachverhalt seinem Polizeirevier zu gleicher Zeit melden. Aber auch dazu sei es nicht gekommen, denn er habe Hermann LINDEMANN nicht treffen können.

Hermann LINDEMANN wurde schon am 26.7. von der Polizei in Dresden vernommen. Er hat damals den Sommerladschen Brief der Polizei mitgeteilt, aber alles Weitere verschwiegen und ausdrücklich hervorgehoben, er könne nicht angeben, wo Fritz LINDEMANN sich aufhalte oder in der letzten Zeit aufgehalten habe. Hätte er damals die Wahrheit gesagt, so wäre es der Polizei so gut wie sicher gelungen, Fritz LINDEMANN in ganz kurzer Zeit habhaft zu werden. Am 9.8., nachdem er die Zeitungsveröffentlichung vom 5.8. gelesen hatte, wurde Hermann LINDEMANN wieder in Dresden polizeilich verhört. Hier erklärte er heuchlerisch, sich Mühe geben zu wollen, bei einer Verwandten Näheres über Fritz LINDEMANN zu erfahren und das gleich zu melden. Wieder verschwieg er all sein Wissen, obwohl er nun zweifellos, wie er auch zugibt, wußte, daß Fritz LINDEMANN als Verräter des 20.7. gesucht werde. Bei der nächsten Vernehmung am 21.8., also einen Tag nach der größten Veröffentlichung über Fritz LINDEMANN im VB., erklärte er wieder, er wolle alles tun, um die Aufklärung zu fördern, entschuldigte sich, warum er sein Versprechen aus der letzten Vernehmung noch nicht wahrgemacht habe und wies sogar darauf hin, daß er in seinen Betrieben befohlen habe, wenn Fritz LINDEMANN sich dort sehen lassen sollte, gleich die Polizei zu benachrichtigen. Mit MARKS insbesondere habe er nie über den flüchtigen Fritz LINDEMANN gesprochen. Und noch bei seiner Vernehmung vom 2. September versuchte er zu leugnen. Einen genauen Zeitpunkt, in dem ihm zur Gewißheit geworden war, daß der von ihm versteckte Fritz LINDEMANN Verräter des 20.7. ist, hat Hermann LINDEMANN nicht angegeben. Es mag sein, daß ihm Frau Elsa LINDEMANN darüber keinen reinen Wein eingeschenkt hat. Das ist sogar wahrscheinlich. Aber natürlich hat er es mindestens von der ersten Zeitungsveröffentlichung über Fritz LINDEMANN ab positiv gewußt, was er nicht leugnet. Und daß Fritz LINDEMANN irgendwie, wie man so sagt,»Dreck am Stecken« hatte, ist ihm auch spätestens von dem Augenblick ab klar gewesen, in dem er hörte, daß mit-dem-Zur-Führerreserve-Versetzen und mit dem sicheren Tode, den das bedeute, stimme nicht; trotzdem wolle Fritz LINDEMANN sich verborgen halten.

Das oben geschilderte Verhalten von SIERKS, MARKS, Hermann LINDEMANN und SENZKY beruht, sowie nicht ausdrücklich oben ein anders gesagt ist, auf deren eigenen Darstellungen, die sie uns in der Hauptverhandlung gegeben haben. Danach steht fest, daß Hermann LINDEMANN zweifellos sehr früh erkannt hat, daß er einen Verräter des 20. Juli unterstützte, ihm Unterschlupf verschaffte und daß er sein Wissen vor der Polizei bewußt verheimlichte, obgleich diese ihm mehrmals und eindringlich fragte – eine weitere Unterstützung des Verräters. Wir haben lange geschwankt, ob er nicht dafür, für immer ehrlos, mit dem Tode bestraft werden müsse. Wir haben das schließlich aber aus folgenden Gründen nicht getan:

LINDEMANN war früher Sozialdemokrat. Aber nichts spricht dafür, daß er heute Staatsfeind wäre. Er hat sich in unserem Nationalsozialistischem Reich sehr intensiv und erfolgreich wirtschaftlich betätigt, gehört seit 1937 der NSDAP und mehreren NS-Verbänden an, zeigte in der Verhandlung ein mannhaftes und aufrichtiges Wesen (das er freilich im Vorverfahren nicht gezeigt hatte), erklärte in einer Art, die uns nicht gemacht vorkam, er habe geglaubt, LINDEMANN werde sich selbst richten und habe von der Familie die Schande einer Hinrichtung abwenden wollen. Wenn man ihn so unter den anderen Angeklagten, insbesondere gegenüber SIERKS und vor allem MARKS sah, machte er allerdings den Eindruck eines »Bullen von Kerl«. Aber wir hatten den sehr deutlichen Eindruck, daß das nur das Körperliche war, daß er in Wirklichkeit sehr weich ist. Wenn man dann daran denkt, daß MARKS es war, der die Entscheidung gegenüber dem Schwanken Hermann LINDEMANNS gab, »dem Manne müsse geholfen werden«, dann kommt noch hinzu, daß Hermann LINDEMANN auch der Getriebene war, dem außerdem Frau Elsa LINDEMANN dauernd in den Ohren gelegen hatte. Und endlich haben die Schlußworte LINDEMANNS auf uns gewirkt. In ihnen sprach er nicht so sehr von der Todesstrafe als davon, daß er um seiner Kinder willen in jahrelanger schwerer Arbeit den letzten, schwersten Makel von der Familie abwenden möchte, daß der Vater hingerichtet sei, ein Makel der stets auf den Kindern haften würde.

So glaubten wir, seine schwere Tat, obgleich sie eine Hilfe für unsere Kriegsfeinde ist (§ 91b StGB) (was Hermann LINDEMANN von dem Augenblick ab natürlich auch gewußt hat, in dem er erkannte, daß Fritz LINDEMANN als Verräter des 20.7. gesucht werde), noch mit einer hohen Zuchthausstrafe bestrafen zu können, ohne damit in diesem Falle den Schutz unseres Reiches zu schwächen, was unter allen Umständen vermieden werden muß. So kamen wir zu 10 Jahren Zuchthaus. Ehrlos ist selbstverständlich, was Hermann LINDEMANN getan hat. Er hat daher für weitere 10 Jahre seine Ehre verwirkt.

Unglaublich war die Verlogenheit von SIERKS in der Hauptverhandlung. Er hat gewagt, uns glauben machen zu wollen, er sei der Meinung gewesen, Fritz LINDEMANN habe wegen Nervosität einen stillen, ruhigen Unterschlupf für seine Urlaubszeit gesucht, um sich erholen zu können. Und deshalb sei er nach Berlin (!) und nicht zu Verwandten gegangen, deshalb auch »inkognito« gefahren. Nach Berlin sei LINDEMANN – so habe er, SIERKS, gedacht – auch gefahren, weil dort die Ernährung besser sei als anderswo; denn dort könne man auf dem schwarzen Markt alles bekommen!!! Wie verlogen das ist, und wie sehr so etwas das schlechte Gewissen und das Schuldbewußtsein des Mannes entlarvt, der selbst Staatsfeind ist und Fritz LINDEMANN einem Halbjudenehepaar zum Verstecken zuführen lassen wollte, ergibt sich ohne weitere Worte. Dieser Mann hat für sein Verhalten, das an sich genau so zu werten ist wie das Hermann LINDEMANNS, gar keine Milderungsgründe. Er hat sich als von Grund aus und also für immer ehrlos erwiesen und mußte dafür mit dem Tode bestraft werden.

Auch MARKS hat auf uns einen sehr schlechten Eindruck gemacht. Auch er hat übrigens keine Milderungsgründe, wie sie z.B. Hermann LINDEMANN für uns besitzt. Und von ihm muß man bei seiner geistigen Wendigkeit und Auffassungsschnelle, die uns auch in der Hauptverhandlung aufgefallen ist, annehmen, daß er alsbald erkannt hat, daß Fritz LINDEMANN mit dem 20.7. zu tun hatte. Dafür spricht schon der beruhigende Hinweis, den er darüber SENZKY gegeben hat. Er hat den Ausschlag gegeben, daß Hermann LINDEMANN sich zur Hilfe entschloß. Er hat am intensivsten sich beim Verstecken Fritz LINDEMANNS betätigt, hat die Reise zu diesem Zweck nach Berlin unternommen, hat in Berlin selbst sich aufs äußerste um Fritz Lindemanns weitere Unterbringung bemüht. Er als der Treibende hat seine grundgreifende und also dauernde Ehrlosigkeit besonders deutlich dokumentiert. Wenn wir ihn nicht wie SIERKS zum Tode verurteilen würden, erhielte das Reich gegen solche Helfer unserer Kriegsfeinde allerdings nicht den Schutz, den es haben muß. Das würde auch für den Fall gelten, daß MARKS erst nach seiner Mitarbeit beim Verstecken Fritz LINDEMANNS gemerkt hätte, weswegen dieser sich verstecken wollte. Denn wer so wie MARKS bei einem solchen Werk mitgemacht hat, hat die dringende Pflicht – weit über die allgemeine Meldepflicht hinaus –, die Folgen seines Tuns aus der Welt zu schaffen, wenn er merkt, was er damit getan hat. Das Unterlassen – bedeutet in solchem Fall auch eine positive Hilfe für unsere Kriegsfeinde.

SENZKY dagegen ist in seine Lage geradezu hineingeschlittert. Es ist wahrscheinlich, daß er anfangs nicht wußte, was er tat. Er sagt aber selbst, daß ihm schon im Laufe seines Tuns immer wieder Zweifel kamen, ob dieser LINDEMANN nicht doch mit dem 20.7. etwas zu tun habe. Daher seine Frage an MARKS. Daher das Gespräch mit Fritz LINDEMANN auf dem gemeinsamen Wege zu von PETERSDORFF. Er erklärt, seine stets neu auftauchenden Zweifel seien immer wieder, wenigstens für einige Zeit, beruhigt worden. Besonders wichtig sei für ihn gewesen, daß ein Mann wie von PETERSDORFF, ein früherer Freikorpsführer, ein Schwerkriegsbeschädigter des Weltkrieges, der doch wieder an die Front gegangen sei, ein Träger höchster Orden des Weltkrieges und ein Ritterkreuzträger dieses Krieges, sich bereit erklärt habe, LINDEMANN ein möbliertes Zimmer zu verschaffen und – wie es den Anschein gehabt habe – die Sache gar nicht besonders ernst genommen habe. Daran kann man nicht ohne weiteres vorübergehen.

SENZKY mag also erst nachträglich begriffen haben, was er tat. Aber nun meldete er es nicht. Es mag sogar sein, daß er die Identität seines nächtlichen Gastes mit dem Gesuchten erst am 31.8. erkannt hat, als Hermann LINDEMANN ihm diese bestätigte. Und richtig mag auch sein, daß damals der Hinweis auf Fritz LINDEMANNS Aufenthalt in den letzten Julitagen nach SENZKYS Meinung für die Polizei schon etwas veraltet war. Aber: Melden hätte er es müssen. Er sieht auch ein, daß er falsch und verwerflich gehandelt hat, trotzdem keine Meldung zu erstatten. Dafür mußte er also bestraft werden (§ 139 StGB). Bei der großen Wichtigkeit der restlosen Aufklärung des Verrates vom 20.7. für unser Reich und Volk muß dieses Unterlassen eine Ehrenminderung SENZKYS nach sich ziehen. Wir stellen daher fest, daß SENZKY drei Jahre lang nach Verbüßung seiner Strafe ehrlos ist. Als Strafe schienen uns im Interesse des Schutzes des Reiches gegen die Säumigkeit anderer in Erfüllung ihrer Pflicht, in solchen Fällen an der Aufklärung aktiv mitzuarbeiten, drei Jahre Zuchthaus erforderlich.

Ehe wir zu von PETERSDORFF und der weiteren Unterbringung Fritz LINDEMANNS zurückkehren, sei noch ein Fall behandelt, der in diesem Zusammenhang sich als Episode einpflicht.

Marks hatte eine Sekretärin, Frida PILAT, die höchst wahrscheinlich sich zu Unrecht für eine Protektoratsangehörige hält und übrigens auch deutsch ist.

In Frida PILAT hat MARKS sich verliebt. Er gab ihr Generalvollmacht. Er verfolgte sie mit Werbungen, machte ihr schließlich einen Heiratsantrag, den Frida PILAT aber, weil sie seine Liebe nicht erwiderte, zurückwies. Danach kamen sie überein, daß ihr sonstiges Verhältnis das gleiche bleiben solle. MARKS warb weiter um sie.

Frida PILAT hat auf uns einen merkwürdigen Eindruck gemacht. Sie erscheint weltfern. Sie gibt stereotyp gleiche Antworten. Vor allem, wenn man sie vernimmt, hat man den Eindruck, als bestätige sie einfach das, wovon sie meint, daß man es zu hören wünsche. Dieser sehr deutliche Eindruck, den wir alle hatten, veranlaßte uns auch, nur das zu Grunde zu legen, was sie vor uns bekundete, und auch da vorsichtig zu sein, da sie einmal auf Befragen bestätigte, was offenbar nicht richtig sein konnte, und zwar etwas, was, wenn es richtig wäre, sie belasten würde.

Deshalb haben wir einen medizinischen Sachverständigen hinzugezogen.

Frida PILAT war kurz vor dem 20.7. für MARKS geschäftlich ins Protektorat gefahren und anschließend dort in Urlaub geblieben. Dort hatte sie ein sie sehr schwer enttäuschendes und erschütterndes Erlebnis mit einem Manne. Sie erklärte, daß es sie ganz erfüllt habe.

Zurückgekehrt sagte ihr MARKS, sie könne den Sonntag, den 13.8., auf seinem Landhaus in Geising in aller Ruhe verbringen, er müsse an diesem Tage nach Leipzig und Berlin und werde erst Montag wiederkommen. Sie nahm das Angebot an. Als sie sich dort sonnte, kam plötzlich ganz unerwartet MARKS am Sonntag nachmittag doch hin.

An diesem Nachmittag habe ihr MARKS erzählt, er habe, als sie in Urlaub gewesen sei – so schildert Frida PILAT – eine Fahrt nach Berlin gemacht. Ob sie schon von dem General gehört habe. Den habe er in Potsdam gut untergebracht. Er müsse noch einmal hinfahren und einen Paß besorgen.

Das ist aber schon das Höchstmaß dessen, was Frida PILAT in der Hauptverhandlung so bekundete, daß man mit Sicherheit annehmen kann, daß es auf einer wirklichen Erinnerung beruht. In ihren Vernehmungen vor der Polizei hat Frida PILAT zunächst auch das nicht, später aber nach und nach sogar mehr als dies ausgesagt und gestanden.

Sie erklärt, ihr sei das alles, da sie überhaupt in jener Zeit und vor allem an jenem Nachmittage an andere Dinge gedacht habe, schon während MARKS'S Erzählung nur halb bewußt geworden und später wieder untergegangen. Im Protektorat habe sie keine Zeitungen gelesen. Von der ersten Nachricht über LINDEMANN, die in den Zeitungen stand, habe sie nichts gewußt. Und als die Großfahndung bekannt gemacht worden sei, habe sie im Geschäft spaßig gefragt: Ob das wohl unser (Hermann) LINDEMANN ist? Nicht im entferntesten habe sie an die Eröffnung gedacht, die ihr MARKS am 13.8. gemacht hatte.

Wenn sie bei der Polizei zunächst das alles »verschwiegen« habe, so habe sie es auch tatsächlich nicht gewußt. Erst später unter dem Gewicht der Vorhalte sei es ihr dann eingefallen, und da habe sie die Bedeutung erkannt.

Der Sachverständige sagt dazu: Bei diesem Mädchen – noch dazu, da sie am 13.8. unwohl gewesen sei – habe er nicht den geringsten Zweifel, daß sie am 13.8. überhaupt nicht mit Bewußtsein in sich aufnahm, was MARKS ihr sagte, und es sicher nicht wertend in ihr Gedächtnis einreihte. Es sei auch sicher, daß diese Erzählung von MARKS in ihrer Erinnerung später auch nicht wieder aufgetaucht sei. Mindestens habe es sehr starker äußerer Anknüpfungspunkte bedurft, um die Erzählung von MARKS und gar erst ihre Bedeutung in ihr zu wecken. Das ist auch unser Eindruck gewesen. Und deshalb haben wir sie von dem Vorwurf freigesprochen, daß sie bewußt Wissen über das Versteck des Verräters LINDEMANN verschwiegen hätte.

Wir kehren nun zur weiteren Schilderung der Unterbringung von Fritz LINDEMANN zurück, um die Schuld von von PETERSDORFF festzustellen.

Dazu sei folgendes vorausgeschickt:

Von PETERSDORFF hat auf uns einen tadellosen Eindruck gemacht; gerade, offen, ehrlich, soldatisch gespannt. Freilich auch den Eindruck einer Persönlichkeit, die etwas, was ihr unwesentlich erscheint, mit einem geistigen Federstrich von sich wegwischt, wie sein Verhalten in der Hauptverhandlung klar zeigte. Besonders eindrucksvoll war, wie er – absichtlich unvermittelt und in diesem Augenblicke sicher unerwartet – nach seiner inneren Einstellung zu Volk, Führer und Reich befragt, sich ganz spontan erhob (im übrigen war ihm wegen seiner schweren Erkrankung gestattet worden, zu sitzen), soldatische Haltung annahm und mit leuchtendem Auge sich zum Führer als dessen Gefolgsmann bekannte. Das war echt und nicht gemacht.

Man kann auch, wenn man an diesen Fall herangeht, nicht an seiner Persönlichkeit vorübergehen: Aktiver Offizier des Weltkrieges, zuletzt Bataillonsführer, ausgezeichnet unter anderem mit dem Ritterkreuz des hohenzollernschen Hausordens, Gründer und Führer des Freikorps PETERSDORFF; verweigerte dem Weimarer Zwischenstaat den Eid, ging deshalb in einen zivilen Beruf, ging in diesem Kriege als einarmiger Schwerkriegsbeschädigter wieder an die Front, erhielt im Westfeldzug das Ritterkreuz, wurde schwer verwundet, am 1.9.42 zum Oberstleutnant befördert und arbeitet seitdem für das Ministerium Speer, zuletzt als Chef der Deutschen Industriekommission in der Slowakei und in Ungarn. Er ist seit 1922 Mitglied der NSDAP und Ehrenzeichenträger, SA-Brigadeführer. Und wir Nationalsozialisten kennen seine Treue zum Führer und seinen Einsatz aus der Zeit des Stennesputsches.

Ein solcher Mann, dem nichts politisch Ehrenrühriges nachgesagt wird, und der einen solchen, seine Vergangenheit bestätigenden Eindruck macht, wie er es vor uns geran hat, hat einen Anspruch darauf, daß man seinen Worten glaubt, solange sie nicht widerlegt sind.

Nun steht freilich gegen ihn einiges, was er, vor allem in seiner ersten Vernehmung bekundet hat. Und ebenso anderseits eine auffallende Zurückhaltung in dieser Vernehmung, die auflauernde Vorsicht aus schlechtem Gewissen schließen könnte. Aber er hat darauf hingewiesen, daß nicht nur der Schock der Festnahme auf ihn lähmend gewirkt habe, sondern daß er vor allem unter furchtbaren Schmerzen seiner Nierenkrankheit und an Nierenbluten gelitten habe, daß er darauf auch hingewiesen und um Unterbrechung der Vernehmung gebeten habe. Ein Vermerk im Prorokoll bestätigt das. Deshalb ist es nicht möglich, von PETERSDORFF an einzelnen Sätzen seiner damaligen Aussage festzuhalten oder ihm seine scheinbar lauernde Zurückhaltung als solche auszulegen.

Von PETERSDORFF bekennt sich dazu, daß MARKS nach seinem Telefonat bei SENZKY bei ihm gewesen sei. Ihm, von PETERSDORFF, sei das Wichtigste gewesen, seine Meinung über seine Haussicherung zu hören. Zwischendurch habe MARKS gefragt, ob ein General, der zur Führerreserve versetzt sei, Urlaub nehmen könne. Er habe geantwortet: ja, so viel er wolle. MARKS habe weiter gefragt, ob er den General LINDEMANN kenne. Er habe geantwortet. Ja, den Generaloberst, den Befehlshaber der Nordarmee. MARKS habe erwidert, nein, den Vetter vom Hermann LINDEMANN. Darauf habe er entgegnet: vielleicht, er glaube aber nicht.

Das alles sei ihm höchst unwichtig gewesen, und er habe diese Fragen auch nicht in inneren Zusammenhang gebracht.

Am Schluß der Besprechung habe MARKS gefragt, ob man hier in der Nachbarschaft nicht ein Zimmer bekommen könne und sei darauf bei der Verabschiedung noch einmal zurückgekommen; es sei für jemand anders. Er, von PETERSDORFF, habe geantwortet, hier nicht, vielleicht in Potsdam. Der Betroffene könne sich ja an ihn wenden.

Dies Gespräch ist also unverdächtig. Denn man darf es natürlich nur von dem aus sehen, was von PETERSDORFF damals wußte.

Und wenn MARKS das Gespräch anders schildert, so können wir seiner Darstellung angesichts des Charakters der Persönlichkeiten nicht folgen, sondern glauben dem gegenüber von PETERSDORFF. Hinzu kommt, daß MARKS selbst in der Hauptverhandlung dies Gespräch so geschildert hat, daß er auf Befragen zugeben mußte, es sei durchaus möglich, daß von PETERSDORFF, den das alles anscheinend gar nicht interessierte, »nicht alles mitbekommen habe«.

Von PETERSDORFF sagt weiter folgendes: An dem selben Morgen habe seine Sekretärin, d.h. die Dame im Ministerium Speer, die ihn, wenn er anwesend sei, mitbetreue, und die ihm in seiner Abwesenheit auf einem Zettel durch knappe Notizen festhalte, was Wesentliches vorgefallen sei, als er aus der Slowakei (eben am Tage vorher) zurückgekehrt sei, auf ihrem Zettel unter anderem auch eine knappe Notiz hinterlassen, daß ein Vetter angerufen habe, er werde sich wieder melden. Daß weiß zwar die Sekretärin, wie sie uns als Zeugin gesagt hat, nicht mehr. Doch betont sie, daß das nicht heißen solle, daß es nicht stimme. Es ist auch verständlich, daß die Sekretärin, Volksgenossin Taube, das nicht behalten hat. Denn es war für sie dienstlich wie menschlich nicht interessant.

Als nun, sagt von PETERSDORFF, ganz kurz hintereinander am Abend SENZKY und, wie er jetzt wisse, LINDEMANN gekommen seien, habe er diesen für den Vetter gehalten, und zwar habe er an einen bestimmt benannten oder möglicherweise an einen anderen ebenfalls bestimmten benannten Vetter gedacht, deren einen er überhaupt nicht, den anderen vor Jahrzehnten gesehen habe. Auf dem Grundstück seien noch andere Handwerker gewesen (was SENZKY bestätigt hat) und er habe sich mit dem Vetter nicht weiter groß beschäftigt. Er habe übrigens auch nicht den Eindruck gehabt, daß er und SENZKY zusammen gehörten.

Diese Darstellung läßt sich mit der SENZKYS durchaus in Einklang bringen, wenn man bedenkt, daß SENZKY den äußeren Sachverhalt natürlich von seinem Wissen um die Dinge und von seinem Standpunkt aus betrachtete und wertete.

Der »Vetter«, sagt von PETERSDORFF, habe ihn freundschaftlich begrüßt, gefragt, ob er hier ein paar Tage wohnen könne. Er, von PETERSDORFF, habe erklärt: Hier nicht, aber wohl in meinem Zimmer in Potsdam.

SENZKY hat vor uns bestätigt, daß von PETERSDORFF für alles offenbar auch kein Interesse gehabt habe. Er sei gleich an die »Arbeit« gegangen.

Auch hier besteht also zwischen der Darstellung beider kein unüberbrückbarer Gegensatz.

Von PETERSDORFF, der seinem »Vetter« die Potsdamer Anschrift (Frau von SCHELIHA) gegeben hatte, rief nun gleich in Potsdam an, und zwar vom Nachbarhause aus, erreichte dort die Tochter, Fräulein von SCHELIHA, fragte nach seinem dortigen Zimmer, hörte, mit dem stehe es schlecht, da das Quartieramt die Hand darauflege, erklärte, aus der Schwierigkeit sei man ja gleich heraus, wenn das Zimmer belegt sei und sagte ihr weiter, ein Vetter von ihm wolle dort einige Tage oder Wochen wohnen, er werde sich bei ihr melden. Das hat die Volksgenossin Fräulein von SCHELIHA als Zeugin vor uns bestätigt. Sie machte einen offenen und glaubwürdigen Eindruck.

Am nächsten Tage hatte von PETERSDORFF eine Gelegenheit, nach Potsdam zu fahren. Eine Bekannte, Frau Dr. Inge Sander, Schwester von Horst Wessel, rief bei ihm an, sie fahre mit dem Wagen nach Potsdam, ob er mitwolle. Er freute sich über die Gelegenheit, bei Frau von SCHELIHA auf diese Art einige Kisten unterbringen zu können, nahm das Anerbieten an, fuhr in Frau Dr. Sanders Wagen bei Frau von SCHELIHA vor, lud seine Kisten ab, wobei sein »Vetter« ihm half, und nahm dann diesen, der in der Stadt etwas besorgen wollte, in Frau Dr. Sanders Wagen eine kurze Strecke mit. Er weist mit Recht darauf hin, daß dies ganz unklug gewesen wäre, wenn er Grund gehabt hätte, seine Zimmervermittlung geheim zu halten. Als er nach einigen Stunden wieder zu von SCHELIHA zurückkam, hörte er, der »Vetter« sei woandershin gezogen, weil sich Schwierigkeiten mit der Frühstücksversorgung ergeben hätten, da Fräulein von SCHELIHA als Berufstätige diese nicht übernehmen konnte.

Natürlich bleibt immer noch ein großes Rätsel: Wer war der »Vetter«, der bei Fräulein Taube angerufen hatte. Offenbar war das kein Vetter gewesen. Aber uns fehlt eben auch eine wichtige Figur zur Aufklärung des ganzen Sachverhaltes: Fritz LINDEMANN. Und es ist durchaus nicht unmöglich, daß dieser an diesem Tage, vielleicht als MARKS unterwegs und – was SENZKY bestätigt hat –, auch dieser eine Zeitlang abwesend war, bei von PETERSDORFFS Dienststelle, vielleicht zu Tarnungszwecken angerufen hat. Freilich eine unfundierte Annahme. Aber jedenfalls keine Unmöglichkeit. Jedenfalls aber müssen wir auch hier wieder von PETERSDORFFS Persönlichkeit in die Waagschale werfen. Und da bleibt es dann dabei, daß dem gegenüber diese an sich schon nicht zwingend gegen ihn sprechende Tatsache an Gewicht weit zurücktritt.

Daß endlich von PETERSDORFF sich um seinen »Vetter« garnicht gekümmert hat, kann man auch mit seinem Wunsch, sich in den ganz wenigen, nämlich nur drei, Tagen seiner Anwesenheit in Deutschland allein außer um die Erledigung seiner Dienstgeschäfte um sein angebombtes Haus zu kümmern, zwanglos erklären.

Wenn wir so alles an Belastungsmaterial durchgeprüft haben, so kamen wir schon an und für sich zu dem Ergebnis, daß es zur Feststellung, daß von PETERSDORFF gewußt habe, daß er einem Verräter des zwanzigsten Juli half, nicht reicht. Freilich entsteht noch die Frage, ob er nicht die Identität später aus der veröffentlichten Fahndungsfotographie erkannt hat. Aber wir haben andere Bilder des Verräters LINDEMANN gesehen, die uns die Polizei entgegenkommend zu diesem Zweck zur Verfügung gestellt hat. Und wir ersahen daraus, daß es in der Tat nicht leicht ist, in der Fahndungsfotographie den Verräter zu erkennen.

Wir haben unserem freisprechenden Urteilssatz die Bemerkung hinzugefügt, daß wir auch nicht glauben, daß von PETERSDORFF so etwas getan hat, wie ihm die schriftliche Anklage vorwirft, die der Herr Oberreichsanwalt am Schlusse der Hauptverhandlung auch nicht mehr aufrecht erhielt. Wir wollen mit dieser Bemerkung zum Ausdruck bringen, daß wir ins Gewicht fallende Verdachtsgründe nicht mehr als vorliegend ansehen und außerdem von PETERSDORFF so etwas auch nicht zutrauen.

Weil Hermann LINDEMANN, SIERKS, MARKS und SENZKY verurteilt sind, müssen sie auch die Kosten tragen. Die Kosten dagegen, die durch das Verfahren gegen Frida PILAT und gegen Horst von PETERSDORFF entstanden sind, trägt das Reich. Denn diese beiden sind freigesprochen.

gez.: Dr. FREISLER STIER

Ausgefertigt:
Berlin, den 28. Dezember 1944

(unleserliche Handschrift)
Amtsrat
als Urkundsbeamter der Geschäftsstelle

An den Herrn Oberreichsanwalt
beim Volksgerichtshof
mit 50 Abschriften und den Akten

Dokument 27

Berlin, den 29.4.1945

Der frühere Kriminalsekretär NAAKE, jetzt Lehrer, Stromstr. 10/III., erklärte mir am heutigen Tage:

Am 23.4.1945 wurden im Ausstellungsgelände Ulap in der Invalidenstraße 7 Leichen gefunden, die sämtlich den Genickschuß aufwiesen und höchstens einen Tag alt waren. An den Tatort begaben sich folgende Beamte: Polizeileutn. Scherbart, Polizeimeister Meier und Kriminalsekretär Naake. Sie stellten fest, daß es sich wahrscheinlich um einen politischen Mord handelte. Obltn. Scherbart rief hierauf die Kriminalpolizeistelle an und teilte den Sachverhalt mit. Die Kriminalpolizeistelle rief nach einer Stunde wieder an, nachdem sie sich wahrscheinlich mit der Gestapo in Verbindung gesetzt hatte und teilte dem Polizeirevier mit, daß sie die Sache nichts angehe.

Am Tatort erschien darauf ein Kriminalrat Maier (Schreibart von Maier nicht bekannt), der veranlaßte, daß die 7 Leichen sofort in das Leichenschauhaus in der Hannoverschen Straße überführt wurden. Naake war beim Verladen der Leichen dabei. Er sah bei dieser Gelegenheit, daß einer der Toten eine Verbildung des Beines, anscheinend einen Klumpfuß hatte und daß bei ihm ein Stock lag. Er sah ferner bei ihm eine Visitenkarte mit dem Namen »Schleicher« und einen Titel der ähnlich lautete wie Generaldirektor im Reichsluftfahrtministerium. Ferner sah er eine Mitgliedskarte – anscheinend des Bundes deutscher Ingenieure – mit dem Namen Nießen oder Kießner oder ähnlich. Bei einem der Toten lag ferner ein Schreiben eines Anwaltes mit der Mitteilung, daß das Urteil seit dem xten rechtskräftig sei.

Auf Veranlassung der Kriminalpolizeistelle wurden die Toten vom Leichenschauhaus schnell und ohne Aufsehen abgeholt und beerdigt, wo, ist meinem Gewährsmann nicht bekannt. Er würde jedoch die damals diensttuenden Beamten des Leichenschauhauses wieder erkennen.

Naake bittet, seine Angaben nach Möglichkeit verrraulich zu behandeln, obwohl er betont, daß er selbst, wie auch seine unmittelbaren Vorgesetzten mit der Sache nichts zu tun gehabt hätten und sich bemüht hätten, die Sache korrekt aufzuklären, trotzdem sie ahnten, daß es sich um eine Erschießung durch die Gestapo handelte.

Naake teilt dann noch ergänzend mit, daß nach seiner Erinnerung einer oder 2 der Toten aus Dresden gestammt hätten; ferner, daß bei den Toten eine Anzahl von amtlichen Dokumenten in blauen Umschlägen gelegen hätten, die er für die Entlassungspapiere gehalten habe. Es seien aber mehr solcher Umschläge gewesen als die Zahl der Leichen, er schätzt gegen 20 (bei den überschießenden Dokumenten scheint es sich also um die Papiere der zweiten Gruppe der in gleicher Nacht Erschossenen zu handeln, bei denen solche nicht gefunden worden sind).

gez. von HAUSHOFER

Dokument 27

Berlin, den 2. Juni 1945

Weitere Ermittlungen zum Bericht v. Haushofer

Heute besuchte ich mit v. Haushofer und Naake den Tatort Invalidenstraße und das Leichenschauhaus Hannoversche Straße:

1. Berichtigungen und Ergänzungen:

   Naake glaubt, 7 oder 8 Leichen gesehen zu haben. Die Zahl 8 wurde im Leichenschauhaus bestätigt. Er erinnerte sich, bei einem der Toten eine Art Jägerhut mit weißer Kordel gesehen zu haben. Derselbe habe eine braune Joppe getragen (Kuenzer). Das Schreiben des Anwaltes habe vielleicht die Angabe enthalten, daß das Urteil seit 22. Februar rechtskräftig sei. Bei dem Toten fand Naake 2 neue Testamente in der Größe von etwa 8 - 12 (?), Stärke 1 - 1 ½ cm, schwarz gebunden mit rotem Schnitt. Diese wurden, wie auch der Stock, von dem Kriminalbeamten aufgelesen, damit nichts zurückbleiben sollte.

   Der Kriminalrat hieß nicht Maier, sondern Menzel, ein junger vielleicht 27-jähriger SS-Offizier, wie Kriminalangestellter Fehlmann im Leichenschauhaus angibt. Schräg gegenüber der Lehrter Straße führt auf der Südseite der Invalidenstraße ein Eisengittertor in das Ulap-Gelände. Durch dieses müssen die 8 in das Gelände geführt worden sein (ebenso wie die andere Gruppe, die in dem in Hochbau befindlichen Gebäude linker Hand aufgefunden wurde).

   Auskunft über den Abtransport der 8ter wie der 7er Gruppe aus Lehrter Straße muß der von letzterer entkommene Kosney geben können. Die 8 sind etwa 5 mtr. hinter dem Gitter rechts heraufgeführt worden, wo unmittelbar vor der Ausschank-Halle, die mit ihrer fensterlosen Rückwand parallel zur Straße läuft und zum Gartentor hin offene Holzsäulen hat, ein allmählich ansteigender Schuttwall liegen. Auf den Wall führt eine Feldbahn herauf. Wo er gegen Ende eine Höhe von 1 bis 1 ½ mtr. erreicht, lagen wie Naake angibt – die Toten in 1 ½ mtr. Abstand, die ersten 6 (vom Torgang aus) am Wallabhang nach Norden mit dem Gesicht zur Erde, die zwei am weitesten vorn auf der Plattform des Walles. Alle wiesen gleichartigen Einschuß und Ausschuß am Nacken bzw. Stirn auf. Auf dem Wall lagen die Patronenhülsen von ca. 7,65 mm Pistolen. Anzeichen, daß die Toten gefesselt gewesen wären, fanden sich nicht mehr. Ganz vorn kann Schleicher gelegen haben, da dort der Stock gefunden wurde. Die neuen Testamente lagen in einigem Abstand in der Mitte. Da später bei den Kampfhandlungen an der Nordseite des kleinen Walles viele Schützenlöcher gegraben worden sind (offenbar durch die Russen), ist die Auffindung vielleicht noch vorhandener weiterer Gegenstände jetzt sehr erschwert.

2. Nach dem Bericht von Naake und Fehlmann (jetzt wieder im Dienst im Leichenschauhaus (Privatadresse: Spandau, FöIderichstr. 15, kein Pg.) muß sich die Auffindung folgendermaßen zugetragen haben:

   Auf Naake unbekannte Weise wurde im Laufe des Montag, d. 23. auf dem Revier, dem Naake zugeteilt war, bekannt, daß im Ulap-Gelände 7 oder 8 Tote lagen. Daraufhin wurden die 3 Beamten (Scherbart, Meier und Naake) zur Fundstelle geschickt.

Ihr Bericht wurde der Kriminalpolizeistelle gemeldet. Der Leiter, ein Dr. Schofel (soll tot sein) setzte die Mordkommission ein, die aus Kriminalrat Menzel und den Kriminalangestellten Griesbach und Fehlmann bestand. Fehlmann befand sich im Leichenschauhaus. Die Kommission ließ sich von Naake an den Tatort führen. Es war Abend, die Dunkelheit brach schon herein. Fehlmann wurde zum Leichenschauhaus geschickt (zu Fuß), damit die Abholung der Leichen schnell veranlaßt würde. Da die nicht mehr möglich schien und die Abholung auf den nächsten Morgen (Dienstag, den 24.4.) anberaumt wurde, ging Fehlmann wieder zur Invalidenstraße.
Unterwegs traf er Griesbach im Auto, beide trafen dann Menzel, der in der Zwischenzeit Feststellungen gemacht haben mußte über den Fall. Fehlmann vermutet, daß er vielleicht Erkundigungen im Gefängnis Lehrterstr. 3 eingezogen und Telefongespräche geführt habe. Menzel teilte den beiden mit, daß die Sache keine Aufgabe ihrer Kommission sei, sondern eine Angelegenheit der Gestapo. Als die drei dies dem Dr. Schofel in Charlottenburg mitteilten, soll dieser gerufen haben: »Schweinerei!« Menzels Aufenthalt bzw. Schicksal ist nicht bekannt.
Fehlmann bekam von Schofel den Befehl, seinen Posten im Leichenschauhaus weiter zu behalten. (Die Mehrzahl der Polizeidienststelle soll schon von den Beamten verlassen worden sein.) Der Leiter des Leichenschauhauses, Kriminalinspektor Ernst (wohnhaft im Leichenschauhaus, über 60 Jahre alt, Sturmbannführer, seit dem 8.5. von den Russen verhaftet) muß besondere Befehle über die Behandlung der Gruppe erhalten haben. Dr. Schofel ließ ihm jedenfalls durch Fehlmann, der am Dienstag früh noch einmal zum Leichenschauhaus kam, befehlen, die Papiere der Acht zu vernichten. Nach Aussage der jetzigen Beamten des Leichenschauhauses befinden sich in den Büchern keine der sonst vorgeschriebenen Eintragungen und Austragungen über die 8 Leichen.
Am Dienstag Morgen holte der Chauffeur Günther (jerzt noch im Leichenschauhaus wohnhaft) Fehlmann und Kriminalangestellten Siebenhauer, (SS-Mann, Schicksal unbekannt) mit dem »letzten Benzin« (Günther) die Toten vom Tatort ab, indem sie 2mal je 4 transportierten. Die Toten hätten alle sehr »gute Sachen« angehabt. Naake will schon am Montag Abend beobachtet haben, daß einer der Toten keine Schuhe mehr angehabt habe. Im Ulap-Gelände (westlich der Halle angrenzend) war ein sogen. »Ausländerlager«. Plüderungen in dem zerbombten Gelände werden in der Zeit von Sonntag Nacht bis Dienstag als wahrscheinlich vorauszusetzen sein. Vielleicht lagen deshalb schon die neuen Testamente auf der Erde. Ich selbst sah am Tatort eine Schachtel Redaxon liegen, die einem der Toten gehört haben kann.

3. Über die Bestattung ergibt sich folgendes aus den Angaben des Kriminalsekretärs Leopold (Wedding, Wöhlerstr. 1 I). (Wegen Beschusses usw. will Leopold in der Zeit vom 23.4.- 8.5. nicht mehr im Leichenschauhaus gewesen sein; erfuhr die Verhaftung von Ernst; bekam vom Bürgermeister am 9.5. den Auftrag die vielen liegengebliebenen Leichen zu bestatten und alles abzuwickeln und wurde dann 65-jährig ohne Pension entlassen), des Leichenschauhauses Chauffeur Günther (Personalien siehe vor stehend) und der Frau Golland, Tieckstr. 2, jetzt mit den Arbeiten auf dem Französ. Friedhof beauftragt, des Fehlmann und des jetzigen Nachfolgers von Leopold und

Ernst: »Als alles schon ruhig war«, wohl am 5. oder 6. Mai, begann Ernst mit der Bestattung der im Leichenschauhaus liegenden Leichen. Günther, Bauch (?) Vater und Sohn (offenbar auch Angestellte des Schauhauses) und Ernst selbst, indem er eigenhändig mit anfaßte, führten die Arbeiten aus. Da keine Beförderungsmöglichkeiten zur Verfügung standen zu einem der sonst üblichen Bestattungsorte, benützten sie einen großen Bombentrichter auf dem angrenzenden Dorotheenstädtischen Friedhof in der Chausseestraße als Grabstätte. Der Trichter liegt an der Mauer, die den Friedhof vom Schauhaus trennt. Ernst gab Befehl, die 8 Toten zu entkleiden (Günthers Angabe). Man bestattete sie mit 5 ganz kleinen Kindern und bedeckte sie mit Kalk und Erde. Darauf ließ Ernst die Sachen dieser Acht zugleich mit vielen anderen Dingen (bei den Kampfhandlungen durchwühlt oder hygienisch sonst nicht einwandfrei) verbrennen. Am 10. Mai oder 11. Mai ließ dann Leopold mit Hilfe von Frau Golland und vielen anderen Personen alle weiteren Leichen aus dem Schauhaus im gleichen Grab beisetzen. Das Grab wurde zugeschüttet und soll in den nächsten Tagen einen Hügel erhalten. Leopold fertigte eine Liste über dieses »Massengrab« auf dem Dor.-städt. Friedhof an, die er aus den Büchern und aus den Angaben der Angestellten des Schauhauses zusammengestellt haben will. Ich sah diese Liste im Schauhaus und bei Frau Golland ein. Danach sind in dem Grab 72 Personen (verstorben bzw. aufgefunden, in den Monaten März und April begraben. Außer ganz wenigen tragen alle Verzeichneten irgendeinen besonderen charakteristischen Vermerk. Unter den Nummern 63-70 findet man »unbekannter Mann, verstorben 22.4.« (Dies ist sicher ein Irrtum, da sie ja in den ersten Stunden des 23. ermordet wurden), wo: Lehrter Bhf., wie: gefallen. Mit Leopold wäre noch einmal an Ort und Stelle das Abweichen von der üblichen Behandlung der Toten im Leichenschauhaus zu klären.

4. Naake hat die Angelegenheit erst jetzt gemeldet, weil sie ihm ordnungsgemäß in den Händen einer Mordkommission zu liegen schien. Er hörte vor einigen Tagen von einem Gastwirt in Moabit, daß sich der Pf. Hitzigrath aus Moabit für die von der SS ermordeten politischen Häftlinge an der Invalidenstraße interessiere.

Fortsetzung zu den Ermittlungen in Sachen Schleicher, Bonhoeffer usw.

Prof. Müller-Heß, Dahlem, Musäusstr., prüfte die Angaben, soweit sie sich auf das Leichenschauhaus beziehen und auf die Bestattung nach und stellte die Richtigkeit der Angaben fest.

Danach haben auf Anordnung von Ernst nachts um 2 Uhr die Männer, Ernst, Günther und Bauch jun. die 8 Personen fast nackt in dem Trichter beerdigt. Dies sei sehr eilig geschehen. Günther und Bauch mußten dann die Kleider der Acht auf dem Institutshof verbrennen.

Der entkommene Herbert Kosney (Bln, Nr. 58, Hagenauer Str. 17, Prenzlauer Berg) gibt über die Vorgänge vor der Ermordung folgendes an:

K., dessen Bruder am 22.4. mit einigen anderen vom SD schon entlassen und für seine Heimkehr aufs Beste vorbereitet und vertröstet worden war, hörte gegen 23 Uhr in seiner Luftschutzzelle, wie einige Namen aufgerufen wurden und die Betreffenden zum Sachenempfang nach vorn gingen. Er erinnert sich, Schleicher gehört zu haben. Es war die seit 2 Tagen vom SD bereits an die Justiz übergebene Gruppe (Schleicher, Klaus, Bonhoeffer, John, Pereis, zur Nieden, Marks, Sierks, Kuenzer), aus der freilich mehrere, z.B. Minister Hermes, Steltzer u.a. nicht mit aufgerufen wurden. Diese bezeichneten Acht haben ihre Effekten erhalten, wie der diensttuende Kalfaktor Jonas (Charlottenburg, Reichsstr. 26 oder 28) berichtet. Nach Angabe Jonas sei ihnen gesagt worden, sie würden nach Plötzensee verlegt.

Etwas später, etwa 23,30 Uhr, hörte Kosney mit einigen anderen seinen eigenen Namen. Es handelte sich um acht Personen aus dem noch unter dem SD-Kommando befindlichen Häftlingen (Kommando des Gefängnisscharführers Gutsche und Sturmscharführer Patteroth) v. Haushofer (russ. Kriegsgefangener aus Gomel, der mit Kosney zusammengearbeitet hatte). Sämtlichen Häftlingen beim SD waren in den Abendstunden des betr. Tages ihre persönlichen Papiere und Wertsachen ausgehändigt worden, was die allgemeine Freude auf Entlassung heftig angefacht hatte. (Es wurde in den nächsten Tagen aber nicht entlassen, sondern der SD übergab das ganze Gefängnis am folgenden Tag der Justiz.) K. half v. Haushofer beim Packen der Sachen und alle dachten an Entlassung.

Als K. nach vorn ging und in den Zentralbau kam, stand dort schon rechts die zuerst aufgerufene Gruppe. Ein fremder Sturmführer war anwesend und fragte: »Welche Gruppe nehmen wir zuerst heraus?«, worauf Kosneys Gruppe den Beginn machte und man sie zu zweit nebeneinander durch die Pforte durch den langen dunklen Gang zum Gefängnistor herausließ. K. ging mit Jennewein vorn. In diesem Gang empfing sie ein zweiter Sturmführer, der offenbar das Kommando der ganzen Angelegenheit hatte und nach K's Eindruck alle weiteren Befehle gab. Dieser Sturmführer sagte: »Ihr werdet vetlegt, wer einen Fluchtversuch macht, wird erschossen.« Bei dem Weg durch den langen Gang bemerkte K., daß rechts und links je eine Reihe von SS-Leuten mit Stahlhelmen und Maschinenpistolen stand, die nun immer zwei Häftlinge zwischen sich nahm. Er schätzt auf 30 SS-Leute.

Auf der Straße angekommen, eröffnete man ihnen, daß der Weg zum Potsdamer Bahnhof ginge. Sie sollten ihren Koffer und sonstige Sachen auf den bereitstehenden Kübelwagen legen, der zum Bahnhof vorausführe. Während dieser Aktion meint Kosney, daß die gesamte Häftlingsgruppe aus etwa 20 Mann bestand. Erkennen konnte er bei der regnerischen Nacht niemand genauer, zumal er weiter an der Spitze ging. An der Ecke Lehrter Straße – Invalidenstraße angelangt, hielt man wieder an und forderte die Häftlinge auf, alle bei sich geführten Wertsachen und Papiere abzugeben. Das kann nicht vollständig geschehen sein, da an der Mordstelle später noch Briefe, Bilder und Scheckhefte (z.B. von Moll und Sossimus) gefunden wurden. Der neben K. gehende SS-Feldwebel nahm diesem die Uhr ab, die zu diesem Zeitpunkt genau 1 Uhr zeigte. Als Jennewein darauf verwies, daß in seiner Brieftasche 1800 RM lägen, meinte der Feldwebel, das würden sie bald in der Eisenbahn klären können. Dann rief der Feldwebel dem Sturmführer zu, man könne den Weg zum Potsdamer Bahnhof gut abkürzen, indem man gleich gegenüber durch das Tor und über die Trümmer durch das Ulap-Gelände ginge. Der Sturmführer gab den Befehl, so zu gehen.

Gleich hinter dem Tor wurde K. mit den hinter ihm Gehenden nach links abgedrängt (vielleicht wurden die anderen 8, Schleicher usw. unter dem Befehl des 2. Sturmführers nach rechts geführt). K. hört den Befehl des Sturmführers: »Fertigmachen, los!« Nach der Salve vernahm er, ganz still liegend, noch weitere Schüsse, kann aber Richtung und Entfernung nicht genau angeben. Vielleicht rührten sie von der zweiten Gruppe her. Er hörte den Sturmführer rufen: »Beeilen, wir haben noch mehr zu tun, sonst wird es hell!«

Als die SS verschwunden, meint K. noch 5 Minuten gewartet zu haben, dann kroch er in der Richtung der Straße, verband sich selbst den Einschuß im Genick und gelangte nach Hause.

Seine 7 getöteten Mithäftlinge wurden später durch seine Angaben in dem dunklen Gang zwischen den Betonsäulen gefunden. Das Protokoll darüber fertigte Heinz v. Haushofer, der Bruder des erschossenen A. v. Haushofer, an (wohnhaft, Moabit, Thomasiusstr. 5 (?) bei Schnuhr).

Dokument 28

Hamburg, 31. Dezember 1945

Sehr geehrte Frau Lindemann!

Am Jahresende 1945 erlaube ich mir, Ihnen die Darstellung über die lerzten Lebenstage Ihres Gatten zu übersenden. Diese zeitlichen Aufzeichnungen zu machen halte ich mich für berechtigt, weil ich mich für die damaligen Vorgänge auf der Chirurgischen Abteilung des Staatskrankenhauses verantwortlich fühle und außer Schwester Gertrud niemand in ähnlicher Weise daran Anteil genommen hat.

Die Angaben halten nur den äußeren Ablauf dieser Tage fest. Die bleibenden Werte sind in keine ihrer Größe entsprechende äußere Form zu bringen:

der unermeßliche Grad der Selbstbeherrschung Ihres Gatten, die Überlegenheit und der Stolz seiner Persönlichkeit, seine innere Freiheit, seine Würde.

Ich bitte, an Sie meinen Dank weitergeben zu dürfen, ein solches Vorbild erlebt zu haben.

Ihre stets ergebene
Charlotte Pommer

General der Artillerie Fritz Lindemann wurde am 3. September 1944 durch mehrere Gestapo-Beamte in das Staatskrankenhaus der Polizei, Berlin NW 40, Scharnhorststr. 13 eingewiesen mit der Aufgabe, seine bei der Verhaftung erfolgte Verwundung zu behandeln, und dem Bemerken, daß seine Verhaftung als »Geheime Reichssache« gelte.

Nach Angaben der DRK-Schwester Gertrud Lux, eigener Beobachtung, sowie Bemerkungen eines SD-Beamten, der die Initialen AT oder TA in einem Ring trug – er hat General Lindemann die tödliche Verwundung beigebracht – ist folgendes aus der Zeit vom 3. bis 22.9.44 über General Lindemann zu berichten:

Unter Leitung von Kriminalrat Sarde gingen am 3. September 1944 SD-Beamte in eine Wohnung am Reichskanzlerplatz in Berlin, in der sich General Lindemann aufhielt. Während die in der im obersten Stockwerk gelegenen Wohnung Anwesenden bis auf ihn verhaftet wurden, schloß sich General Lindemann in ein Zimmer ein und versuchte, aus dem Fenster heraus auf das Dach zu gelangen. Der oben bezeichnete SD-Beamte hatte eine untere Türfüllung zum Teil eingestoßen und gab durch diese zwei Schüsse auf General Lindemann ab. Nach einer etwa 10 Minuten währenden Unterredung im Stehen fragte der Beamte: »Habe ich Sie getroffen?« »Ich glaube, ja, zweimal,« ist nach Angaben des Beamten die Antwort von General Lindemann gewesen.

Am Sonntag, den 3. September 1944, wurde General Lindemann gegen 1/2 3 Uhr nachmittags mit einem Bauchschuß und einem Oberschenkelweichteildurchschuß in den Vorbereitungsraum des Operationssaals vom Staatskrankenhaus gebracht. Er hat dort bis zur Beendigung der Vorbereitungen auf einem Stuhl Platz genommen. Dann wurde er auf den Operationstisch gelegt und in vorgeschriebener Weise am rechten Handgelenk festgeschnallt. Er war darüber zunächst verwundert, man erklärte ihm aber, daß dies eine übliche Maßnahme sei, und eine Schwester leitete mit einer intravenösen Injektion von Evipan die Narkose ein.

Darauf sprach General Lindemann erstmalig und sagte mit lauter Stimme:

»Ich bin der General der Artillerie Lindemann!

Ich bin unschuldig!

Ich sterbe für Deutschland!

Grüßen Sie meine Frau!« Er schlief ein. Bei der Operation, die 100 Minuten dauerte, zeigten sich, daß das Quercolon zweimal getroffen, Kot ausgetreten und das Netz an einer Stelle verletzt war. Außerdem wurde ein glatter Oberschenkelweichteildurchschuß versorgt.

General Lindemann wurde nach Beendigung der Operation in das Zimmer 116 der Chirurgischen Abteilung verlegt. Zwei Gestapobeamte waren ständig in diesem Zimmer anwesend.

Noch in der Narkose wurden ihm in Gegenwart eines Arztes Fesseln angelegt, die an beiden Seiten des Bettes befestigt wurden.

Es war vereinbart worden, daß ein Verhör erst dann stattfinden soll, wenn die Darmtätigkeit nach der Operation wieder in Gang gekommen ist.

Am Tage nach der Operation fühlte sich der Patient relativ wohl. – Die Nachtschwester, DRK-Schwester Gertrud Lux, erklärte den SD-Beamten, daß eine ordentliche Versorgung des Patienten in Fesseln nicht möglich sei und erreichte, daß die Fesseln während des morgendlichen und abendlichen Waschens und Bettens, das sie bis zu 1 ½ Stunden ausdehnte, abgenommen wurden.

Am 4.9.44 wurde versucht, über Frau Alexandra Roloff und Frau Dr. Maria Daelau Angehörige des Patienten zu verständigen.

Am 5.9.44 wurden die Fesseln abgenommen. Es stellte sich eine postoperativ und durch eine beginnende Peritonitis bedingte Darmlähmung ein, so daß es noch immer nicht zu einem Verhör kam. Der Kreislauf des Patienten war im Verhältnis zur Schwere der Erkrankung gut.

Eindrucksvoll waren seine außerordentliche Spannkraft und sein Wille, gesund zu werden. An allen Maßnahmen, die zur Besserung seines Zustandes vorgenommen wurden, war er sehr inreressiert. Er verfolgte mit Aufmerksamkeit die Traubenzucker-Kochsalzinfusionen und die intravenösen Strophantin-Injektionen. Die sachliche Auseinandersetzung über die Medikamente, die ihm gegeben wurden, das Befragen über sein Befinden und eine Unterhaltung über sein Krankheitsbild waren neben Begrüßung und Abschied die einzigen Möglichkeiten, mit dem Patienten Worte zu wechseln. General Lindemann hatte einen so starken Lebenswillen gezeigt, daß für uns die Verpflichtung bestand, alles daran zu setzen, sein Leben zu erhalten.

Bei Fliegeralarm wurde er von der Station in den Operationsbunker gefahren, und er wünschte von den Beamten an eine Stelle gebracht zu werden, die ihm besonders sicher erschien. Er fügte hinzu, daß dies doch auch im Interesse der Beamten sei. Sonst hat er mit der Bewachung gar nicht gesprochen.

In einem Augenblick, als die Gestapo-Bewachung für ihr leibliches Wohl sorgte, fragte General Lindemann die Nachtwache, zu der er sehr bald Vertrauen hatte: »Schwester Gertrud, wie steht die Front?« Sie wußte darüber nichts zu sagen und erwiderte: »Wissen Sie denn nicht, was mit Ihnen geschieht?« »Doch, Schwester, aber darauf kommt es nicht an, es sterben ja so viele!« Bei einer anderen Gelegenheit dankte er Schwester Gertrud für ihre pflegerische Betreuung und sprach davon, daß er zwei Söhne an der Front habe.

Von der örtlichen Peritonitis ging eine allgemeine Bauchfellentzündung aus, der Allgemeinzustand wurde schlechter. Es wurde am 11.9.44 eine Bluttransfusion vorgenommen. An diesem Tage erfolgte mittags ein Anruf an die Gestapobeamten vom RSHA aus. Die Bewachung war vor einem Befreiungsversuch für General Lindemann gewarnt worden. Seitdem lag für mehrere Tage auf dem Nachttisch der SD-Beamten eine entsicherte Pistole.

Am 13.9.44 kam Prof. Hoche, der damalige Chef der Chirurgischen Abteilung des Staatskrankenhauses und untersuchte den Patienten im Verbandszimmer. Er stellte sich vor. General Lindemann nahm keine Notiz von ihm und schloß die Augen.

Prof. Hoche eröffnete die Bauchhöhle im Bereich der Operationswunde und drainierte einen Abscess, ohne daß der Patient eine Betäubung erhielt. Er hatte lediglich wie vor jedem Verbandswechsel eine Pantoponinjektion erhalten.

General Lindemann äußerte während des operativen Eingriffs und auch nachher kein Wort! Alle Anwesenden waren von seiner Haltung stark beeindruckt.

Nachdem Prof. Hoche die Operation beendet hatte, wurde er telefonisch mit Kriminalrat Sarde verbunden und erklärte diesem, daß der Zustand sehr ernst sei und man sich doch bald zu einem Verhör entschließen müsse, wenn man noch etwas von dem Patienten erfahren wolle.

Der Zustand des Patienten war nun seit mehreren Tagen als hoffnungslos anzusehen, obwohl der Kreislauf noch immer relativ gut arbeitete.

Ich setzte mich nach dem Telefongespräch sofort mit Dr. Tietze, dem Dirigierenden Arzt der Inneren Abteilung des Staatskrankenhauses in Verbindung, und wir kamen nach gründlicher Überlegung zu dem Schluß, daß dem Patienten in der Nacht statt stündlicher Applikationen von Kreislaufmitteln größere Dosen Pantopon gegeben werden sollten. Diese Entscheidung wurde uns abgenommen, da die Gestapo eine halbe Stunde später erschien und General Lindemann etwa zwei Stunden lang verhörte. Am Abend des 13.9. wurde seine Verhaftung durch Rundfunk, am nächsten Morgen durch die Presse bekanntgegeben.

Vorübergehend wurde eine Verschlimmerung des Krankheitszustandes aufgehalten.

Am Nachmittag des 21.9.44 wurde er noch einmal kurz verhört, am Abend des 21.9. wurde der Kreislauf schlechter, und gegen 3 Uhr des nächsten Morgens kam es zu einem Kollaps. General Lindemann richtete noch einmal Grüße an seine Frau.

Er verlor das Bewußtsein und schlief am 22. September 1944 um 5.15 ein.

General Lindemann hat während seines Krankenlagers keine Schmerzäußerung getan.

Hamburg, 31. Dezember 1945

A. Charlotte POMMER
Arzt im Staatskrankenhaus
der Polizei
Chirurgische Abteilung 1943/45

Dokument 29

Einschreiben 5. September 1947

An den Herrn
Oberstaatsanwalt
beim Landgericht Dresden
Dresden

2700 - S/K

Betr. Strafsache Ernst Schäffner
Aktenzeichen: 1 Js 929/46

In der Schwurgerichtssitzung vom 25. August 1947 wurde der Angeklagte Ernst SCHÄFFNER zu 12 Jahren Zuchthaus verurteilt, obgleich der Herr Staatsanwalt vorher zunächst eine lebenslängliche Zuchthausstrafe und später die Todesstrafe beantragt hatte. Es ist anzunehmen, daß die Staatsanwaltschaft gegen dieses Urteil inzwischen Revision eingelegt hat. Da auch meiner Frau, als der letzten Überlebenden der Familie, der infolge der Denunziation ums Leben gekommenen, an einer angemessenen Bestrafung des Hauptschuldigen lebhaft interessiert ist, erlaube ich mir, einige Gesichtspunkte vorzutragen, die von der Staatsanwaltschaft für das weitere Verfahren vielleicht verwertet werden können.

Da nur angenommen werden kann, daß die Ausführungen des Verteidigers es gewesen sind, welche das Gericht zur Verhängung dieser unangemessenen milden Strafe veranlaßt haben, scheint es angebracht, die Hauptargumente der Verteidigung etwas zu beleuchten.

Der Verteidiger begann mit einer politischen Stimmungsmache, die darauf abzielte, daß an den Vorgängen des 20. Juli 1944 nur Generäle beteiligt gewesen seien, die lediglich um reaktionärer Ziele willen gegen Hitler gekämpft hätten. Sie hätten nach einem gelungenem Attentat mit den Westmächten zusammen gegen Rußland vorgehen wollen. Gerade darum seien sie eben keine echten Antifaschisten gewesen. Das soll wahrscheinlich heißen, daß ihr Schicksal darum auch kein sonderliches Mitleid verdiene und daß der heutige Staat kein überragendes Interesse daran hätte, die Leute exemplarisch zu bestrafen, die seinerzeit den Generälen in den Rücken gefallen wären. Der Verteidiger ging im Laufe seiner Ausführungen sogar so weit, zu behaupten gegen die Menschlichkeit auf Denunzianten der Angehörigen der Bewegung des 20. Juli überhaupt nicht anwendbar wäre.

Zunächst ist grundsätzlich unverständlich, was die Wertung eines Begriffes wie »Verbrechen gegen die Menschlichkeit« mit parteipolitischen Gesichtspunkten zu tun .hat und abgesehen davon, sind Bekämpfer des Faschismus nicht darum weniger wert, weil sie aus Offizierskreisen stammen. Aber darüber hinaus ist auch objektiv falsch, daß die Männer des 20. Juli sich etwa einseitig gegen Rußland hätten wenden wollen. Gerade die Aufgabe, die General LINDEMANN, der infolge der Denunziation des Schäffner als erster umkam, im Rahmen der Bewegung gehabt hat, beweist das Gegenteil. Er sollte bekanntlich eine Verbindung mit der in Rußland mit dem Sowjetstaat zusammenarbeitenden Gruppe »Neues Deutschland« aufnehmen. Wenn ihm das damals nicht in ausreichendem Maße gelang, so spricht das allenfalls für unglückliche Umstände, evtl.

auch gegen seine Geschicklichkeit. Aber alle – auch letzten Endes mißglückte Versuche in dieser Richtung entkräften die Behauptung, daß die Mitverschworenen des Generals Lindemann eine einseitige Tendenz gegen Rußland gehabt hätten.

Schließlich aber – und das fand im Verfahren überhaupt keine Würdigung – ist in Auswirkung der Denunziation des Schäffner gerade ein Mann der Gestapo ans Messer geliefert worden, der ein halbes Leben lang für den Sozialismus und gegen den Faschismus gekämpft hat, nämlich der Baurat Hans Ludwig SIERKS, als ein »echter Antifaschist« auch im Sinne der Verteidigung.

Der Verteidiger suchte im Anschluß daran zu beweisen, daß der Angeklagte nicht der einzige und sogar nicht der wahre Denunziant gewesen sein könne, und führte dafür die folgenden Punkte auf:

1. Der Angeklagte habe die auf den Kopf des Generals Lindemann gesetzte Belohnung von einer halben Million RM nicht erhalten, was der Fall gewesen wäre, wenn ihn die Gestapo als den Anzeigenden anerkannt hätte.
2. Einer der später Ermordeten, der Kaufmann MARX, von dem Schäffner seine Kenntnisse hatte, habe sich nicht nur ihm, sondern auch zahllosen anderen offenbart, insbesondere hätte er auch vor seiner Freundin Pillat gesprochen und diese wäre als schwatzhaft bekannt gewesen. Der Verurteilte hätte also befürchten müssen, daß die Gestapo auf anderem Wege von der Sache Kenntnis erhalten und ihn als Mitwisser verfolgen würde.
3. In diesem Sinne spreche auch, daß die Gestapo dem Angeklagten bei seinem ersten Denunziationsversuch gesagt hätte, sie wisse über die Vorgänge bereits Bescheid.
4. Die Frau des Kaufmanns Marx hätte kurz nach den Vorgängen auf dem Marxhof einen telefonischen Anruf erhalten, in dem ihr gesagt wäre, ihr Mann hätte in größerer Gesellschaft angegeben, daß er den General Lindemann in Sicherheit gebracht habe.

Zu 1: Es mag unbewiesen sein, daß der Verurteilte eine Belohnung bekommen habe. Mindestens ebenso unbewiesen ist aber, daß er sie nicht erhalten habe. Schon deshalb lassen sich auf dieser – allenfalls angeblichen – Tatsache keine Schlußfolgerungen aufbauen. Wenn aber wirklich der Verurteilte keine Belohnung erhalten hat, dann können dazu hundert verschiedene Gründe geführt haben, die nichts mit der Frage zu tun haben, ob die Gestapo ihn für den wahren Anzeigenden hielt, oder nicht. Beispielsweise könnte er deshalb leer ausgegangen sein, weil man aus rein technischen Gründen im Drange der sich damals überstürzenden Ereignisse nicht bis zur Auszahlung gekommen ist. Im übrigen erscheint es aber für das Strafmaß gerade von entscheidender Bedeutung zu sein, ob der Verurteilte die Denunziation im Hinblick auf die ausgesetzte Belohnung, also um des Geldes willen begangen hat, oder ob die Belohnung für ihn, wie er angibt, keine Rolle gespielt habe. Einwandfrei wird sich das nie feststellen lassen, aber es würde stark für die Annahme geldgieriger Motive sprechen, wenn man ermitteln könnte, ob die Belohnung ausgezahlt ist, oder nicht, und dazu sind bisher nicht sämtliche Mittel erschöpft.

Eine Belohnung von einer halben Million RM wird natürlich nicht in bar ausgezahlt, sondern die Abwicklung erfolgt normalerweise über eine Bank. Außerdem ist die Auszahlung bzw. Verrechnung von einer halben Million Belohnung für einen Denunziationsfall nicht so häufig, daß nicht die bearbeitenden Bankbeamten eine Erinnerung

daran zurückbehielten. Es erscheint daher aussichtsvoll, wenn etwa durch Anfragen in den Tageszeitungen, oder im Rundfunk nach Zeugen gesucht wird. Ich würde empfehlen, daß die Staatsanwaltschaft derartige Versuche unternimmt.
Zu 2: Es mag richtig sein, daß Marx zunächst einige unvorsichtige Äußerungen mehr getan habe, als sachdienlich gewesen wäre. Aber unter der Folter der Gestapo hat er jedenfalls geschwiegen und daß, was er vorher gesagt haben mag, war jedenfalls nicht ausreichend, ihn zu überführen, denn er wurde ja nach dem erstem Verhör entlassen. Die Sache kam erst später in Fluß, als man Lindemann II (den Vetter des Generals) verhaftete. Seine (des Marx) ursprünglichen Äußerungen können also keinen ausreichenden Inhalt gehabt haben, um der Gestapo ein Material zu liefern, daß die Denunziation des Verurteilten entbehrlich machte.

Auch die Zeugin Pillat hat nicht einmal bei den Verhören durch die Gestapo »sachdienliche« Angaben gemacht. Um wieviel weniger ist anzunehmen, daß sie zu einer Denunziation fähig gewesen wäre. Von ihr hatte der Verurteilte also wirklich nichts zu befürchten.

Seine Behauptung, er sei gefährdet gewesen und hätte nur deshalb die Anzeige erstattet, weil er sich und seine Familie vor Verfolgung bewahren wollte, stellt sich also als unhaltbar heraus.
Zu 3: Daß die Gestapo beim ersten Besuch des Schäffner vorgegeben haben soll, bereits durch Dritte informiert zu sein, ist erstens durch nichts bewiesen, sondern vielmehr lediglich eine Behauptung des Verurteilten. Wenn aber die Gestapo wirklich diese Angabe gemacht hat, dann kann das eine Finte gewesen sein, mit der sie vielleicht erreichen wollte, den Denunzianten zu freieren Aussagen zu veranlassen, wenn sie ihm nämlich den Glauben nahm, daß er seinen Freund denunziere. Davon abgesehen, stand ja auf den Kopf des Generals Lindemann eine halbe Million Belohnung und die wollte die Gestapo vielleicht selbst verdienen, was sie nur konnte, wenn sie Schäffner als Anwärter ausschaltete.
Zu 4: Der Telefonanruf bei Frau Marx kann nicht gewertet werden, bevor feststeht, von wem er stammte. Vielleicht ging er von der Gestapo selbst aus, die Frau Marx zu irgendwelchen unvorsichtigen Äußerungen oder Handlungen veranlassen wollte.

Zusammenfassend ist zu sagen: Es steht fest, daß der Verurteilte denunziert hat. Das hat er selbst zugegeben. Alles andere sind Vermutungen, die ihn nicht entlasten können, bevor sie sich zu Beweisen verdichtet haben.

Bei der abschließenden Darlegung und Wertung der Motive des Angeklagten und bei ihren Ausführungen zum Strafmaß, verglich der Verteidiger den vorliegenden Fall mit dem der Denunziation des Dr. GOERDELER und kam zu dem außerordentlich überraschenden Ergebnis,daß die Sache hier wesentlich milder zu beurteilen sei, als in jenem Fall. Genau das Gegenteil ist festzustellen. Im Falle Goerdeler ist die inzwischen veurteilte SCHWÄRZEL nicht zur Gestapo gegangen, sondern hat lediglich im Affekt beim Anblick des Dr. Goerdeler eine Äußerung zu ihrem Nachbarn getan, die zu den weiteren Ereignissen führte. Außerdem bestanden zwischen ihr und Dr. Goerdeler keinerlei Beziehungen. Im vorliegenden Fall dagegen bezeichnet sich der Verurteilte selbst als den besten Freund des Denunzierten und seine Denunziation ist darüber hinaus keine Affekthandlung, sondern eine vorsätzliche. Beide Argumente müßten genügen, um zu zeigen, daß hier eine ganz wesentlich schärfere Strafe am Platze wäre, als im Falle Schwärzel/Goerdeler. Außerdem: Wenn der Verurteilte es schon im Interesse seiner und seiner Familie Sicherheit für unumgänglich hielt, die Anzeige zu erstatten, dann hätte er wohl Zeit und Gelegenheit finden müssen, seinem »Freunde« vorher einen Wink zu geben, damit dieser sich rechtzeitig in Sicherheit bringen konnte, bevor die Denunziation sich auswirkte.

Eine exemplarische Strafe ist also, wenn irgendwo, dann hier am Platze.

Schließlich erlaube ich mir zum Vergleich der Strafmaße noch auf folgendes hinzuweisen.

Vor kurzem sind vom Schwurgericht in Schwerin mehrere Ärzte zu Zuchthausstrafen bis zu 10 Jahren verurteilt worden, weil sie Geisteskranke sterilisiert hätten. Erstens hingen daran keine Menschenleben und zweitens handelten diese Ärzte – wenn auch menschlich vielleicht verwerflich –, so doch im Sinne eines damals geltenden Gesetzes. Wenn ein Schwurgericht zu dem Spruch kommt, sie zu 10 Jahren Zuchthaus zu verurteilen, dann ist unverständlich, warum im vorliegenden Fall eine nahezu gleiche Strafe ausreichend sein soll.

SCHROETER

Dokument 30

Unbegreifliche Verteidigung eines Denunzianten

Auf die von dem Schwurgericht Dresden im August vorigen Jahres wegen Verbrechens gegen die Menschlichkeit zu zwölf Jahren Zuchthaus verurteilten 44jährigen Hans Schäffner aus Dresden eingelegte Revision gegen seine Verurteilung und Strafhöhe sowie auf die von der Staatsanwaltschaft eingereichte Revision wegen der ihrer Meinung nach zu niedrig ausgefallenen Strafe hatte sich der Strafsenat des Oberlandesgericht Dresden erneut mit einer Angelegenheit zu befassen, die zu dem großen Kreis der von der Nazijustiz eingeleiteten Verfahren um die Geschehnisse des 20. Juli 1944 gehört. Schäffner hatte die ihm von seinem besten Freund Marx anvertrauten Einzelheiten über ein Berliner Versteck des von der Gestapo wegen Zugehörigkeit zum Goerdeler-Kreis verfolgten General Lindemann dazu benutzt, um durch eine entsprechende Anzeige die von der Gestapo ausgesetzte Kopfprämie von einer halben Million Reichsmark, die auf die Ergreifung Lindemanns ausgeschrieben worden war, zu erhalten. In dem auf die Anzeige erfolgten Verfahren wurden Schäffners Freund, Marx, General Lindemann, dessen Bruder und drei Personen, die Lindemann geschützt hatten, zum Tode verurteilt und hingerichtet. Schäffner hatte also nicht nur das Vertrauen seines besten Freundes in der schimpflichsten und gemeinsten Weise mißbraucht, sondern auch noch den Tod von sechs Menschen auf sein Gewissen geladen, und zwar von Menschen, die, wie der Staatsanwalt in der Revisionsverhandlung darlegte, durch ihr Handeln dazu beitragen wollten, das Naziregime zu beseitigen und so dem deutschen Volke wenigstens einen Teil des sich täglich vergrößernden Elends und seiner Schuld zu ersparen. Für ein derartig gemeines Verbrechen gegen die Menschlichkeit, zu dem sich der Angeklagte hergab, gäbe es nur eine Sühne: die Todesstrafe.

Der Verteidiger des Angeklagten glaubte richtig zu handeln, indem er Entlastungsgründe vorbrachte, die von jedem menschlich-gerecht empfindenden Menschen als vollkommen unverständlich abgelehnt werden müssen. Er bezeichnete den General Lindemann trotz dessen Mitbetätigung innerhalb des Goerdeler-Kreises, trotz seiner Entfernung aus der Wehrmacht und ständiger Verfolgung durch die Gestapo nach wie vor als Militaristen und Faschisten, der, so wollte der Verteidiger wissen, auch weiterhin ein Feind der Sowjetunion geblieben und gewillt gewesen sei, mit allen Kräften gegen die Sowjetunion zu kämpfen. Der Bruder Lindemanns, ein Betriebsinhaber, sei im übrigen ein schwerreicher Kapitalist gewesen; die gleichfalls tätige Mitarbeit des Bruders im Goerdeler-Kreis und die dauernde Gefahr vor der Gestapo infolge des von ihm seinem Bruder gewährten Schutzes wurden als nicht ausschlaggebend angesehen. Unter Berücksichtigung dieser von dem Verteidiger herausgestellten Beurteilung der antinazistisch handelden Brüder Lindemann hielt er es für richtig, den Revisionswunsch des Angeklagten auf vollkommene Neuverhandlung des gesamten Verfahrens mit dem Ziel einer niedrigen Strafzumessung zu begründen und entsprechende Anträge zu stellen. Der Staatsanwalt entrollte nochmals die gesamten Vorgänge, die das Verhalten der hingerichteten sechs antinazistisch handelden Menschen sowie die unmenschliche Handlungsweise des Schäffner klar beleuchteten und beantragte, seinem Revisionsbegehren stattzugeben, das die Todesstrafe forderte. Der Strafsenat wies, wie nicht anders erwartet werden konnte, die Revision des Angeklagten als unbegründet ab, schloß sich aber der Stellungnahme des Staatsanwalts an und gab seiner Revision statt, so daß sich die Große Besondere Strafkammer des Landgerichts Dresden mit der Angelegenheit befassen wird.

Erneute Verhandlung gegen Schäffner

Dresden (SZ). Das Oberlandesgericht hatte sich mit den Revisionen des Staatsanwalts und des Angeklagten in dem Verfahren gegen den Denunzianten Ernst SCHÄFFNER zu befassen. Schäffner war im August 1947 wegen Verbrechens gegen die Menschlichkeit vom Dresdner Schwurgericht zu 12 Jahren Zuchthaus, 12 Jahren Ehrverlust und Vermögenseinziehung verurteilt worden. Die Opfer seiner Denunziation waren der an der Offiziersrevolte vom 20. Juli beteiligte General LINDEMANN, der Dresdner Antifaschist Baurat SIERKS, der Kaufmann MARKS und der Berliner Regierungsbaumeister GLOEDEN mit seiner Frau und seiner Schwiegermutter. Sie sind sämtlich von den Nazis ermordet worden. Die Staatsanwaltschaft hatte gegen Schäffner die Todesstrafe beantragt.

Das Oberlandesgericht wies die Revision des Angeklagten, der eine mildere Strafe erreichen wollte, als unbegründet zurück. Auf die Revision des Staatsanwalts wurde das Urteil bezüglich des Strafmaßes aufgehoben und das Verfahren zur erneuten Verhandlung an die Große Besondere Strafkammer des Landgerichts zurückverwiesen.

Dokument 31

Georg W. Lindemann

Vierzig Jahre danach

»... wird deshalb aus der Deutschen Wehrmacht ausgestoßen«

Jahreswechsel 1942/1943

Der K-Verband mit den schweren Kreuzern Hipper und Lützow und vier Zerstörern war nach dem Gefecht bei den Bären-Inseln auf dem Rückmarsch zum Alta-Fjord. Wir waren 44 See-Kadetten der Crew 6/42 an Bord der Lützow. Was wirklich an diesem Tage vorgefallen war, hatte wohl keiner von uns so recht begriffen. Wir hatten auf wechselnden Kursen in verschiedenen Richtungen geschossen, ganz zum Schluß ein Kartusche-Krepierer am Steuerbord-vierten Geschütz, der unseren Kameraden Joost schwer verwundete, andere hatten leichte Kratzer abbekommen. Der Zerstörer FRIEDRICH ECKHOLT war verloren gegangen.

Am nächsten Tag wurde klar, daß nicht alles so gelaufen war, wie wir gehofft hatten. Unser Kadetten-Offizier, Leutnant Klasen, konnte seine Enttäuschung über den mangelnden Angriffsgeist der Schiffsführung nicht zurückhalten. Er hatte mehr gesehen; saß während des Gefechts auf irgend einem Leitstand und sah das Objekt unseres Angriffs, den Geleitzug, in greifbarer Nähe. Von Hitlers Anweisung »dicke Schiffe nicht der Gefahr aussetzen« wußten wir alle nichts.

Ende Januar 1943

Das Ende der 6. Armee in Stalingrad war unabwendbar. Wir hörten in den Decks von LÜTZOW Görings denkwürdige Rede zum Ende der Kämpfe in Stalingrad. Sie gipfelte in dem Satz:

»Wanderer kommst du nach Berlin, dann berichte, du hättest uns hier liegen gesehen, wie das Gesetz es befahl.«

Wir wußten damals nicht, wieviel Tausende es wurden.

In Nordafrika stand Rommel unter starkem Druck durch die über Tripolis von Osten vordringenden englischen Verbände. Die Amerikaner waren im Westen gelandet und im Vormarsch auf Tunis begriffen. Es war zu erkennen, daß Nordafrika nicht mehr lange zu halten war.

Dieser Mehrfrontenkrieg, ein militärischer Wahnsinn, war nicht mehr zu gewinnen. Ich hatte die militärische Lage auf allen Kriegsschauplätzen ständig verfolgt, die Wehrmachtberichte gaben ja durch die Nennung von Ortsnamen eine ausreichende Darstellung von den aktuellen Bewegungen. Die üblichen Redewendungen wie »im harten Abwehrkampf« oder »Absetzbewegung« konnte ich interpretieren. Dieser Krieg war nach meiner Auffassung verloren. Die Kräftepotentiale waren zu ungleich verteilt. Der Eintritt Amerikas in den Krieg machte sich immer mehr bemerkbar.

Zu dieser Zeit behielt ich meine Gedanken völlig für mich. Es war mir unmöglich, zu irgend einem meiner Kameraden darüber zu sprechen.

September 1943

Es war das Ende der Kriegsschulzeit in Glücksburg. Mein Vater besuchte mich das erste Mal, seit ich Soldat war. Er war vor einem Monat, nach bisheriger ausschließlicher Frontverwendung, in die Dienststellung des Generals der Artillerie beim Chef des Generalstabs des Heeres versetzt worden. Er hatte mich auch angeregt zum Studium der Seekriegsgeschichte. Sein Vater hatte ihm den Eintritt in die damals Kaiserliche Marine nicht erlaubt. Traditionsgemäß mußte er zur Artillerie.

Bei seinem Besuch hatten wir ein sehr in die Tiefe gehendes Gespräch über die gesamte militärische Lage. Meiner Schlußfolgerung, daß der Krieg verloren sei, stimmte er zu. Er sprach aber auch von anderen Dingen, die mir bis dahin verborgen geblieben waren – von den Verbrechen gegen die Menschlichkeit in einem für mich bis dahin unvorstellbaren Ausmaß. Wie konnte sich das Staatsoberhaupt über das Gesetz stellen, warum konnte das geschehen und ließ man Hitler an der Macht nach all den Erfahrungen der vergangenen zehn Jahre? Die Geschehnisse waren damals für mich so schwer zu begreifen, wie es für viele kaum zu begreifen war, als sie nach 1945 plötzlich den Tatsachen gegenüberstanden. Gegen Ende dieser Diskussion sagte ich meinem Vater, daß wenn Hitler und seine Mannschaft die Verderber Deutschlands seien, man auch den Mut haben müsse, Hitler und seine Genossen zu beseitigen und zu versuchen, den Frieden auch unter größten Opfern zu gewinnen. Weiter folgerte ich, daß zu diesem Zeitpunkt eigentlich nur Offiziere in höheren Dienststellungen in der Lage wären, eine entscheidende Wende, welche auch immer, herbeizuführen.

Mein Vater antwortete zunächst darauf nicht. Er teilte mir schließlich mit, daß es eine Gruppe von Offizieren und andere Männer in Deutschland gebe, die an einem Umsturz arbeiteten. Es komme ihnen darauf an, Hitler, Göring und Himmler zu beseitigen, die Macht zu übernehmen und den Einfluß der SS, Gestapo, der NSDAP zu eliminieren und zu versuchen, mit den Gegnern in diesem Krieg zu einem einigermaßen tragbaren Übereinkommen zu gelangen.

Er nannte keine Namen. Ich habe ihn auch nicht gefragt, das war zu dieser Stunde auch nicht nötig. Mich erregte und beruhigte zugleich diese Eröffnung.

Mein Vater war längst wieder abgereist, und ich brauchte viel Zeit zur Verarbeitung. Ein Kommando auf dem gerade in Dienst gestellten »Z34« und der erneute Einsatz in Nord-Norwegen stellten neue Aufgaben und lenkten mich von den Umsturzplänen ab.

Januar 1944

Mein Vater besuchte mich für einen Abend in Gotenhafen, wo wir zur UWO-Ausbildung waren. Er wohnte in derselben Kabine, die kurz zuvor vom Kommandierenden Admiral der U-Boote von Friedeburg belegt gewesen war.

Ich hörte hier zum ersten Mal Genaueres von den Greueltaten an den Juden und auch von dem, was die Alliierten »unconditional surrender« nannten. Die Chance für einen Verständigungsfrieden mit den Alliierten nach einer Beseitigung Hitlers waren außerordentlich gering.

März 1944

In Breslau waren alle Offiziersanwärter vom Heer, Marine und Luftwaffe zusammengezogen, um in einer Rede, die normalerweise Hitler gehalten hätte, auf ihre künftigen Aufgaben als Offiziere vorbereitet zu werden. An Stelle von Hitler sprach Großadmiral Dönitz. Die Rede war den Aufwand nicht wert. Sie war vielleicht unter militärischen Gesichtspunkten für Offiziersanwärter der Marine gerade noch tauglich, aber für diejenigen des Heeres und der Luftwaffe eine glatte Entgleisung. Es war falsch, bei dieser alle angehenden Tagung vor zukünftigen Offizieren des Heeres und der Luftwaffe im Schwerpunkt hervorzuheben, daß die U-Boot-Waffe die entscheidende Waffe dieses Krieges sei. Und das ohne einen Vergleich zu dem schweren Kampf an der Ostfront, den die meisten unserer Kameraden des Heeres am eigenen Leibe erlebt hatten. An wieviel Gemeinsames hätte der in hohem Ansehen stehende Dönitz bei allen Offiziersanwärtern der drei Wehrmachtsteile appellieren müssen. Es war eine vertane Gelegenheit.

März 1944

Mein Vater besuchte micht überraschend in Mürwik. Er war in Dänemark gewesen. Er brachte seine Enttäuschung zum Ausdruck darüber, daß manche der führenden Feldmarschälle des Heeres ihre Unterstützung eingeschränkt hätten für eine Zeit nach einem vollendeten Attentat auf Hitler.

Wir sprachen auch über die Stimmung im deutschen Volk. Wir waren uns klar darüber, daß weitaus die Mehrheit nicht verstehen würde, warum ein Attentat gegen Hitler durchgeführt würde. Aber mein Vater war der Meinung, daß die Beseitigung Hitlers eine Verpflichtung für jeden sei, der die Situation Deutschlands und die Verbrechen seiner Führung überschauen könne und der an Deutschland und seine Zukunft denke. Ihn schreckte auch nicht die Möglichkeit des Wiedererstehens einer Dolchstoßlegende. Er war der Überzeugung, daß der Schritt getan werden müsse, und zwar bald.

Monatswechsel Juni/Juli 1944

UWO-Flaklehrgang in Swinemünde

Mein Vater sagte sich plötzlich an übers Wochenende. Er war auf der Fahrt vom Hauptquartier in Ostpreußen nach Berchtesgaden, wo eine Besprechung stattfinden sollte. Er war sehr nachdenklich und sehr ernst.

Er sprach von der verhärteten Lage der Alliierten gegenüber Gesamtdeutschland, ganz gleichgültig ob Hitler an der Macht bleiben würde oder ob eine andere Gruppierung an der Spitze Deutschlands stünde. Er sprach davon, daß es in den nächsten acht Tagen losgehe. Eine wesentliche Voraussetzung für die Durchführung des Attentats sei erfüllt. (Es kann sich nur um die Versetzung Stauffenbergs zum Oberbefehlshaber des E-Heeres gehandelt haben).

Die Alliierten waren Anfang Juni erfolgreich in Frankreich gelandet, hatten die deutschen Linien durchbrochen und stießen nach Paris vor. Entscheidend war die Luftüberlegenheit der Alliierten, die sich im Kampfgebiet genauso bemerkbar machte wie über Deutschland bei Tag und Nacht.

Er sprach auch von der Familie, meiner Mutter und meinen Geschwistern und was mit uns geschehen würde. Ich hatte meinen Vater vorher nicht so offen, so mitteilsam und gleichzeitig so ausgeglichen gesehen. Die Würfel waren gefallen.

Es war ein warmer Tag, als wir uns verabschiedeten. Es war ein Abschied, der auch die Möglichkeit einschloß, daß wir uns nicht mehr wiedersehen würden.

16. Juli 1944

Zugführer-Lehrgang in Plön

Bisher war noch nichts geschehen. Ich war beunruhigt, weil ich meinen Vater eigentlich so verstanden hatte, als ob das Attentat in den ersten Tagen des Juli stattfinden sollte.

Am 16. Juli 1944 sollte ich einen Vortrag vor den Crew-Kameraden über den Ostfeldzug halten.

Ich hatte je eine Schluß-Formulierung für den Fall ausgearbeitet, daß inzwischen das Attentat auf Hitler erfolgreich durchgeführt worden wäre und eine andere für den Fall, daß das Attentat bis dahin nicht durchgeführt worden war.

Bis zu diesem Tag war nichts passiert. Ich mußte also die zweite Fassung vortragen. Das Thema meines Vortrags war denkbar schlecht für diesen Zeitpunkt geeignet. Gerade in diesen Wochen erfolgte der restlose Zusammenbruch der Heeresgruppe Mitte.

Ich fand meinen Vortrag nicht gut. Auch das, was ich am Schluß sagte, erschien mir banal. Ich glaubte selber nicht an die Wunderwaffen, von denen in zunehmendem Maße behauptet wurde, daß sie die positive Wende in diesem Kriege bringen würden. Aber es blieb mir kein anderer Ausweg, als mich dieser Formel, die von der offiziellen Propaganda gebraucht wurde, zu bedienen. Sonst hätte ich wohl Kopf und Kragen riskiert.

Mir war auch klar, daß ich diesen Vortrag nur bei der Marine halten konnte. Beim Heer hätte ich mich wohl sofort selbst disqualifiziert. Immerhin brachte mir der Vortrag eine so negative Beurteilung ein, daß ich auf Empfehlung des Zug-Offiziers zunächst von der Beförderung zum Offizier wegen zu kritischer Einstellung zurückgestellt werden sollte. Diese Bemerkung hat mir später der Vorsitzende des Ersten Senats des Volksgerichtshofes, Roland Freisler, aus meinem Führungsbuch vorgelesen.

20. Juli 1944

An diesem Tag habe ich nach langer Zeit das erste Mal wieder gebetet. Bald zeichnete sich ab, daß das Attentat nicht gelungen und der Versuch, den Verderber Deutschlands auszulöschen, gescheitert war.

Wir gingen in Stellung gegen eine Heeresformation in Eutin, die sich dem Vernehmen nach nicht eindeutig erklärt hatte. Es war ja klar, auf welcher Seite die Marine stand. Daran hatte der Tagesbefehl von Großadmiral Dönitz keinen Zweifel gelassen.

Die Unterredung mit meinem Vater, insbesondere die letzte, ging mir immer wieder durch den Kopf. Mich beschäftigte die Frage, warum hatte dieses Attentat mißlingen müssen.

Abends hörten wir gemeinsam die Ansprache Hitlers, in der er von einer kleinen Clique verräterischer Offiziere sprach. Dabei wußte ich zu diesem Zeitpunkt noch nicht, wie weit der Widerstand um sich gegriffen hatte, weit über den militärischen Kreis hinaus, bis tief in die früheren politischen Parteien, in die Konfessionen, in den Bürgerstand und in den Arbeiterstand. In meiner späteren Haftzeit lernte ich Mitglieder dieser Widerstandskreise kennen.

Ende Juli 1944

Auf der Kommandierungsfahrt von Plön nach Gotenhafen fuhr ich über Berlin und versuchte meinen Vater zu erreichen. Am anderen Ende der Telefonleitung hieß es: »Der Herr General ist auf Dienstreise.« Ich versuchte daraufhin einen anderen mir bekannten General in der Dienststelle zu erreichen, aber – hoffnungslos – ich wurde abgeblockt, auch dieser Mann war nicht zu sprechen. In der Nacht fuhr ich weiter nach Gotenhafen und traf am nächsten Morgen auf dem U-Begleitschiff »Waldemar Kophamel« ein.

Hier traf ich Hermann Lang wieder. Mit ihm und Hannes Krüger hatte ich den UWO gemeinsam absolviert. Im Juli hatte ich beide in groben Zügen über den beabsichtigten Umsturz und darüber informiert, was Deutschland nach dem »unconditional surrender« bevorstünde, wonach Ost- und Mitteldeutschland bis zur Elbe unter russischer Militärverwaltung stehen würden. Hannes Krüger war aus Pommern. Hermann Lang wollte Ende Juli Hannes' Eltern aufsuchen und den Versuch unternehmen, sie auf ein rechtzeitiges Absetzen nach Westen vorzubereiten. Es gelang wenigstens für die junge Schwester von Hannes Krüger. Hermann Lang und ich hatten für den Zeitpunkt ein Stichwort verabredet, das ich ihm aus dem Zuchthaus im Dezember 1944 gab. Der Vater Krüger konnte seinen Posten nicht verlassen und verlor sein Leben.

5. August 1944

Die ersten Namen der Offiziere, die am 20. Juli 1944 beteiligt waren, werden veröffentlicht. Der Name meines Vaters ist dabei. Er wird unter »fahnenflüchtig« geführt. Ich denke an Rumänien oder Jugoslawien, habe aber für diese Vermutung keine andere Begründung als die, daß er mir von seinen freundschaftlichen Verbindungen nach dort erzählt hatte.

Heute weiß ich, daß, wenn ich Ende Juli in Berlin eine der Sicherheitsanschriften, die ich von meinem Vater erhalten hatte, angerufen hätte, ich ihn dort erreicht hätte. Ich glaube aber nicht, daß es für ihn oder für mich von Nutzen gewesen wäre, wenn wir uns gesehen hätten.

Wenige Tage nach der Veröffentlichung der Namensliste fragte mich der 1. Offizier auf »Waldemar Kophamel« nach der Namensgleichheit. Sonst fragte niemand, keiner meiner Kameraden, keiner der Offiziere. Nur mit Hermann Lang konnte ich, wenn wir wußten, daß wir absolut allein waren, offen sprechen. Für mich war das eine wesentliche Erleichterung.

Mitte August 1944

Ich entschloß mich, an meinen Onkel, den Kommandierenden Admiral der U-Boote, von Friedeburg zu schreiben und ihn um Versetzung zu einem Frontkommando zu bitten. Innerhalb weniger Tage traf die Order ein: »Sofort in Marsch setzen.« Zwei Stunden später saß ich auf der Eisenbahn, fuhr über Nacht und war im Laufe des nächsten Tages in Kiel.

Ich meldete mich bei meinem Onkel, der mich fragte, ob ich von der Beteiligung meines Vaters am 20. Juli 1944 etwas gewußt hätte. Ich verneinte dies mit Nachdruck.

Er teilte mir mit, daß ich zu den Kleinkampfverbänden versetzt sei und mich am nächsten Tag beim Stab des Kommandierenden Admirals Heye in Timmendorf zu melden hätte.

Dort war die Atmosphäre im Vergleich zu Kiel und zu Gotenhafen wunderbar entspannt. Der Admiral und seine Stabsoffiziere empfingen mich mit Freundlichkeit. Der 1. Asto schilderte mir in einem Gespräch unter vier Augen die Möglichkeiten, und ich konnte mir aus den vier möglichen Truppenteilen die Sprengboote in Italien aussuchen. Ich wurde am nächsten Tag in Lübeck neu eingekleidet und anschließend in Marsch gesetzt. Ziel war die Leitstelle Mailand, es war der 24. August 1944. Ich fuhr am Abend nach Hamburg, um in der Wohnung meiner Eltern zu übernachten.

25. August 1944

Festnahme/Verhaftung

Die Gestapo erschien morgens – eine Mitbewohnerin hatte meine Anwesenheit angezeigt – und brachte mich zunächst in die Gestapo-Leitstelle in Hamburg. Ich wurde den ganzen Tag vernommen. Die Nacht verbrachte ich im Gefängnis. Die Vernehmung ging am 26. August ohne irgendein Ergebnis weiter. Auf Anforderung des Sonderkommandos der Gestapo in Berlin brachten mich am 26. August zwei Gestapo-Mitarbeiter nach Berlin. Fliegeralarm unterwegs, warmer Augusttag, die märkische Heide und dann langsam die Einfahrt in Berlin – alles das nahm ich mit offenen Augen wahr.

Am Abend desselben Tages schlossen sich hinter mir die Tore des Militärgefängnisses Lehrter Straße, das zu einem Teil unter Bewachung der Gestapo für die Häftlinge reserviert war, die im Verfolg des 20. Juli 1944 überall im Deutschen Reich festgenommen wurden. In diesem Moment wurde mir klar, daß ich endgültig Gefangener des Regimes war.

Ende August, Anfang September 1944

Bei meiner Vernehmung im Hause der Gestapo, Prinz-Albrecht-Straße, insbesondere durch SS-Hauptsturmführer Hamann, konnte ich nicht ausschließen, daß ich etwas von einem Umsturzversuch gewußt habe. Hamann hatte zunächst meine Geschichte angehört, bevor er mir einen Brief an meinen Bruder vorlegte, von dem ich natürlich nicht glaubte, daß er in Berlin in den Händen der Gestapo sei. In diesem Brief sprach ich über berufliche Pläne nach dem Krieg. Danach war offensichtlich, daß ich in einen zivilen Beruf gehen wollte, woraus die Gestapo geschlossen hatte, daß ich diesen Krieg für verloren hielt. Mein Bruder, Heeresoffizier an der Ostfront, war schon vor mir verhaftet und nach Berlin zur Gestapo gebracht worden.

Ich entschloß mich zu einem Teilgeständnis mit einem logischen Aufbau, in das ich aber nur drei Unterredungen mit meinem Vater einbezog. Dieses Teilgeständnis gab nicht die Wahrheit wieder, sondern ist lediglich entstanden unter der Zielsetzung, den Kopf oben zu behalten. Ich konnte mein Geständnis selbst diktieren. Ich konnte vor dem Diktat sogar allein im Raum eine Stunde lang sehr sorgfältig überlegen. Die Gestapo-Beamten waren zum Mittagessen gegangen. Das hat mir wahrscheinlich das Leben gerettet, denn ich glaube kaum, daß ich in der Lage gewesen wäre, nach Vorlage des Briefes an meinen Bruder unverzüglich aus dem Handgelenk ein Geständnis zu diktieren, das einigermaßen glaubwürdig war.

Die Tage in der Zelle verliefen eintönig und wurden nur durch die Essens-Zuteilung und Kontrollen durch junge SS-Soldaten unterbrochen. Kein Spaziergang, keine Kontakte, keine Zeitungen, keine Verbindung zur Außenwelt. Nur bruchstückhafte Informationen von Kalfaktoren, nach denen die Amerikaner im Vormarsch auf die deutsche Westgrenze waren. Der Wettlauf mit der Zeit um unsere Köpfe hatte begonnen.

September 1944

Die zweite Vernehmung, an der auch der berüchtigte Stellvertreter Kaltenbrunners SS-OG-Führer Heinrich Müller zeitweise teilnahm, stand unter dem Motto: »Wer nicht für uns ist, ist gegen uns« und »Hitler ist ein Eisenklotz, mit dem ich Sie erschlagen könnte«. Sie dauerte mehr als zwölf Stunden und brachte für die Vernehmer keine weiteren Erkenntnisse. Von diesem Tag an wurde ich gefesselt, tagsüber die Arme nach vorne, nachts die Arme nach hinten.

Am 3. September war mein Vater verhaftet worden. Er wurde bei seiner Verhaftung schwer angeschossen und starb 19 Tage später. Ich erfuhr nur von seiner Verhaftung, und zwar innerhalb von wenigen Stunden. Ein Kalfaktor im Gefängnis unterrichtete mich durch die Tür meiner Zelle.

Ende September wurden viele 20. Juli-Häftlinge in das Untersuchungsgefängnis Tegel verlegt. Wir hatten es mit Zivilbeamten zu tun, die etwas menschlicher mit uns umgingen als die Gestapo-Bewachung im Gefängnis Lehrter Straße.

Wenn ich »uns« sage, dann waren das die Männer, mit denen ich dort zusammen sein konnte: Moltke, Delp, Gerstenmaier, Kleist, Fugger, Schulenburg, Jessen, mein Onkel Hermann Lindemann und Senzky, der mir bis zu seinem Tode in der Nachkriegszeit ein guter Freund wurde.

Zu meiner Freude sah ich meinen Bruder wieder. Er war als Heeresoffizier an der Nordfront und aus bedrohlicher Lage herausgeflogen worden, festgenommen wegen Äußerungen, die er im Zusammenhang mit dem 20. Juli gemacht hatte. Ihm konnte die Gestapo keine Mitwisserschaft nachweisen.

Oktober 1944

Am 5. Oktober lag das Gefängnis Tegel in einem schweren Bombenhagel. Ich konnte in die Zelle unter mir hineinsehen. Im Laufe des Nachmittags wurde das Haus geräumt. Nur eine kleine Gruppe blieb und wurde in einem noch bewohnbaren Flügel zusammengelegt.

Mein Bruder lag in demselben Flügel, von mir getrennt durch mehrere Zellen. Mein linker Nachbar war Moltke, dessen aufrechte und feste Haltung ich bewunderte. Auf der anderen Seite Gerstenmaier, der Zuversicht und Fröhlichkeit ausstrahlte und sich später vor dem Volksgerichtshof auch vor dem Galgen retten konnte.

Mich belastete die Sorge um meine Mutter und meine Schwester, von denen ich nichts wußte. Meine Mutter wurde bereits Ende Juli 1944, meine 10jährige Schwester etwa sechs Wochen später verhaftet.

Es war eine Zeit des ganz intensiven Erlebens. Täglich wurden Mithäftlinge zur Gerichtsverhandlung abgeholt. Die meisten wurden zum Tode verurteilt und direkt nach Plötzensee zur Hinrichtung gebracht. Andere warteten in den Zellen in gefaßter und beispielhafter Haltung auf die Vollstreckung des Urteils. Langsam lichteten sich die Zellen. Mir half das Gemeinsame mit diesen Männern und die Nähe meines Bruders.

Dokument 31

Noch im Gefängnis Tegel wurde mir der Haftbefehl ausgehändigt. Es war an den »ehemaligen« Oberfähnrich zur See gerichtet. Der Ehrenhof der Deutschen Wehrmacht hatte entschieden:
»... und wird deshalb aus der Deutschen Wehrmacht ausgestoßen«.

Der Ermittlungsrichter
des Volksgerichtshofs
Geschäftsnummer:
O J 37/44 g
201/44
556

Berlin, den 19. Oktober 1944

HAFTBEFEHL

Der am 9. Oktober 1924 in Potsdam geborene ehemalige Oberfähnrich zur See Georg Wilhelm Lindemann aus Hamburg ist zur Untersuchungshaft zu bringen.

Er wird beschuldigt, von dem Vorhaben eines Hochverrats glaubhaft Kenntnis erhalten, es aber unterlassen zu haben, der Behörde oder dem Bedrohten hiervon rechtzeitig Anzeige zu machen,

Verbrechen nach § 139 Abs. 1 und 2 StGB. Der Beschuldigte hat aus Gesprächen mit seinem Vater, dem ehemaligen General der Artillerie Lindemann, im März und Juni 1944 erfahren, daß Männer aus dem OKW, denen sich auch der Vater zur Verfügung stellen sollte, bereit wären, unter Ausschaltung des Führers und Verhängung des allgemeinen Standrechts die Regierung zu übernehmen und Verhandlungen mit den Feinden zu suchen. Er hat, obwohl er sich über die hochverräterische Natur dieses Unternehmens im klaren war, keine Anzeige darüber erstattet.

Die Untersuchungshaft wird verhängt, weil ein Verbrechen den Gegenstand der Untersuchung bildet.

Gegen diesen Haftbefehl kann Beschwerde erhoben werden, die besonderer Zulassung bedarf.

gez. Dr. Ehrlich, L.B. Dir.
Beglaubigt
Berlin, den 28. Oktober 1944
Regierungsoberinspektor

November 1944

Anfang November wurden mein Bruder und ich plötzlich in das Hausgefängnis der Gestapo in der Prinz-Albrecht-Straße verlegt. Die Zellen lagen im Keller. Es herrschte eine Atmosphäre wie ich sie aus Schilderungen des sowjetischen GPU-Gefängnisses Lubjanka zu kennen glaubte.

Ich erhielt dort die Anklageschrift, die Vorladung vor den Volksgerichtshof zu einem Termin am 14. November 1944. Angeklagt wegen Hochverrats, zusammen mit meinem Bruder. Der Pflichtverteidiger wurde benannt, auf ihn wartete ich vergebens.

Beim Studium der Anklageschrift stellte ich fest, daß einige der mir kritisch erscheinenden Punkte aus meiner Vernehmung bei der Gestapo unter den Tisch gefallen waren. Dagegen wurde mein Vorleben umso ausgiebiger dort betrachtet, wo ich mich nach Meinung der damaligen Machthaber nicht im Sinne des national-sozialistischen Gedankens verhalten hatte. Das waren mein Ausscheiden aus der HJ, die Gründung eines privaten Klubs, der der Gestapo wegen seiner anglophilen Haltung aufgefallen war, das Spielen einer englischen Tanzplatte während des Dienstes auf der Marine-Kriegsschule, weshalb ich auf dem roten Teppich gestanden hatte, und die besagte Bemerkung aus meinem Führungsbuch. Der Kernpunkt der Anklage drehte sich um die drei Unterredungen mit meinem Vater und um die Frage, ob ich etwas von dem Attentat auf Hitler, mit dem Ziel diesen ums Leben zu bringen, gewußt habe. Das hatte ich bisher immer bestritten. Auf diesen Punkt machte mich mein Pflichtverteidiger auch aufmerksam, den ich etwa fünfzehn Minuten vor Beginn der Verhandlung das erste Mal sah.

14. November 1944

Der Tag hatte sehr früh begonnen. Mein Bruder und ich wurden in getrennten PKWs unter jeweiliger Bewachung von zwei Gestapo-Beamten zum Volksgerichtshof, der damals in Schöneberg im heutigen Kontrollratsgebäude tagte, gefahren und in einem Warteraum getrennt voneinander plaziert, sprechen war verboten.

Wir wurden dann in den Gerichtssaal geführt, der mit Zuschauern dicht gefüllt war. Es überwogen braune und graue Uniformen, Zivilisten waren nur vereinzelt zu sehen. Wahrscheinlich handelte es sich in der Mehrzahl um zu diesen Veranstaltungen befohlene Teilnehmer.

Der Vorsitzende Roland Freisler eröffnete das Verfahren mit dem ihm eigenen Sinn für das Theatralische mit lauter, rollender Stimme und weit ausholenden Handbewegungen. Ich hatte die Veröffentlichung über die erste Verhandlung am 8. August 1944 gegen Witzleben, Hoepner, Stief u. a. sehr sorgfältig studiert und mir versucht ein Bild von Freisler zu machen. Dieses Bild war richtig. Ich wollte versuchen, mich während der nachfolgenden Verhandlung entsprechend zu verhalten.

Aber zunächst wurde das Verfahren gegen meinen Bruder abgetrennt. Sein Pflichtverteidiger verlangte die Vernehmung von Zeugen, die seine Kameraden in seiner Batterie gewesen waren und die gegenwärtig noch an der Ostfront kämpften. Freisler und der Oberreichsanwalt Lautz stimmten diesem Vorschlag überraschend schnell zu.

Mein Bruder wurde aus dem Gerichtssaal geführt. Seine Hauptverhandlung fand erst im Februar 1945 statt unter einem anderen Vorsitzenden, da Freisler zu dem Zeitpunkt bereits tot war. Wahrscheinlich hat diese Verlegung des Termins meinem Bruder das Leben gerettet.

Ich wurde dann aufgerufen, hatte vorzutreten und die Verhandlung begann mit der Verlesung der Anklage. Nach den Fragen zur Feststellung der Person konzentrierte sich Freisler völlig auf mein Vorleben. Es bereitete ihm sichtlich größtes Vergnügen festzustellen, daß hier ein junger unbedarfter Mensch – völlig falsch erzogen im Sinne des National-Sozialismus – aus Versehen See-Offiziersanwärter geworden sei, der im entscheidenden Moment nicht gewußt hätte, wie man sich als National-Sozialist zu verhalten habe. Dabei variierte Freisler im Ausdruck von Schimpftiraden in größter

Lautstärke bis zu väterlichen Ermahnungen in gedämpftem Ton, ohne die Verhandlungsführung einen Moment aus der Hand zu geben.

Ich hatte dieses Theater, das etwa 2 ½ Stunden dauerte, so erwartet und mich völlig auf ihn eingestellt, spielte mit, wie ich glaubte, daß es für den Verlauf der Verhandlung in seinem Sinne richtig war, ohne aber irgend ein Jota von meiner Position abzugehen. Ich erinnerte mich genau, was ich als mein erstes Geständnis diktiert hatte, was ich auch in der zweiten Vernehmung bei der Gestapo wiederholt und nicht mehr verändert hatte. Freisler bestätigte am Ende, daß ich zum Teil fast wörtlich dieselben Aussagen wie in der Voruntersuchung vorbrachte. Das war insbesondere wichtig, als es darum ging, ob ich von dem lebensbedrohenden Attentat auf Hitler etwas gewußt hätte.

Die hinter mir sitzende Menge von etwa 200 Personen hatte ich restlos vergessen. Der Oberreichsanwalt und mein Verteidiger griffen in die Verhandlung kaum ein. Nur aus einem Nebensatz des Oberreichsanwalts konnte ich entnehmen, daß mein Vater inzwischen nicht mehr lebte.

Die gefährlichste Frage stellte Freisler am Ende: »Angeklagter, warum haben Sie dieses Verbrechen nicht gemeldet, wie es die Pflicht jedes deutschen Soldaten und Volksgenossen gewesen wäre?«

Ich überlegte angestrengt, ob ich eine begründende Antwort geben sollte, fand die möglichen aber alle zu problematisch und wahrscheinlich zu weiteren Fragen führend. Darum antwortete ich indirekt darauf: »Ich habe meinem Vater vollkommen vertraut.« Damit gab sich Freisler zufrieden, der Oberreichsanwalt und der Pflichtverteidiger hatten keine weiteren Fragen mehr, so daß direkt zu den Plädoyers übergegangen wurde.

Erwähnenswert ist eigentlich nur aus dem Plädoyer des Oberreichsanwalts Lautz, daß dieser auf die Tatsache einging, daß ich zusammen mit dem Hochverrat auch meinen Vater hätte anzeigen müssen. Er stellte die Sicherheit des Reiches über den Rechtsbegriff, der eine Anzeigenpflicht direkter Verwandter ausschließt. Er gab mir zwar die Verantwortung für die Nichtanzeige, schob aber meinen Vater als Hauptverantwortlichen vor und beantragte für mich eine Strafe von fünf Jahren Zuchthaus und fünf Jahren Ehrverlust. Die Strafe sei anzutreten nach Kriegsende.

Was mein Pflichtverteidiger gesagt hat, habe ich vergessen. Es war nicht wesentlich. Ich glaube, daß die Pflichtverteidiger sich damals in einer außerordentlich schwierigen Position befanden und nur versuchen konnten, den jeweiligen Angeklagten auf die kritischen Punkte in der Anklageschrift aufmerksam zu machen, und das hatte mein Pflichtverteidiger ja schließlich auch getan. Das Gericht zog sich zur Beratung zurück, kam nach etwa einer halben Stunde wieder und war in seinem Richtspruch dem Antrag des Oberreichsanwalts gefolgt. Fünf Jahre Zuchthaus, fünf Jahre Ehrverlust.

Die Verhandlung war geschlossen.

Ich wurde von zwei Gestapo-Beamten direkt in den Hof zu einem PKW geführt. Ich stellte fest, daß im Nachbar-PKW mein Bruder zwischen Gestapo-Beamten saß, hielt meine gefesselten Hände hoch, streckte die fünf Finger einer Hand aus, um ihm zu zeigen, daß es mit fünf Jahren abgegangen war. Er nickte zum Zeichen des Erkennens, unsere Wagen setzten sich in Bewegung und brachten uns zurück in das Hausgefängnis der Gestapo in der Prinz-Albrecht-Straße.

Ich habe meinen Bruder erst nach dem Waffenstillstand im Juni 1945 in Potsdam wiedergesehen.

Die Verhandlung hatte alles in allem etwa 3 ½ Stunden gedauert. Das Mittagessen war kalt, aber das war nicht weiter wichtig. Am Nachmittag bekam ich plötzlich Besuch von SS-Hauptsturmführer Hamann, der mich Ende August/Anfang September zwei Tage lang vernommen hatte. Er beglückwünschte mich zu dem Ergebnis. Er hatte mit dem Todesurteil gerechnet. Außerdem überbrachte er mir die Grüße meines Bruders, der mein Handzeichen verstanden hatte. Hamann wußte durch seine Beamten davon.

Am nächsten Tag wurde ich nach Tegel zurückverlegt und an diesem Tag hörte endlich die Tag- und Nachtfesselung auf.

Dezember 1944 bis Mai 1945

Mitte Dezember wurde ich von Tegel in das Zuchthaus Brandenburg verlegt. Dort war ich zunächst im Haus 4 als Industriearbeiter für die Firma Busch, die optische Geräte herstellte, tätig. Wir arbeiteten in 12-Stunden-Schichten, eine Woche am Tage, eine Woche in der Nacht. Meine Aufgabe bestand darin, Fernrohre für Panzer zu justieren.

Anfang Januar wurde ich ins Krankenhaus als Kalfaktor für den neu aufgenommenen Operationsbetrieb verlegt. Das öffentliche Krankenhaus Brandenburg konnte Zuchthäusler nicht mehr operieren wegen der Überbelegung im immer kleiner werdenden unbesetzten Deutschland. Deshalb wurde der zuchthauseigene Operationssaal aktiviert. Chirurgen, die als Häftlinge im Zuchthaus saßen, wurden als Operateure eingesetzt. Ich war Hilfskraft dort, außerdem verantwortlich für eine Station und habe diese Tätigkeit bis zum Ende April 1945 behalten. Die Beschäftigung mit den Kranken lenkte mich von meinem Schicksal ab. Die Begegnung mit Menschen verschiedenster Art war mir angenehmer als die sture Tätigkeit in einem sogenannten Rüstungsbetrieb.

In diesen vier Monaten im Zuchthaus ist mir alles zwischen menschlich Wertvollem und menschlich Häßlichem begegnet, was man sich nur denken kann. Man soll nicht glauben, daß es in einer solchen Gemeinschaft nicht Haß wie auch Freundschaft gibt, die bestimmend sein können fürs Leben und auch für den Tod von Menschen. Auch hier gab es noch Anzeigen wegen defaitistischer Äußerungen, die mit dem Todesurteil endeten. Die Guillotine in Brandenburg war bis Mitte April in Aktion.

Etwa Mitte April wurde ein Gefangenenrat gegründet. Die Haltung der Aufsichtsbeamten besserte sich. Jeder rätselte, ob die Amerikaner oder die Russen kommen würden. Mir war klar, daß die Elbe die Demarkationsgrenze sein sollte.

Am 24. April 1945 eroberten die Russen die Umgebung des Zuchthauses Brandenburg, öffneten die Tore, aber kein Mensch verließ die Stätte, in der er seine Behausung und seine Nahrung hatte. Zwei Tage später griff die Armee Wenck noch einmal von Süd-Westen zur Entlastung Berlins an. Der Geschützdonner wurde immer stärker, und als die Russen sagten, sie könnten die Front nicht mehr halten, leerte sich das Zuchthaus innerhalb von einer halben Stunde. Etwa 7.000 Personen wälzten sich auf der Straße in Richtung Berlin.

Wir im Krankenhaus blieben noch einen Tag länger und bewegten uns dann mit Pferd und Wagen etwas bequemer mit einigen Kranken in Richtung Berlin. Der Trupp teilte sich in Nauen. Ich gehörte zu denen, die nach Westen marschierten. Es waren vier: einer unserer Chirurgen, ein Belgier, ein Schweizer und ich. Es ging nach Westen – für mich nach Hause in Richtung Hamburg, das ich erst Monate später erreichte – zumindest einer Zukunft entgegen.

Frankfurt, 11. Juli 1984

Register

A
Adenauer, Bundeskanzler 91
Alvensleben, Gebhard von 83
Alvensleben, Richard von 106
Alvensleben, Wichard von 83
Aström, Werner 110
August Wilhelm, Prinz von Preußen 16, 48

B
Beck, Ludwig 11, 39, 44
Bismarck, Irene Gräfin von 105
Blum, Leon 80
Boetticher, Friedrich von 17
Bonhoeffer, Dietrich 82, 106, 111
Bonin, Bogislaw von 83
Boock, Georg 103
Bormann, Martin 138
Brand, Fritz 27

C
Cecilie, Prinzessin von Preußen 48
Cullen, Michael S. 60

D
Daelau, Dr. Maria 196
Dohnanyi, Hans von 79

E
Eckart, Dietrich 59
Eitel Friedrich, Prinz von Preußen 48
Engert, Otto 56, 103

F
Fallersleben, Hoffmann von 86
Fest, Joachim C. 42
Fiebelkorn, Jan 60, 100

Finker, Kurt 42
Flick, Friedrich 11, 35, 37, 59
Freisler, Roland 96, 207, 212
Friedeburg, Friedrich von 48, 108, 111
Friedeburg, Lina von 108
Friedeburg, Wilhelm von 129

G
Gisevius, Hans Bernd 42
Gloeden, Bernhard 104
Gloeden, Dr. jur. Elisabeth-Charlotte 69, 97, 104, 115, 136, 139, 143, 144, 145, 147, 159, 161, 163, 164, 165, 166, 167
Gloeden, Dr.-Ing. Erich Friedrich 54, 56, 62, 63, 64, 67, 68, 69, 87, 95, 97, 103, 104, 110, 115, 133, 135, 136, 139, 143, 145, 147, 157, 159, 162, 164, 165, 166, 167
Goerdeler, Carl 37
Grotnaus, Wilhelm 56, 57, 103
Gudzent, Käte 80
Gurlitt, Prof. Cornelius 63

H
Halder, Franz 80
Hardenberg, Carl-Hans Graf von 14
Hassell, Fey von 81, 82
Hitler, Adolf 8, 10, 27, 30, 33, 35, 37, 38, 41, 43, 44, 59, 88, 129, 130, 131, 132, 138, 149, 177, 198, 204, 205, 206, 207, 210, 212, 213
Hofacker, Christa von 84
Hohenzollern–Sigmaringen, Albrecht von 51, 80
Hohenzollern-Sigmaringen, Ilse-Margot von 80

J
Jackson, Robert H. 32
Joachim, Prinz von Preußen 16, 48

K
Kaltenbrunner, Ernst 41
Karpen, Alfred 54, 67, 94, 133, 137, 140, 141, 144, 150, 151, 157, 162, 164, 165, 170, 171, 178
Klamroth, Bernhard 44
Kollontai, Alexandra 107

Koskull, Josepha von 13, 65, 66, 69, 71, 93, 100, 107, 114, 133, 134, 137
Koskull, Wilhelm Freiherr von 107
Kosney, Herbert 87, 192
Krüger, Hannes 208
Kuznitzky, Elisabeth Auguste 112, 115, 133, 136, 139, 144, 145, 147, 159, 161, 162, 164, 166, 167
Kuznitzky, Martin 104, 112

L

Lancken, Fritz von der 45
Lang, Hermann 208
Lehndorff, Heinrich Graf v. 38
Leuschner, Wilhelm 106
Leyen, Ferdinand Prinz von der 44
Liebsch, Hermann 76
Liliencron, Andreas Freiherr von 112
Lindemann, Carl Theodor Fritz 6, 10, 11, 13, 14, 15, 16, 17, 20, 21, 23, 25, 27, 28, 34, 35, 39, 43, 47, 49, 50, 51, 52, 53, 54, 55, 56, 57, 58, 59, 65, 69, 70, 71, 73, 75, 78, 79, 95, 99, 101, 102, 103, 104, 106, 107, 108, 111, 112, 114, , 135, 138, 139, 140, 141, 142, 145, 146, 147, 148, 149, 150, 151, 152, 161, 162, 163, 164, 168, 170, 171, 172, 177, 178, 179, 180, 181, 182, 183, 184, 185, 187, 195
Lindemann, Elsa Maria 53, 55, 75, 93, 110, 139, 140, 177, 178, 181, 182
Lindemann, Friedrich Harald 47, 51, 100
Lindemann, Friedrich Heinrich Paul 16, 47, 108
Lindemann, Georg 70, 114
Lindemann, Georg Wilhelm 30, 38, 47, 100, 115, 204, 211
Lindemann, Karl Hermann 54, 55, 56, 57, 73, 74, 75, 87, 89, 98, 101, 102, 106, 111, 115, 135, 137, 138, 139, 140, 141, 142, 143, 145, 146, 147, 149, 150, 151, 152, 153, 154, 155, 156, 158, 159, 161, 162, 170, 171, 172, 173, 176, 177, 178, 180, 181, 182, 183, 185, 188, 210
Lindemann, Lina Marie Eugenie Leonore 48, 51, 81, 100, 111
Lindemann, Marie-Luise 85, 86, 109, 111
Lindemann, Max 12, 46, 54, 73, 93, 110, 114, 115, 139, 140, 145, 147, 148, 149, 158, 159, 161, 162, 163, 168, 169, 177

Litzenberg, Willi 35
Loevy, Albert 61
Loevy, Erich 63, 92, 104
Loevy, Ernst 61, 64, 69
Loevy, Lina 92
Loevy, Peter 92
Loevy, Siegfried 60, 61, 62, 64, 104
Loevy, Ursula 92
Lux, Gertrud 195, 196

M
Manstein, Erich v. 39
Maria Theresia 15
Marks, Carl Adolf 12, 54, 57, 73, 74, 75, 87, 98, 102, 103, 107, 112, 115, 139, 141, 145, 159, 161, 162, 170, 172, 173, 176, 177, 178
Marks, Ludwig 102
Mühlen, Bengt von zur 9, 13
Mühlen, Irmgard von zur 95
Müller, Heinrich 210

N
Neumann, Max 86
Niemöller, Martin 80
Nyholm, Karl 110

O
Olbricht, Friedrich 21, 30, 31, 38, 39, 44, 45, 110
Oskar, Prinz von Preußen 16, 48

P
Petersdorff, Axel von 105
Petersdorff, Horst Bernhard Kurt von 54, 58, 59, 60, 76, 94, 98, 105, 107, 110, 115, 133, 137, 139, 142, 145, 147, 159, 161, 170, 172, 173, 176, 177, 179, 188
Pilat, Anton 112
Pilat, Frida Martha 73, 98, 112, 115, 139, 141, 145, 147, 159, 161, 170, 171, 173, 176, 177, 183, 184, 188
Pleintinger, Franz 83
Pommer, Charlotte 77, 115, 195

Q
Quirnheim, Albrecht Ritter Mertz von 14, 44

R
Ristow 93
Roloff, Alexandra 196
Rost, Hans-Günther von 34, 50

S
Saefkow, Anton 56
Sander, Dr. Inge 187
Schacht, Hjalmar 11, 31
Schäffner, Ernst 54, 74, 86, 87, 90, 102, 115, 198, 203
Schäffner, Hildegard 87
Schleicher, Kurt von 17, 21, 109
Schneider, Reinhold 9
Schörner, Ferdinand 39
Schroeter, Inge-Ilse 60, 63, 100
Schroeter, Kurt 62, 87, 88
Schroeter, Ursula 13, 95, 100
Schumann, Georg 56
Schuschnigg, Kurt 80
Senzky, Arthur 106
Senzky, Wilhelm Max Helmut 54, 59, 68, 106, 110, 115, 133, 139, 141, 145, 147, 159, 161, 170, 171, 173, 176, 177
Sierks, Hans Ludwig 4, 12, 53, 54, 55, 56, 63, 76, 87, 98, 102, 115, 139, 141, 145, 147, 161, 170, 171, 173, 176, 177, 178, 199
Sierks, Peter 102
Sindermann, Kurt 56
Smend, Günther 41, 45, 46
Spengler, Oswald 19
Stauffenberg, Claus Graf Schenk von 41
Stelzer, Dr. Gerhard 17
Stieff, Helmuth 55
Strasser, Gregor 59, 105

T
Thyssen, Fritz 82
Tresckow, Henning von 29

V
Vermehren, Isa 82
Voigt, Fritz 106

W
Wagner, Eduard 43
Wartenburg, Peter Graf York von 44
Weiss, Bernhard 35, 37, 109
Weiss, Herta 35
Welkerling, Wolfgang 11, 101
Wessel, Horst 187
Wietersheim, Georg von 20
Wilhelm II., Kaiser 48
Wirsich, Oswald 106
Witzleben, Erwin von 14
Wunderlich, Rudolf 79, 100

Z
Zeigner, Erich 103
Ziller, Gerhard 56, 57

Impressum

Verantwortlich: Martin Distler
Satz: Elke Mader
Lektorat: Maximilian Bunk, Pia Hildesheim
Umschlaggestaltung: Jarzina Kommunikationsdesign unter Verwendung einer Abbildung von picture-alliance/dpa
Schlusskorrektur: Manuel Miserok
Repro: Repro Ludwig, Zell am See
Herstellung: Anna Katavic
Printed in Germany by CPI books, Ulm

★★★★★

Sind Sie mit diesem Titel zufrieden? Dann würden wir uns über Ihre Weiterempfehlung freuen.
Erzählen Sie es im Freundeskreis, berichten Sie Ihrem Buchhändler, oder bewerten Sie bei Onlinekauf.
Und wenn Sie Kritik, Korrekturen, Aktualisierungen haben, freuen wir uns über Ihre Nachricht an Bucher Verlag, Postfach 40 02 09, D-80702 München oder per E-Mail an lektorat@bucher-verlag.de.

Unser komplettes Programm finden Sie unter www.geramond.de

 Die Deutsche Nationalbibliothek verzeichnet diese Publikation in der Deutschen Nationalbibliografie; detaillierte bibliografische Daten sind im Internet über http://dnb.d-nb.de abrufbar.

Die Originalausgabe mit dem Titel
»Sie gaben ihr Leben«, herausgegeben von Bengt von zur Mühlen, wurde erstmals 1995 bei CHRONOS Film veröffentlicht.

ISBN 978-3-7658-1851-6